Una de los quince hermanos

Una de los quince hermanos

Maria Torres Lagos

Para realizar pedidos de este libro, contacte con:
Palibrio
1663 Liberty Drive, Suite 200
Bloomington, IN 47403
Gratis desde EE. UU. al 877.407.5847
Gratis desde México al 01.800.288.2243
Gratis desde España al 900.866.949
Desde otro país al +1.812.671.9757
Fax: 01.812.355.1576
ventas@palibrio.com
831125

Corría el año mil novecientos cuarenta. Esto ocurrió en el sur de Chile el país más largo y angosto del mundo, esta historia es verídica. Esto sucedió en una linda ciudad sureña llamada Chillan, en tiempo de invierno que se estaba dejando caer particularmente frío a comparación de otro tiempo verano o primavera que es tiempo maravilloso, el treinta y uno de Octubre del mil novecientos cuarenta nació una niña que por nombre le pusieron María, María Torres Lagos. Sus padres vivían en el campo se conocían desde niños, al correr los años se casaron Samuel y Olga Lagos de Torres de esa unión nacieron quince hijos, de los cuales María es la tercera de los hijos. Esta niña al nacer venia enferma de sus dos pies, por lo tanto se le iba ser muy difícil caminar cuando fuera grande, esta niñita traía el empeine pegado a su canillita. En esos años había una señora que todos la llamaban la mamita Loy. Ella era la que atendía a todas las mamitas que daban a luz por esos lados, el campo donde nació María quedaba muy lejos del pueblo no se alcanzaba a llegar con las amitas al hospital.

La mamita Loy se iba a sus casas atender a las mamitas y atender a los bebés que llegaban al mundo todos los esposos tenían que salir a la hora que fuera que la necesitaran a buscarla al anca del caballo era la única locomoción que había en ese entonces el caballo, en esos años no había comodidad para ir a buscarla. Esa señora después de atender a Olga Madre de María del nacimiento de la niña la dejo bien preparada en su cama calentita con un gran brasero a la horilla de la cama, iba todos los días a visitar a María, la mamá Loy le hacía. Unos masajes en sus pequeñitos pies para que le fueran bajando sus pequeñitos pies, había que hacerlo en ese momento decía Ella. Porque en el futuro la niña tendría problemas para caminar, y también para atender a Olga, ella le hacía unos almohadones bien chiquitos y le ponía en medio del pies y la canillita pequeña de la bebe y cada vez le apretaba un poquito más y así siguió bajando el pies a su lugar sin ningún problema, siguió la vida de María tranquila creciendo. Después de haberse mejorado de María, su madre Olga al levantarse le dio enfriamiento a los huesos.

De haberse puesto zapatillas con suela de goma, y el piso de casa era muy helado, le contaba la mama a María después cuando ella creció. Olga estuvo muy enferma, y con eso se le seco la leche no pudo seguir alimentado la niña. Olga sufría mucho por no poder amamantar a la pequeña. María lloraba mucho sobre todo por las noches, un trabajador llamado Marchan que tenía el padre de María En casa para que ayudara a Olga en los que aceres de casa, ese señor hacía todos los trabajos que había que hacer fuera de casa.

Cortar leña barrer el patio que era muy grande barría la cocina que era muy grande y también en tiempo de verano ayudaba. Con la hortaliza de la huerta en fin todo trabajo que había en casa ese señor se encargaba de hacerlo, y también cuidarle el caballo a Samuel cuando él llegaba sacarle la montura ponerla en caballete que tenía debajo del corredor ir amarrarlo en la pesebrera para que comiera y pasara la noche debajo del techo, en tiempo de verano también tenía que bañarlo. Ése señor se compadecía de la niña se levantaba a media noche cuando la sentía llorar se iba a la ventana de Olga pedía la niña la sacaba envuelta en frazada, se la llevaba a una vecina para que le diera de mamar.

En el campo los vecinos quedan muy lejos unos de otros pero Marchan y la señora no les importaba la hora que fuera. Ella atendía la niña después se la devolvía a Marchan entonces El regresaba a casa muy contento porque la bebe iba llenita y calladita durmiendo en sus brazos. Se la entregaba a sus padres, por la ventana contento de haber ayudado a la pequeña María esto lo hacia todos los días por la pequeña bebe él no le gustaba que la niña llorara. Así paso el tiempo. Olga en el año. Mil novecientos treinta y nueve quedó embarazada de su segunda hija, se enfermó Samuel padre de María de gravedad. La abuelita de María les contaba cuando Ellas eran grandes, Que a su papá lo había enfermado una mujer que el tenía antes de casarse con Olga. Esa mujer lo había enfermado por celos, la abuelita era madre de

Samuel, también les decía que esa enfermedad era muy común por esos lados. Samuel tenía inmóvil de la cintura para abajo, tenían que cuidarlo como a un niño.

Para poder darle la comida había que sentarlo a la mesa y amarrarle las piernas con una correa para que no se fuera de punta.

Porque las piernas se le habría. Olga embarazada no podía hacer mucha fuerza para atender a su esposo, otras personas iban ayudarle sacarlo de la cama sentarlo a la mesa para que pudiera almorzar y salir un rato de la cama. El solo pasaba en cama. Para peor de esa familia, En ese mismo tiempo y en ese lugar hubo un terremoto muy grande, en la ciudad de Chillan. Fue en la noche. Olga no salió por no dejar a su esposo solo, lo que hizo trató de sentarlo en la cama y se abrazó de el, si les caía la casa encima los tres morirían ellos dos más él bebe que ella estaba esperando, pensó ella. La casa se estaba cayendo de a pedazos era una casa muy grande pesada de adobe. Olga sentía los gritos de afuera para que saliera, pero ella no les hizo caso. Al rato pasó el movimiento y entraron los demás y los sacaron a los dos, después de eso vino otro temblor muy fuerte y derrumbó la casa por completo.

De ese momento no dejó de temblar hasta que se terminó todo ese pueblo que se llamaba Chillan, esto paso en el año 1939 si es que no estoy mal, quedo todo destrozado muchas casas en el suelo las calles tapadas de materiales escombros y madera no se podía caminar, ni menos movilización fue algo muy triste nos contaba la abuelita de ver todo en el suelo, así siguió con mucho trabajo para todos en ese tiempo y en ese lugar, paso el tiempo Olga se mejoró de su bebé que estaba esperando, fue una niña, y por nombre le pusieron Carmen. Al año siguiente nació María. Samuel, también se mejoró de sus piernas.

Y ese pueblo con el tiempo lo renovaron y le pusieron por nombre Chillan nuevo. María también se mejoró de sus pies y fue la regalona de Marchan. Él era un hombre de mucha confianza de la familia, era muy buena persona Hera un familiar más se había criado por esos lados con dos hijos, lo querían mucho la familia Torres y muy buen trabajador. Y muy buena persona, pero como todos. Él tenía un defecto, le gustaba mucho tomar, pero solo lo hacía los fines de semana, empezaba los días viernes en la tarde.

Hasta el día domingo paraba no le hacía daño a nadie, pero también tenía otras virtudes, el amansaba los potrillos nuevos. Para mas adelante poder andar en ellos, el sabía sus mañas pero tenía que hacerlo borracho, era increíble como lo amansaba, se metía por entre las patas de atrás del caballo y salía por las de adelante. Gateando de borracho, era muy buscado por los dueños de fundo. Ho Rancho para que le amansara los potrillos, ellos eran potrillos nuevos no se podían montar, pero con Marchan no se movían para nada cuando los amansaba con eso el ganaba unos pesitos aparte.

Cuando él se metía por las patas el potrillo tiritaban pero no pateaban a Marchan quedaban mansitos y se podían montar después. Cuando llegaba el día viernes Marchan se iba a la cantina a tomar, pero no olvidaba comprar chupetes de goma para María Cuando salía ya iba borracho y compraba de nuevo, se iba a casa con su perro guardián que tenía, nadie se podía acercarse a el para ayudarlo por si se caía. El perro no los dejaba acercarse, cuando María lo sentía llegar corría abrirle la puerta, el la tomaba en sus brazos así borracho como iba. María empezaba a trajinarles las carteras porque sabía que llevaba los chupetes.

A Olga no le gustaba que ella chupara eso, le decía que se le iban a caer los dientes y que se iba a poner fea para que dejara eso.

Pero ella no le hacía caso. Olga le decía mira como está el, borracho y sucio porque se caía por el camino.

Antes de llegar a la casa, y tú en sus brazos, no importa le decía ella yo quiero igual a mi tata, cuando Olga le quitaba los chupetes.

Marchan le volvía a comprar, ella era la única regalona de todos los hijos que fueron naciendo al lado de El que fueron muchos, si Olga quería castigar a María, ella corría donde su tata, entonces no podía castigarla. Olga nunca castigaba a sus hijos, además no tenía tiempo para eso. Así pasaban los años, los niños seguían creciendo muy alegres y contentos ellos lo pasaban muy bien, tenían muchos amiguitos para jugar y primos, también andaban a caballo hacían columpios en los árboles se bañaban en los ríos que habían muchos por esos lados ellos lo pasaban muy bien. Carmen y María que eran las más grandes tenían que ayudar A su madre a lavar los pañales de sus hermanos más chicos. Que a veces se juntaban hasta tres niños chicos que había que ponerles pañales, además los pañales en ese tiempo eran de género blanco. Había que hervirlos con jabón y eran mucho.

Los pañales que salían al lavado todos los días había que dejarlo muy bien lavado si Olga le encontraba una mancha tenían que lavarlos de nuevo y enjuagarlos muy bien.

Cuando no iban a la escuela tenían que ayudar a pelar las verduras para el almuerzo porque en esa casa había mucho que hacer.

Carmen que era la mayor tenía que ver a sus hermanos más chicos. Que iban a la escuela en la mañana levantarlos lavarlos y vestirlos y darles el desayuno así tenían que ayudar las dos. Una vez María como siempre andaba jugando con sus hermanos de repente se empezó a sentir enferma. Le dolía el estómago y lo que más le dolía era su pierna derecha no podía moverla para caminar en ese tiempo era muy difícil llevar los niños al doctor había que viajar al pueblo Olga con tanto trabajo no podía hacerlo y así pasaban los días María con su dolor día y noche no podía ni caminar hasta que un día Olga la llevo al doctor para que la examinara Olga no le gustaba.

Ir al pueblo porque perdía mucho tiempo, los micros que así se llamaban en ese entonces bajaban en la mañana al pueblo y volvían en tarde había que estar todo el día en el pueblo.

El doctor examino a María y la mando de inmediato al hospital. Tenía que ser operada de inmediato porque tenía apendicitis al otro día en la mañana fue operada.

Quedo varios días en el hospital después la dieron de alta tenía que tener mucho cuidado no andar a caballo ni en carreta pero María como niña no hizo caso al doctor la operación se le infecto María no quiso que la llevaran al hospital decía que le ponían muchas agujas y dolían mucho. Que su abuelita la atendiera en casa con yerbas medicinales que le hicieron muy bien y así se mejoró, los niños no se hacían problemas. Solo comer y jugar y pasarlo bien en verano cuando eran las fiestas de fin de año los familiares que Vivian en la capital se iban al campo de vacaciones la familia tenían muchos niños igual que la familia de María y casi toda la familia sabían tocar guitarra se pasaba muy bien cuando se juntaban Samuel mataba un chacho (puerco) para atender a la familia.

Olga y Felisa a abuelita de María se encargaban de hacerles comida especial de campo para atenderlas eran muchas las personas que se juntaban entre niños y grande. En cuanto a regalo de navidad no podían darle porque eran mucho los niños que se juntaban pero ellos ni cuenta se daban que era fiesta, en la escuela les enseñaban a los niños que para la navidad escribieran unos papeles con lo que ellos quisieran recibir y lo pusieran bajo la cama. Al otro día iban a encontrar lo que habían pedido eso eran puras mentiras dice María. Porque a ella y a sus hermanos nunca se les cumplió nada de lo que pedían. Para arbolito de pascua como le desean ellos cortaban la punta de un pino de adorno le ponían papeles de dulce los planchan lo amarraban por la mitad y se lo ponían al árbol con algodón y lana blanca de oveja los niños se entretenía adornado el arbolito, de regalo solo recibían de los patrones del fundo. Del Rancho).

Ellos se encargaban de darle regalos a todos los niños y un buen desayuno a toda la familia y trabajadores que ellos tenían, más tarde se iban todos a sus casas felices les daban el día libre para que estuvieran con su familia en casa.

Terminaban las fiestas toda la familia se iban a la capital y los niños a la escuela Samuel era el mayordomo.

De ese fundo se encargaba de todo el trabajo le decía a los trabajadores cuando se juntaban todos en la mañana a recibir los trabajos lo que tenían que hacer durante el día, y adonde les tocaba ir, ese fundo era muy grande tena muchos trabajadores, toda la gente querían mucho a Samuel porque él era bueno con todos los trabajadores como mayordomo era muy bueno con ellos, cuando cosechaban el trigo las maquinas eran especiales para cosechar por un lado caía el trigo a los sacos.

Y por el otro lado salía la paja la recibía una rampla y se la llevaba tirada por huyes hacia arriba formando el muelle muy alto de atrás y en punta para adelante bien ancho, en esos años estoy contando yo ahora ya es todo moderno, esos muelles. Eran grandísimos, lo hacía así para cuando lloviera en invierno corriera el agua, ahí se iban todos los niños a jugar se subían por delante enterrados hasta la cintura en la paja y se tiraban por detrás que era bien alto. Del porte de los arboles esa paja la guardaban ahí para los animales en invierno, se llevaban todos los animales a ese potrero para que fueran a comer paja se ponían todos alrededor del muelle. A comer se veía bonito al rededor. Samuel era muy buen mayordomo. Todo los trabajadores lo quería mucho y lo respetaban lo que ellos necesitaban ahí estaba Samuel para ayudarlos y les pagaba también, pero el en su casa era muy estricto con sus hijos, cuando llegaba a almorzar y los niños de la escuela él se sacaba el cinturón de cuero que usaba y se lo ponía en las piernas y se sentaba a la meza, la meza era larga ahí se sentaban todos sus hijos nadie decía nada y se comían todo lo que su madre les servía nada de reclamar. Y más llegaban unos tíos almorzar ahí también.

La otra Fiesta que celebraban mucho por esos lados era el tres de mayo. Esa fiesta era muy bonita para todos En todas las casas con anticipación juntaban mucha zarza mora e iban haciendo un montón en dada casa así empezaba la competencia cual de todo lo hacía más grande.

El día tres de mayo en la noche se prendía fuego a toda la zarzamora, esto lo hacían en el camino que pasaba por frente de sus casas él. Que duraba mas era el ganador.

También se gritaban muchas cosas de una casa a la otra, viva la cruz de mayo con poroto y sapallo, y muchas cosas más que los demás contestaban. A la orilla del fuego se sentaban las cantoras con sus guitarras y empezaba la fiesta, bailando a la orilla del fuego no en todas las casas tenían cantoras en casa de María todos sabían tocar guitarra el papa la abuelita y las tías los niños. Prendiendo petardos gritando y riéndose todos muy felices, cuando se les terminaban los petardos tiraban castañas al fuego que también reventaban muy fuerte, cuando se terminaba el fuego de los vecinos se iban a casa de María haya estaba la música todas las niñas de esa familia nunca tuvieron su fiesta de quince años ni sabían que eso existía y Vivian felices, todas las fiestas que pasaban eran muy bonitas para ellos. Nunca separaban los niños de los grandes para las fiestas. Todo eso era muy bonito y sano y divertido, sobre todo para los niños. Cuando se terminaba el fuego todos los niños acostarse.

Los grandes seguían con el baile de amanecida debajo del parrón, se iban todos los vecinos a casa de María.

A bailar porque ahí había música. María dice que nunca olvidará esos tiempos tan lindo para Ella y sus hermanos, eran días hermosos y alegres para todos y sano. Carmen y María que eran la más grande ellas. Tenían su trabajo les tocaba todas las tardes de encerrar los terneros para que las vasas tuvieran leche para el otro día, y las gallinas y los patos, porque los patos ponían los huevos en el agua la abuelita decía que esos huevos no servían para sacar patitos nuevos. Solo servían para el gasto de la casa, al otro día tenían que ir con un canasto a recoger los huevos ante de irse a la escuela, Olga y Felisa. Se encargaban temprano por la mañana a ordeñar las vaca Marchan les ayudaba se las amarraba las dejaba lista, para que ellas sacaran la leche después él se iba a la cocina prendía fuego la barría les tenía la olla lista para coser la leche y la tetera puesta al lado del fuego la leche que dejaban para el desayuno una parte para los niños, y otra parte para hacer queso también Olga mojaban el pan con leche.

Quedaba muy rico y sabroso lo demás la vendían eran cinco vacas las que tenían que sacarle la leche en la mañana las que juntaban mucha leche. Todos los días para todos los que iban a la escuela y los trabajadores a la ocho de la mañana llegaban al desayuno.

Olga ya tenía todo listo, incluyendo unos caldos que se usaban para tomar desayuno llegaban Samuel y unos tíos que Vivian cerca de ellos, esos caldos se comían con harina tastada esos caldos llevaban papas picaditas chicas cebolla y manteca de cerdo.

Y un jarro de leche y un pan amasado grande eso les tenía que durar hasta las doce del día a todos, mientras que todos tomaban desayuno Olga tenía a la orilla del fuego. Unos pedazos de ladrillo o teja calentando para pasarles a los niños cuando se iban a la escuela en la mañana se fueran calentando su manito. En invierno se los pasaba envuelto. En unos pedazos de trapo, bueno cuando Olga y Felisa la Abuelita querían sacar pollitos nuevos no vendían todo los huevos los juntaban y hacían crías nueva ellas vendían todo lo que criaban que eran bastante pero dejaban una cantidad para que se fueran produciendo y para el consumo de la casa. Ahí se criaban mucho patos pavos y gansos pollos.

Otra costumbre muy bonita. Que tenían esos patrones era cuando cosechaban el trigo dejaban mucho trigo sin cosechar por las horillas del terreno para la gente que quisiera ir a recoger que lo sacaban y se los llevaran así eran ellos de buena persona, bueno en el sur de chile donde María vivía llueve mucho en invierno y mucho viento fuerte lo arboles los sacaba de raíz. Las dueña de casa todas las esposas de los trabajadores les tocaba ir a ordeñar las vacas a los corrales del fundo bajo la lluvia esas vacas eran de los patrones temprano en la mañana salían todas las señoras a trabajar eran muchas las vacas que tenían que sacarle leche les pagaban por ese trabajo, en esos años los dueños vendían esa leche no habían máquinas para sacar leche lo hacían las señoras a mano, ellas solo con unos paltó viejo se tapaban la cabeza para no mojarse y se iban a trabajar con sus esposos temprano por la mañana.

También para lavar y secar la ropa era al calor del fuego nunca se le hizo una ramada que hubiera sido para lavar ahí bajo la lluvia o bajo el sol tenían que hacerlo. Olga pobrecita ella si tenía mucho trabajo en todo tiempo a María le tocaba todas las tardes de secar los pañales de sus hermanos que eran mucho. En invierno en unos secadores de mimbre que se usaban los hacían ellos mismo como un canasto grande lo ponían boca abajo encima del brasero. Y tenían que lavarlos también no tenía que quedarle olor a jabón ni manchas Olga decía que se ponía roja la piel de los niños si les quedaba olor a jabón tenían que lavarlo de nuevo, en verano era rico porque se secaban de inmediato.

Tenían unos cordeles muy largos en el potrero para tender muchos pañales más se demoraban en lavarlo que secarse en invierno hacía mucho frio el agua era muy helada pero tenían que hacerlo cuando empezaban las clases Julián tenía que vender un novillo para comprarles a los niño todo lo que necesitan para la escuela le pasaba el dinero a Olga ella se hacía cargo de. Comprarles la ropa y zapatos los útiles escolares a todos los niños.

Que eran cerca de siete niños que salían a la escuela en la mañana de esa casa además les quedaba muy lejos la escuela pobrecitos tenían que caminar no había nada en que movilizarse no habían esos buses amarillos que ahí en todos los países para irse a la escuela, más a las doce tenían que ir almorzar a veces en invierno les daban comida a todos los niños a las doces en la escuela cuando el día estaba muy lluvioso. A veces en la mañana al primer recreo les daban a todos un jarro de miel con harina tostada pero esto no era de todos los días era solo en invierno, otras veces tenían que volver en la tarde a clase, si el campo es muy bonito para vivir pero también. Es muy sacrificado para todos además en ese tiempo no había la ropa adecuada para el frio toda la ropa era echa a mano. Los calcetines los guantes todo era tejido de lana de oveja pero no suficiente para no sentir frio a los niños se les entumían las manitos del frio por eso Olga les pasaba un pedazo de ladrillo o teja caliente a los niños en la mañana para que se calentaran las manitos. Los trabajadores campesinos tenían que salir a trabajar a las seis de la mañana ellos usaban de zapatos unas chalas que se hacían ellos mismo que ser llamaban ojotas se fabricaban con pedazo de neumáticos le ponían una corres para sujetarlas a la medida del pies.

Y unos calcetines hechos por sus esposas con lana de oveja pero no eran muy caliente como para el invierno.

Con eso salían en la mañana temprano con lluvia en invierno y frio el invierno era muy crudo por esos lado el agua llena los canales y el viento bota los arboles de raíz, para salir a comprar había que andar con mucho cuidado porque el agua se lleva las tabla de los puentes. Solo a caballo se podía salir a comprar pero con mucho cuidado, los almacenes quedaban aislados los trabajadores en ese tiempo se iban a trabajar a las casas de los patrones llegaban todos mojados aprender fuego para calentarse.

Ahí limpiaban el trigo, los porotos y separar las papas la grande las medianas y las chicas pero todo eso lo hacían bajo techo.

Las papas más chicas se las daban a los chanchos con afrecho todo cosido. Tenían gente para ese trabajo El afrecho era la cascara del trigo cuando lo molían para sacar harina. Y las papas bien lavadas eso era su comida en invierno y todo hervido todo eso trabajo lo hacían en invierno, los patrones vendían la producción. Y dejaban la semilla necesaria para el año siguiente, ellos eran muy buenas personas y muy ricos les daban la oportunidad.

A los trabajadores que criaran lo que quisieran esos patrones nunca les puso precio a nada. Como les dije eran muy ricos criaban muchos chanchos bacas corderos caballos, y también mucha fruta verdura porotos maíz trigo en fin de todo, para los animales que quedaban afuera en invierno les preparaban una comida especial.

Con tiempo las preparaban se llamaba silo, lo hacían con las matas de choclo después que cosechaban el maíz, También cosechaban muchas remolacha esa era una papa muy grande por lo menos pesaba cada una. Entre 7 u 8 kilos las llevaban en camiones a una fábrica donde sacaban el azúcar, también ese trabajo era muy bonito. Cuando cosechaban el maíz, todas las matas que quedaban con el choclo y todo se ponía en unos hoyos que ya tenían preparado en el suelo más alto de atrás bajo para delante muy hondo le ponían Una capa de sal y una capa de matas de choclo (maíz) hasta que se llenaba el oyó después tapaban con tierra, ahí con la sal se cocía todo eso se llamaba silo. El agua salía por abajo por un oyó que le dejaban pero eso salía de muy mal olor porque todo eso se cocía con la sal y se podría todo.

Para el invierno el trabajador con unos ponchos gruesos que se los daban los patrones bien abrigados salían en invierno a darle comida a los animales eso se cortaba con hacha ponían los pedazos en las carretas y salían a ponerle a los animales en el potrero, ellos ya estaban listo todos en la puerta del potrero.

Esperando. A la entrada y seguían la carreta para dentro eso era lo único que ellos comían en invierno, aparte del pasto, y se mantenía muy bien y gorditos, eso era la rutina de algunos trabajo en el campo otros en invierno cuidaban todos los animales que quedaban bajo techo darles la comida y limpiarles el corral donde dormían en verano es diferente, es muy lindo vivir ahí lo principal era muy tranquilo ay mucho trabajo, la jornada de trabajo terminaba temprano con el sol alto la gente tenía tiempo para hacer algo en sus casas preparar el terreno para las huerta o salir un rato a la calle principal a conversar con los amigos, o a tomarse un trago, y las chiquillas a caminar por la calle. (Camino) Los jóvenes.

A veces las invitan a tomarse una bebida y eso es todo.

Si habían unos chicos guapos pero María no se atrevía andar con nadie le tenía mucho miedo a su padre él era muy enojón él siempre decía que en la noche el dormía con un ojo y el otro abierto para cuidar a sus hijas porque eran las cinco primera mujeres que tuvieron después llegaron los hijos hombres y otra mujer que tuvieron en medio. Después que se tomaban la bebida, más tarde cada uno a su casa y a levantarse temprano al otro día.

Pero los días domingo lo pasaban muy bien, hacían partidos de coccer, (Fútbol) y carreras de caballos. Y juego al tejo vendían trago. Y para comer las Empanadas que no faltaban, asado a la parrilla y mucho más. Se entretenían en el campo, ahora voy a contar como trabajaban la tierra los hombres en el campo en ese tiempo, primero la limpian. Queman. Toda la basura que han recogido todo lo hacían a mano, después la aran la tierra y luego le pasan una rastra de ramas de árbol para que se en suavice imagínese con una rama de árbol esas eran las herramientas que tenían, para arreglar la tierra y después araban para hacer los surcos y sembraban.

Cuando empiezan a salir la semilla apuercan la tierra con un azadón para sacarle la maleza que esta saliendo junta con la semilla. La riegan casi todas las semanas, y mas adelante vienen las verduras nuevas, que son los porotos en tablas, las papas nuevas, el choclo, (maíz) y también el poroto granado esos son muy ricos, las señoras trabajan en casa y muchas veces les toca de ir al campo ayudar al esposo, de allí se llevan las verduras nuevas a casa, todo es fresco, y muy saludable para la familia. Así se crio María y sus hermanos.

Comida orgánica como la llaman ahora. Y cuando ya todo se secaba se venden lo que mas pueden dejan para el gasto de la casa y para todo el año, Y la semilla para el año siguiente.

También hacen el carbón. Para el invierno, ese trabajo es muy interesante y muy bonito ver hacerlo. Ponían a coser la leña como decían ellos era juntar la leña de los más chico por dentro a los mas grande y grueso por fuera los chicos para que prendiera más rápido y por fuera los gruesos y formaban como una pirámide, ancho de abajo. Bien grande y terminaba en una punta y después tapaban todo eso con barro.

Y le prendían fuego por abajo lo cuidaban mucho porque el barro se secaba con el calor tenían que ponerle más barro tapar las grietas que se hacían con el calor tenían que estarlo cuidando todo el día. después la tapaban hasta que terminara de coserse la leña cuando dejaba de salir humo arriba estaba listo para abrirlo, pero dejaban una semana después que eso se enfriara bien.

Después lo habrían y salía el carbón los palos que avían puesto salían enteros era puro carbón muy bonito, que lindo trabajo era ese. En casa de Samuel no faltaba el carbón en todo el invierno lo ponían en una pieza especial muy grande la llenaban de carbón que servía mucho no había calefacción para calentarse solo carbón.

Le daban a los vecinos más cerca ellos no podían salir a comprar solo prendían leña en la cocina ahí se calentaban en invierno cuando se terminaba se iban acostar, el carbón era lo más necesario no había otra cosa para calentarse y no cualquiera podía hacerlo, era muy difícil para salir a comprar era peligroso el agua se llevaba las tablas de los puentes con las lluvias tenían que andar con mucho cuidado.

La gente en el campo se sabe mantener y cuidarse muy bien comía todo fresco y se saben cuidar sobre todo el alimento es fresco todos los días. La leche el queso fresco los huevos la fruta era lo más rico. El pan amasado hecho en casa caliente que no faltara, todos los días la familia de María vivía con la abuelita madre de Samuel. Y una hija casada de ella y sus tres hijos.

Y más dos niños chiquitos que le había dado a Felisa ella los crio a los dos. El padre de María era el mayordomo de ese fundo, uno de sus deberes era contratar trabajadores. Para el trabajo del campo, diario se les ofrecía casas y comida, para los trabajadores temporeros que llegaban solos les daban la comida a toda hora y les pagaban, muy bien. Y también tenían un matrimonio para atender a toda esa gente que llegaban solos. Le hacían la comida a la hora de las doce y les tenían para la tarde unos panes muy grandes y caliente todos los días que les llamaban galleta.

Un jarro de leche era de un litro y uno de harina tostada. Esa harina tostada se hacía del trigo se tostaba el trigo después se molía era un serial muy rico. Eso se comía a cada rato en la mañana sobre todo se llamaba ulpo en verano se toma con agua muy helada quita la sed. La abuelita de María pasaba en las casas de los patrones. Ella trabajaba haciendo toda. Clase de conservas tanto de frutas, verduras. Y carne, también se hacían los quesos añejos el arroyado todo lo hacia la abuelita.

Los jamones, todo por grandes cantidades, porque ellos recibían muchas visitas. En todo tiempo. Cuando llegaba la gente Felisa tenía que ayúdale a la cocinera, en la cocina y Samuel preparaba el asado. Que solo él lo sabía hacer como les gustaba a los patrones nadie más lo podía hacer. Bueno a todo eso los patrones.

Se habían criado con Felisa, madre de Samuel ya que un terremoto muy grande que hubo en Chillan derrumbó la casa patronal matando a sus dos dueños que en ese momento estaban durmiendo siesta que era costumbre, quedando los dos niños vivos que andaban afuera jugando Felisa se los llevo a su casa los crío un tiempo con sus hijos hasta que crecieran, más tarde los mando a la capital a estudiar para que luego se hicieran cargo de su fundo y muchos trabajadores que tenía.

Y pagarles a tantos trabajadores. Samuel tenía en ese tiempo quince años cuando se hizo cargo del fundo era un niño todavía pero tenía que hacerse cargo del fundo. Hasta que volvieran los dueños, al tiempo después volvieron pero sin experiencia en trabajo del campo dejando a Samuel como dueño también.

Lo que el hiciera o dijera estaba bien para los patrones con el tiempo ellos fueron aprendiendo. Samuel era muy buen mayordomo lo que tenía que vender lo vendía el dinero se lo pasaba a los dueños con sus respectivos comprobantes nunca tuvo problemas con nada todo lo que hacía se los daba a ellos en ese fundo se vendían muchas cosas animales legumbre y mucho más y muchos trabajadores que había que pagarles. Todo eso lo hacía Samuel

Con lo que el recibía les pagaba a los trabajadores primero y el resto se los daba a los dueños. Además ellos querían mucho a Felisa la respetaban como madre porque la conocían desde que habían nacido, y a Samuel como mayordomo lo querían mucho también y lo respetaban. Como se habían criado juntos lo miraban como hermano.

Samuel se encargaba de atender los trabajadores decirles todas las mañanas lo que les tocaba hacer y les pagaba semanal mente. Con lo que Samuel vendía le pagaba lo demás lo guardaba para cuando llegaran los patrones y entregarle el lugar a ellos, pero Samuel siempre tomo su lugar como mayordomo. Cuando llegaron los patrones no sabían trabajar en nada además eran muy joven no tenían idea como hacerlo. Dejaron a Samuel en su puesto de Mayordomo no tenían ningún problema con él. Le tenían mucha confianza a pesar de ser tan joven. Los trabajadores lo respetaban y le hacían caso en todo Así el tiempo seguía pasando. Samuel tenía unos hermanos que vivían en la Capital. Cuando se casó el menor le mando una carta. Si le podía dar permiso a María para que le fuera a cuidar el niño que habían tenido por un tiempo, porque ellos los dos trabajaban, ellos se hacían cargo de mandarla a la escuela.

Y vestirla. Julián le dio permiso por un tiempo, le mando carta a su hermano para que la fuera a buscar. María no podía estar mas feliz ella tendría en ese tiempo unos ocho o nueve años no podía dormir de contenta pensando en su viaje.

Ella siempre había ido a la capital de niña con su abuelita se la llevaba, ella conocía allá, llegó el tío a buscarla el tío, estuvo una semana de vacaciones. Para María fue muy larga esa semana, se llegó el día. Salieron muy temprano por la mañana en una micro hasta chillan, de ahí tomaron el tren para la Capital que era de todo el día el viaje en esos años el tren se hacía andar con carbón o leña, no se podía abrir las ventanas para mirar Asia fuera porque les caía carbón a los ojos y eso dolía mucho. María iba tan feliz como niña que era, se paraba caminaba. De un lado a otro dentro del carro. El tío le compraba bebida, dulces, cosas para comer, el viaje fue de todo el día, cuando llegaron la tía los estaba esperando. Le dijo a María te gusto el viaje, si mucho. Contesto ella, cuando María se bajó del tren decía. Parece que andaba en el aire, nunca había visto tanta gente o no se acordaba cuando antes iba, autos, edificios inmensamente grandes. La gente la llevaba parecía no pisaba el suelo, según ella miraba para todos lados se sentía.

Pequeñita en medio. De todo eso, y pensaba para que me vine a meter aquí porque no me quede con mi familia. En el campo, la tía le decía te gusta aquí, M, M, le hacia ella con la cabeza como diciendo que sí.

La tía le decía más adelante te vas a sentir mejor, ahora estas recién llegada, estas asustada, en casa está toda la familia esperándote. De ahí tomaron un bus llegaron a la casa, si ahí estaban todos sus tíos sus primos. María los conocía a todos ellos iban al campo para sus vacaciones, Ella hablaba un poquito diferente a sus primos. A veces se reían de ella como hablaba a lo campesina a ellos le gustaba.

Por su manera de hablar, pero ella no les hacía caso. Pasaron unos días ya estaba hablando como ellos. En el campo no se habla tan formal, o bien pronunciadas las palabras como en la ciudad, por ejemplo para decir caballero se dice caallero, bueno después sus primos la invitaron a salir por ahí a caminar en la noche para que fuera conociendo. María feliz encontraba todo muy lindo.

Las calles pavimentadas, las casas muy lindas con sus bonitas rejas y jardines todos iluminados y con muchos árboles, fue todo muy diferente para María. En el campo las casas no son tan bonitas decía Ella y las calles no son con luces.

Y de puras piedras, amaneció el nuevo día María se levantó muy contenta su tía la llevo a comprar.

Para el desayuno de ahí para delante. Todo marchaba muy bien ella cuidaba al niño le daba su comida lo cambiaba y después lo llevaba a la cama, hasta que un día ya pasado un buen tiempo María se dio cuenta que todo estaba cambiando no savia que estaba pasando. Pero su tía no era tan cariñosa con Ella la mandaba muy seria, María hacía lo que su tía le decía que hiciera, y cuidaba al niño y le daba su comida, Katy no se daba cuenta bien que estaba pasando pero algo estaba pasando. Pero pensaba a mi me tenían que haberme puesto a la escuela. Fue lo que tío hablo con mi papi y no lo han hecho. Después ella observando y escuchando cuando sus tíos alegaban, se dio cuenta cual era el problema que había hecho cambiar a su tía, el parecido de Ella a su tío, la familia de la tía le habían dicho que "Tal vez María pudiera ser hija del tío como se parecía tanto a él, la tía era de la capital, como él había sido de campo, la abandono allá. Y ahora la llevo a su lado eso era lo que desean. La tía era mala porque estaba dejando mal a Olga madre de María. La tía le creyó a la familia y por eso eran las peleas y el cambio de su tía.

María a veces les escuchaba cuando el tío le decía como se te puede ocurrir eso. La niña es hija de Samuel, la tía no Creyó y se empezó a portar mal con María, María sufría tanto con ese cambio de la tía, la retaba por todo le tiraba el pelo.

María tenía su lindas trenzas, y no llores le decía para que tu tío no te vea, y de ahora en delante vas a tener que cocinar, limpiar la casa, y cuidarme al niño cuando ellos llegaban del trabajo María tenía que atenderlos, y tener todo listo, para que no la retara, ella era solo una niña si no le decía. Que estuviste haciendo toda la mañana que no tenías las cosas listas la tía no se daba cuenta que María era una niña todavía. Además no la habían llevado de cocinera ni para hacer aseo, ellos la habían llevado para cuidar el niño ellos entraban a las siete y media de la mañana a trabajar y volvían a las once y media del día. Después María tenía que tener a esa hora todo listo ellos comían y se acostaban porque regresaban a las tres y media hasta las siete y media de la tarde este turno era de una semana, la otra semana entraban a las once y media de la mañana, y así iban cambiando de turno.

Después que ellos se acostaban María tenía que atender al niño darle la comida. Pero tenía que sacarlo al patio. Por si lloraba y no los a molestar a ellos. Los fines de semana no trabajaban pero salían. A María la dejaban en casa de la mamá de la tía con el niño. Esa gante no la querían tenía que pasar con el niño en los brazos para que no llorara, no la dejaban salir ni a la puerta de calle. Para llamarla le decían oye tu ven aquí, como si hubiera sido una chica sin familia o empleada de ellos el tío parece que nunca se dio cuenta lo que estaba pasando con la niña, ella no podía decirle nada su tía no la dejaba hablar con él a los tíos no les importaba que María fuera una niña a ella nunca la habían tratado así en su casa. María sufría mucho y lloraba no sabía. Como avisarle a su padre para que la fuera a buscar.

Y contarle todo lo que le estaba pasando con su tío. Pero un día llegó una tía de María casada con el hermano mayor de Samuel de visita, cuando María tuvo la oportunidad de hablar con ella Le contó todo lo que le estaba pasando con su tío, ella no le creía lo que le contaba.

Está segura de lo que me dices, si tía es verdad lo que me esta pasando con ellos y se puso a llorar, yo quiero irme a mi casa no se como mandarle una carta a mi papá.

Para que me venga a buscar, Charito que así se llamaba la tía le dijo vas a la escuela, no, y porque no. Porque mi tía me dijo en castigo que tenía que cocinar. Lavar, hacer aseo y cuidar al niño eso es mucho para mí y atenderlos a ellos mi tío nunca me pregunta como estoy cuando llegan del trabajo no se acerca para nada a mi porque ellos trabajan me dijo ella tienen que descansar cuando llegan, pero tú no viniste a eso tu eres muy chica todavía. ¿Como aprendiste a cocinar? Mi tía me enseñó, y antes de irse en la mañana me deja levantada para ver al niño levantarlo darle el desayuno y para que tenga todo listo cuando ellos llegan a las once y media, ¿como ves la olla si esta hirviendo? Me subo en una silla, Charito se enojo mucho le dijo de repente te vas a quemar viva aquí hija, yo te voy hacer una carta para tu papá que te venga a buscar. Pero no les diga nada a tus tíos María se puso muy contenta por fin me voy a ir a mi casa.

Charito mando la carta a Samuel la mamá le contaba después que a Samuel Le falto que le saliera fuego por los ojos de enojado que se puso. Cuando recibió la carta. Samuel le mando una carta a su hermano. Que a la semana después la fue a dejar. María alcanzo a estar un año con sus tíos, para no volver nunca más con ellos, cuando llegaron al campo Samuel y la abuelita retaron mucho al tío, el les decía que eran mentira lo que les habían mandado a decir, mi señora. Deja todo listo antes de irse al trabajo en la mañana, el creía eso que su señora dejaba todo listo en la noche María le decía a qué hora hace las cosas su señora. Si los ratos que están en la casa pasan acostados, y los fines de semana salen a comer o al teatro y a mí me dejan en casa de la mamá de mi tía, con el niño, esa señora a mi no me quiere, ella fue que le dijo a mi tía que yo era hija de mi tío eso fue lo que le dijo la mama de mi tía a ella. María les contó todo a sus padres, por delante de su tío la prueba esta les dijo María que no me pusieron a la escuela en todo el año.

Que estuve con Ellos, el tío no hallaba que decir, y Samuel ya le pegaba al hermano a los dos días después se fue, a María nunca se le olvido lo que paso con sus tíos. Y por haberse ido a la Capital. A ellos se les olvido lo que había pasado.

Y siguieron viajando todos los años al campo para sus vacaciones porque les convenía, del campo llevaban de todo para la casa cosas de campo porotos cebollas papas ajo en fin de todo que ellos ya no tenían que comprar pero María no los quería ni los miraba cuando llegaban a la casa.

Así paso el tiempo ahora solo vive la tía. María había vuelto al campo de donde nunca debió haber salido, ahora estaba feliz con su familia. Olga no podía creer lo que María les contaba, Ella nunca dejaba a sus hijas que se metieran a la cocina por dios decía si te hubieras quemado estaba chicas todavía.

Les ayudaban si hacer las cosas de afuera pelar verduras para la comida y cuidar los niños chicos. Lavar Pañales y secarlos, era mucho para la mama pero en la cocina nunca, además en el campo se cocinaba con leña, y las hoyas puestas en unos fierros y se podían darse vuelta y quemarse. Ella si pasaba todo el día metida en la cocina ponía a coser lo que iba a cocinar para el día también hacer el pan y a cortar la leche para los quesos era mucho el trabajo para ella sola. Todo iba adelantado antes que llegaran las doce. A esa hora llevaba todo listo al comedor. Llegaban los niños de la escuela, Samuel y los tíos almorzar, después de eso Olga se iba a la cocina a lavar la loza hacía los quesos. Cocía el pan y se tomaba unos mates, eso se toma mucho por el sur de chile, por la tarde se iba al comedor ya con la comida caliente. El pan listo para la comida de la noche y el carbón prendido.

El carbón, bien prendido tenía que ser porque decía que ese gas les hacía a todos mal. Sobre todo a los niños, si había bastante trabajo en ese tiempo que María era niña verdad. Olga se iba a los dormitorios arreglar las camas por mientras que María o Carmen secaban los pañales Para ponérselos a los chicos cuando se iban a acostar. Después de la comida, a la cama, la abuelita se encargaba en el verano de salir con las niñas más grandes a buscar Inea. Era una planta que daba una flor como trocito de palo café salía en el charco.

Eso se quebraba y salía una cosa blanca como algodón servía para llenar los colchones. Las camas quedaban muy blanditas y calentitas.

En invierno sobre todo, también la abuelita hacia mote eso era para comer con agua helada en verano quitaba la sed, también servía para hacer comida con el El trigo lo ponía a hervir con ceniza lo revolvía con un palo. Cuando ya perdía el cuero lo lavaba muy bien otra vez y lo ponía en un canasto lo metía al canal lo lavabaque saliera toda la ceniza y el carbón y el cuero suelto del trigo.

Después lo ponía a coser, hasta que se pusiera blando cuando estaba listo se lavaba de nuevo y eso se comía con azúcar o miel. En agua bien helada para que quitara la sed si en el campo se come todo muy rico y bueno gracias a las personas mayores que sabían hacer las cosas así aprendieron todos mirando a sus mayores. Las niñas sobre todo. Y también la mama hacia comida sobre todo porotos (frejoles) con mote quedaba muy rico también, la vida en el campo es muy linda y sana, en la noche se salía tarde a caminar todos se conocían y se saludaban no había ningún peligro de nada.

También se puede apreciar muy bien la naturaleza, a María le encantaba el campo ella es muy romántica, todavía le gusta mirar las noches estrellada mirar la luna cuando está en menguante.

Hermosa se veía le gustaba salir a caminar por debajo de los arboles le gusta el canto de los pájaros al amanecer mirar la cordillera quedaba cerca de ellos a la salida del sol se ve hermoso los colores. Medio rosado con amarillo, sobre todo las puestas del sol al atardecer cambia de colores, la caída de agua de una cascada que maravilla es todo eso, caminar por los caminos alfombrados de hojas de los árboles en el otoño, que al pisarlas les hacen como una terapia a sus oídos.

Caminar a la luz de la luna eso era lo más maravilloso para ella en la noche azulada el cielo hermoso azul escuro lleno de estrellas, todo eso es una maravilla de la naturaleza que nadie lo puede negar. En las ciudades no se aprecia esto tan lindo, solo los que viven en el campo me comprenderán lo que digo dice María y apreciar todo eso. No hay comparación con los ruidos de la ciudad. Los autos, los camiones.

Salidas de aviones el esmog, por eso ella se sintió feliz en el campo. Todo el tiempo que vivió en el campo que fueron dieciocho años los que vivieron ahí. Y nunca ha perdido las esperanzas de volver algún día. Si ha ido muchas veces al campo pero ya

no es lo mismo tiene familias ahí todavía, si a ido a
visitar la familia. Si han ido muchas veces a visitar
a la familia que queda ahí, Que son muchas las que
quedan allá todavía.

A María siempre le han gustado mucho las flores.
Ella tenía un jardín muy grande y bonito y muchas
variedades de flores.

La fragancia sobre todo las violetas. Olores muy
fragantes y colores, Las encontraban ahí en el jardín
de María, cuando pasaba la gente por el camino se
quedaban paradas debajo la sombra de los arboles
Olorizando el aroma y mirando las flores y aspirando
el olor que salía de ellas, las rosas por el olor tan
diferentes y especial a las demás y muy suave. Las
rosas las tenía por todos lados, por toda la orilla del
camino, las violetas colgaban por la orilla del canal
que había frente de la casa, a la orilla del camino, por
donde pasaban las personas salía un olor tan especial
a flores.

El tata le ayudaba a cerrar el jardín para que no
entraran las aves y los perros. Hacerle daño a las
flores. La parte donde María vivía era muy bonita
muchos árboles frutales manzanos, ciruelos. Cerezos,
durazno y muchos más. También había unos aromos.

Muy hermosos al frente de la casa. Los aromos
florecían y dan una flor amarilla. De puras pelotitas
en racimo de muy buena fragancia también había
un castaño de flores muy hermosas las flores eran
en racimo. También la entrada del fundo era muy
bonita con árboles por los dos lados flores a la entrada

los árboles se cruzaban arriba. María y sus hermanos eran muy felices en ese lugar.

María le gustaba mucho jugar con sus hermanos. Les hacía volantines, trompitos, gomina para el pelo, de una goma que salía de los árboles les hacia perfume de las flores de las acacias, y de los espinos. No le quedaba todo bien, pero se entretenían para jugar, también el padre de María cuando tenía tiempo salía a casar conejos que a el le gustaban mucho para comer. Él era el único que se los comía la mama se los preparaba muy rico según él, nadie más comía conejo y también a pescar.

Ahí estaba María con el ayudándole a María le gustaba todo eso. A Ella le encantaba andar a caballo en tiempo de las chacras, cuando estaban las verduras nuevas María se ofrecía para ir a buscar porotos nuevos, papas, choclos, (Elote) todo nuevo y fresco para la comida del día, al otro día en la mama.

La abuelita preparaba comida muy rica con todas esas verduras frescas que se cosechaban ahí mismos. Ahora la llaman orgánica cuando empezaban las cosechas era todo muy bonito andaban en carreta tirada por bueyes, Recogían los choclos secos, los porotos (frejoles) y los llevaban a un lugar para trillar. De ahí salían los porotos y los guardaban en sacos, el maíz lo hacían un montón Muy grande lo ponían en la cancha donde jugaban a la pelota y en la noche se juntaban mucha gente. Y se ponían a pelar los choclos ya seco, se tomaba un trago que se llamaba chicha que era muy rica y dulce. También se jugaba a los chirlitos, eso era maíz que venían de color morado entre los amarillos, allí se pasaba un rato muy agradable a la luz de la luna y alegre contaban chiste.

Había gente muy buena para contar chistes, después terminaban con un montón de una persona y seguían con otro montón de otra persona, porque todos ellos se ayudaban todo eso se hacia en la noche a la luz de la luna en verano rápido tenía que ser ante de la lluvia, todos se ayudaban por igual, a la otra noche seguían de nuevo tenía que hacerlo lo otro que era muy bonito en ese tiempo eran las siembras de papas.

Y porotos se invitaban a todas las personas que quisieran ir ayudar, se les hacía buena comida y trago sobraban el ayudante. En un día se terminaba la siembra de dos cuadras, de una persona al otro día se empezaban con otra familia, así eran de unidos todos ese fundo y todas las señoras ayudando a preparar la comida para la siembra era mucha gente la que se juntaban, a la ora de las doce todos sentados en el suelo debajo de los arboles con el plato en la mano y comiendo el que quería más se paraba a buscar más, todos almorzar a reírse y contaban chistes se pasaba muy alegre en esos años no se usaban máquinas para nada todo lo hacían los trabajadores, los patrones prestaban todo lo que el trabajador necesitaba.

Tractor bueyes arados incluso la semilla si es que alguien no tenía, a María le gustaba cuando cosechaban los porotos se iba a recoger lo que quedaba

botado. Que era mucho lo que quedada Lo limpiaba
y lo iba a vender, juntaba el dinero porque a ella le
gustaban las pelotas de goma grande todos los años
tenía que comprarse una porque sus hermanos se la
sacaba afuera la chuteaban cuando ella no estaba y
se la rompían. María lloraba por su pelota, su madre
le decía cuando valla al pueblo te compro otra pero
nunca lo hacía, María esperaba hasta el otro año para
hacer lo mismo, cuando ellos.

Salían a jugar con sus hermanos María. Tenía
que andar con un hermano Chico. Colgando a la
cintura para poder jugar si lo dejaba en el suelo se
ponía a llorar y Olga la retaba tenía que andar con el.
Un día Samuel le regaló un caballo a María. Como
a Ella le gustaban andar a caballo ella se puso feliz
con su caballito por nombre le puso panchulo. El,
caballo le salió muy mansito muy lindo. María le
enseño a comer azúcar, panchulo no se movía de la
casa. Solo salía a comer un rato y volvía, les servía
para ir a comprar a la calle principal haya quedaban
los almacenes e ir a las chacras a buscar las verduras
nuevas no le ponía montura solo un saco y salía a
comprarle a su madre. Para todo lo que se necesitara
ahí estaba panchulo. Cuando María quería ocuparlo
él se alejaba un poco de la casa lo llamaba por su
nombre el levantaba la cabeza miraba adonde estaba
María y salía corriendo donde Ella porque sabía que
le tenia azúcar, el agachaba la cabeza salía a dar una
vuelta corriendo como jugando y volvía a su lado.

María se subía en el y se iba a casa, María era feliz con su caballo. Un día Samuel les dijo les voy a comprar una cabrita para que tengan cuando vallan a comprar y a las chacras. Eso era un coche con dos ruedas altas que la tiraba un caballo, pasaron los días y Samuel les dijo ya les compré la cabrita a la tarde la vienen a dejar. María le dijo a su papá ¿es verdad papi que nos compró la cabrita?. Si dijo el, a la tarde la vienen a dejar María feliz, así fue que en la tarde llegó con la cabrita.

María era la más feliz porque era la que andaba metida en todo. Samuel le dijo voy hablar con un trabajador para que me amanse un caballo y ponerlo a la cabra, guardo la cabrita en la pajera ese es un lugar donde guardan el pasto para los animales en invierno.

Un día Olga le toco de ir al pueblo con un niño al doctor, como el viaje era de todo el día María sacó el coche era muy liviano la puso en el patio fue a buscar a panchulo y le dijo sabes te quiero pedir un favor. Si puedes tirar este coche, pero no lo vallas hacer tira porque mi papi me puede castigar y seguía poniéndole la silla y apretando correas. Y lo miraba a los ojos, y le hacia cariño pero el nada ni se movía, después lo metió retrocediendo a las varas levantó las varas las metió. En las argollas de la montura y siguió apretando correas. Puso las cadenas y ya estaba listo le dio unas palmadas a panchulo de cariño y un abrazo, el seguía tranquilo como diciéndole ya te entendí, después lo puso derecho al puente en ese lugar pasaba un canal muy grande. Y había un puente ella se preparó para subir. Le movió las riendas y le dijo ya pan chulo vamos. Con ese movimiento Panchito no hizo nada. Pero siempre precavida por si panchulo hiciera algo saltaría al suelo, se sentó en medio de la cabrita puso los pies adelante en una tabla que tenía el coche tomo las riendas y le dijo ya ahora vamos y movió las riendas, panchulo siguió caminando como si hubiera estado acostumbrado.

María paso por el puente y lo saco al camino y se fue con el a pasos lento por debajo de Los encinos que servían de ramada al camino muy hermoso el lugar donde vivía María Ella anduvo toda la tarde en el coche pan chulo tranquilamente tiraba por mientras su abuelita hacia las cosas en la casa.

Y cuando querían volver María tiraba la rienda del lado que iban a volver y el seguía caminando más tarde cuando iba a llegar Olga del pueblo. María la fue a esperar a la bajada del bus, a Olga casi le dio un ataque cuando vio a María sentada en el coche. Y con pan chulo le dijo María por dios que haces ahí sentada vine a esperarla. Ella le dijo suba mami. Esta loca le dijo Ella que voy a subir con el niño, porque no, yo he andado toda la tarde en él y panchulo no a hecho nada solo caminar.

A pasos lentos, de la bajada del bus a casa le quedaba un poquito lejos para caminar con el niño en los brazos a Olga María le decía Suba mami hasta que la convenció y se subió con el niño, tranquilamente panchulo tiraba y caminaba a pasos lentos. Se fueron a la casa. Caminando por debajo de los árboles que tapaban el camino era un lugar hermoso donde vivían a María nunca se le ha olvidado todo eso. Olga le decía quién te puso a panchulo en la cabra, yo lo hice fue muy fácil, se le pone la montura primero y le siguió contando todo como lo había hecho. Así conversando llegaron a la casa pasaron el puente entraron al patio sin novedad y sin apuro, Olga se bajó y María fue a sacar a panchulo de la cabrita para guardarla. Más tarde llegó Samuel, María muy contenta le dijo. Papi, papi ya tenemos caballo para la cabrita, como dijo El que tienes caballo para el coche, si, y fui a buscar a mi mami al bus. Qué, caballo le pusiste a la cabra, panchulo, panchulo dijo El no podía creer, si panchulo, yo he andado toda la tarde con el y no ha hecho nada solo caminar tranquilamente. ¿Quién te puso a panchulo. En el coche?", yo misma lo puse, ¿tu savias como ponerlo? No pero ahí aprendí, y conversaba con pan chulo él se ha portado muy bien y tranquilo, yo, decía María.

Pensé que al apretar las correas podía hacer algo, pero nada bueno le dijo Samuel ya tienen caballo para la cabra y tu María te vas hacer cargo de cuidarlo. A las dos gracias papi dijo ella. María no podía estar más feliz y contenta. Con su cabrita y su caballo, así era ella lo que quería hacer lo hacia si le salía mal lo hacía de nuevo ella no tenía problema.

Olga con Felisa les cocían toda la ropa a los niños cuando entraban a la escuela, y les tejían todo el suéter guantes, calcetines, y unos ponchos. Les hacían los delantales a las niñas vestido y los pantalones y camisa a los niños María salió. Igual a ellas aprendió a cocer de solo mirándolas. La maquina de coser que se usaban en ese tiempo era de mano. Con una rueda que había que dar vuelta con la mano derecha. María empezó cociendo ropa a las Muñecas.

Que Ella misma les hacía a las hermanas se las llenaba con lana de oveja, después empezó hacerse ropa para Ella.

Y después a sus hermanos. Aprendió. Hacer los blue-jeans las casacas mezclillas, no savia tomar las medidas todo lo hacia al ojo como le decía su abuelita. Pero no le quedaban muy mal se podían poner, también aprendió a tejer a palillo y a crochet hacía cosas artesanales, pintaba en genero, toca la guitarra igual que sus tías. Bueno todavía es así ahora ya esta mayor pero todo eso le a servido mucho en el trayecto de su vida para con su familia, con su hermana Carmen aprendieron.

Hacer unas flores muy bonitas, para el primero de Noviembre, día de todos los santos ellas dos trabajaban en eso asiendo coronas para los familiares que iban haber a sus muertos al cementerio, les quedaban tan lindas y tenían muchas que hacer para ese entonces, le pagaban por cada corona, hacían corazones, ramos, como la persona quisiera. Para niños las hacían de todos colores, y para adultos solo morado con blanco algunas personas les gustaban de todos colores le ponían hojitas verdes del mismo papel y una colita dibujada. Les quedaba muy linda hermosas pero con mucho dolores a las manos. Trabajaban mucho la gente se pasaban el dato y llegaba gente de todos lados que ni conocían para qué les insieran las corona. Eran muchas la corona que le mandaban hacer todos quedaban muy contentos. Con sus coronas pero sí que dolían mucho los dedos. Tenían que colgarlas en el techo de la casa porque eran muchas. Ellas dos tenían una madrina de bautizo que se llamaba Elisa. Ella tenía una quinta muy grande de árboles frutales y vendía muchas frutas para la temporada. Cuando llegaban a comprarles fruta, las mandaba a buscar. A Carmen y María para que le fueran a cortar la fruta la fruta tenía que ser cortada del árbol no que se hubiera caído porque se golpeaban se echaban a perder muy rápido.

Pero después que terminaban las mandaba a buscar leña para coser el pan, ella tenía un ornó de barro después tenían que mirarle el pan que no se quemara, y ella se ponía hacer otras cosas, o las mandaba a buscar una tortuga que salía a caminar y se perdía.

Siempre las entretenía y llegaban tarde a la casa Olga les llamaba la atención. Un día venia llegando Samuel del trabajo en la tarde. Cuando venían llegando. Samuel les dijo ustedes de donde vienen a esta hora, de la casa de la madrina contestaron, esta bien que vallan temprano les dijo el no a esta hora ya se entró.

El sol. Fuimos temprano pero ella nos manda hacer otras cosas, Samuel les dio unos correazos a las dos y les dijo que no quería verlas llegar a esa hora nunca más. Después de eso no quisieron ir mas donde la madrina cuando ella las mandaba a buscar. Un día llego la madrina a la casa. Les dijo porque ustedes no quieren ir cuando yo las mando a buscar. Olga le dijo, mire comadre la ultima ves que fueron las niñas Samuel les pego a las dos. Porque llegaron tarde. Bueno le dijo ella para otra vez, no las boy a entretener tanto. La madrina no tenía quien la ayudara hacer las cosas. El horno que tenía la madrina era de barro con ladrillo. Redondo y grande lo tenía debajo de una ramada en el patio, el pan en esos hornos salen muy rico y muy sabroso, se le pone el fuego adentro que se caliente bien después se barre con una escoba de Rama mojada y se pone el pan dentro, cerrando la puerta que tiene para.

Que no se le escape lo caliente y le dejaba un poco de brasas afuera en la puerta, el pan sale con sabor exquisito en esos hornos de barro también por el camino habían muchos perales antes de llegar a la casa de la madrina.

Ellas se ponían a recoger peras para llevar a la casa las dejaban escondidas y de vuelta se las llevaban la mama hacia mermelada de pera que también es muy rica. Ahora les contaré un poco como era el lugar donde nació y se crio María y sus hermanos, era un lugar. Muy hermoso como ya les he contado, tenía muchos árboles. Por todos lados del camino. Hasta llegar a la casa de María, eran álamos y encinos cuatro, corridas por lado, de ahí doblaba el camino asía dentro del fundo para el lado izquierdo entrando para su interior habían encinos muy grandes gruesos el camino tenia unas bajadas y subidas y muchos riachuelos. Los árboles que estaban a los lados del camino, daban una hermosa sombra. Caminar por esos caminos sobre todo en la noche a la luz de la luna. Era muy romántico y hermoso, las casas de los patrones. Quedaban justo a la entrada del fundo con la calle pública, y tenía un portón muy grande.

Con rejas de fierro y pintada verde y muchas flores que adornaban a los dos lados del portón. Se habrían temprano en la mañana y se serraban en la tarde, también había una entrada al lado como una Z. De sementó era para las personas que habían quedado fuera cuando se serraban Las puertas con llave, por ahí se metía Samuel Con su caballo en la noche salía todo doblado al otro lado, pero lo hacía no era que no tenía llave iba borracho no podía abrir el portón. También había unas piedras.

Muy grandes pintadas de blanco a la entrada del portón, esas servían. De asiento para los trabajadores que terminaba de trabajar en la tarde, todas las tardes se juntaba mucha gente a conversando y riéndose de todo lo que veían. Y enamorando a las chiquillas que paseaban por ahí, también estaban los almacenes al frente, todo el día se veía mucha gente era la calle principal por donde pasaban los microbuses era más de tres cuadras de almacenes por lado muy.

Bonito el lugar además ellas eran las que traían las cartas a ese lugar, después que se cortó el trencito que había por esos lados antes muy bonito y chiquito. Bajaba al pueblo en la mañana y volvía en la tarde hacia dentro hasta la montaña el traía las cartas. Después de eso los buses empezaron a llevar las cartas.

A esos lugares por eso era que se juntaban todas las personas ahí en la tarde el trencito era chico y andaba muy despacio era entretenido andar en el salía del pueblo de chillan. Asia la montaña y siempre lleno de gente conversando riéndose era un paseo muy bonito el trencito echando humito y piteando y lleno de gente era entretenido andar él. Hacía dos paradas antes de llegar a ese lugar donde María vivía. Y era muy romántico andar en él, pero con el tiempo después lo cortaron. Se echaba mucho de menos, en el verano cuando iban los familiares de María de la Capital. Todas las tardes salían a caminar por esos lugares tan lindos en la noche, la casa en la que vivía María y su familia era grande de ladrillo, el comedor grande y barios dormitorios a la entrada tenía un corredor muy grande con unos pilares redondos. María le tenía a cada pilar unas matas de Bellortencia. Que daban una flor muy grande y de colores muy bonitos moradas blancas o Rosadas y celeste. Y más tenían un parrón de todo el largo de la casa al frente en el patio, y daba unas uvas blancas rosada que la llamaban moscatel dulce y fragante eran muy ricas.

Con un olor y sabor especial, más por el lado atravesado de la casa corría un canal. Que servia para lavar ropa, y bañarse, también metían los caballos para bañarlos Los que usaba el papá de María debajo de los aromos ahí los bañaban a ellos les gustaba mucho les tiraban agua con una pala. Por el otro lado estaban los árboles frutales. Tenían un árbol muy bonito que se llamaba castaño de flor, daba unas flores hermosas. Como unos racimos hermosos rosados y con olor, además los encinos daban una semilla que se llamaba encina, cuando se secaban empezaban a caer eran muchas las que caían tenían que recogerlas todos los hijos de los trabajadores. Del fundo el patrón les pagaba por saco que llenaran. Con eso alimentaban los chanchos en invierno era su comida favorita, a ellos les encantaban y se criaban muy gorditos y sanitos bajo techo, todo ese lugar era muy hermoso, los patrones en su casa tenían muchos árboles. Que no eran de por ahí los llevaban de otros países cuando ellos salían además ahí había un árbol que se llamaba calicanto daba una flor muy fragante parecía perfume morada, además tenían unos árboles que daba una fruta muy grande parecía naranja pero mucho más grande le decían zamboa, también había otro árbol que se llamaba camelia La flor era hermosa parecía una Rosa florecida, del porte de una cabeza de niño además en casa de Samuel a la orilla del canal debajo de las raíces de los aromos había una vertiente.

Salía agua de debajo de la tierra. Samuel avía hecho un poso le avía serrado con piedra para el lado del canal y no entraba agua al poso, esa agua era muy helada muy fresca y pura. Bueno él no lo hacia él mandaba nomas.

Un día Olga le dijo a María. Que le fuera a buscar algo al almacén, era día de otoño porque había sol pero no calentaba como solía ser en verano. Que si hace calor que no se aguantaba sobre todo a la hora de la una. O dos de la tarde, el sol daba en medio del camino, María se fue a comprarle lo que su madre le había encargado. Todas las veces que se iba a comprar había que traerle galletas museos a la hermanita. Más chica que había en ese momento en la casa tenía solo un año y medio, llegó María con las cosas que le había encargado su madre.

Y también las galletas para Tita que así se llamaba la niña. María le dijo a su madre no ha visto a Tita. Que le traje sus galletas, no no ha venido por aquí. María se fue donde su hermana Carmen ella estaba peinando a otra hermana poquito más grande tenía tres años

María le dijo a Carmen no has visto a Tita si le dijo Carmen Ella anduvo aquí con una peineta en su mano pero yo no la deje que se mojara porque el agua estaba sucia no se para dónde se fue. María se dio vuelta por el lado del canal donde su abuelita que ella vivía atrás, no ha venido Tita por aquí abuelita, no hija no ha venido no la he visto María se puso muy nerviosa porque nadie la había visto.

Yo le traje sus galletas y no la encuentro le dijo María. Ya María estaba nerviosa porque la niña era muy chica para que se perdiera para donde se iba ir tan chica.

María se dio la vuelta María se dio la vuelta por la orilla del canal para su casa otra vez, al lado del canal quedaba el poso no era hondo solo que quedaba un poco para debajo de la tierra. María en ese momento tuvo un presentimiento muy feo dijo no abra ido la niña al canal, se acordó que Carmen.

Le había dicho que ella andaba con una peineta en su manito. Dijo no se abra ido al poso a mojar la peineta. Bajo corriendo al canal, y cual fue su tristeza y pena tan grande que en su vida había sentido, su hermanita Tita había caído al pozo. Y se había ahogado, de un salto se tiro dentro del pozo para sacarla el agua no llegaba a la rodilla. Pero la niña estaba tan pesada que se le volvió a caer al agua, la niña estaba boca abajo, la tomó de nuevo y la sacó ya ha eso María estaba gritando como loca la saco se sentó afuera del pozo gritando y la abrazo. María daba tremendos gritos para que llegaran los demás ayudarla, la niña al caer al agua se fue para debajo por eso fue que no se pudo parar porque era bien bajito, esto no había sido mucho rato porque. Carmen decía que no asía casi nada que había ido donde Ella con la peineta.

O sea que cuando María llego en ese momento la niña avía Caído al poso. Esto fue una tristeza tan grande para toda la familia que nunca lo pudo olvidar. Fue algo terrible. María se volvió loca gritando, tomaba a su hermanita en los brazos y decía no, no que no sea verdad todo esto, se sentó en el suelo al lado del poso con ella no se la podían sacar de los brazos, llegó su abuelita se la quitó y se la llevo adentro de la casa. La acostó en la cama la ponía de lado y le apretaba la guatita según ella para que le saliera el agua, en esos tiempos no se sabía de respiración artificial nada menos en el campo. No se savia de eso, empezaron a llegar gente los trabajadores que andaban por ahí en los alrededores que habían sentido los gritos de María, para saber que avía pasado, se encontraron con tremenda noticia la niña empezó a ponerse moradita le salía agua por la nariz y los oídos, pobre abuelita que no le hacia a la niña para que volviera, pero todo fue inútil. Tita no se recupero, ese momento nunca se olvidó para esa familia. María se volvió loca salio al camino gritando y corriendo no pisaba el suelo o si lo hacia no se daba cuenta. Hacia dentro del fundo corría a buscar a su papá que andaba trabajando. En la casa había quedado esa gran tristeza, todos andaban de un lado a otro nadie decía nada todos muy triste y llorando y esperando que saliera la abuelita del dormitorio para saber de la niña.

Al fin salió la abuelita llorando y dijo Tita murió, esto fue como a las once del día. María seguía corriendo camino adentro, después se metió a un potrero para salir más derecho, Ella sabia donde encontrar a su papá, corría y corría ya no daba más. Y pensando que no fuera verdad lo que había pasado en su casa O la abuelita la hubiera atendido y estuviera viva. Hasta el aire le faltaba ya iba perdiendo las fuerzas, vio a lo lejos un hombre que andaba a caballo le movía las manos porque la vos no le salía. Para gritar ella seguía corriendo se paraba y se caía. Y le pedía a Dios que no fuera verdad lo que estaba pasando en su casa, en esto el hombre la vio, ella se había quedado parada y se desplomó al suelo, el hombre decía parece que aquella mujer me llamaba a mi voy a ir a ver qué pasa ya no la veo, salio corriendo a dar la vuelta por las puertas con el caballo y llego donde María estaba. Ella ya no podía hablar era un tío.

Él se tiro al suelo la tomo en los brazos. Le decía María por dios que te pasa contéstame que te paso por Dios. Háblame porque lloras de esa manera, ella ya no podía hablar solo le hacia con la mano para la y mostraba la casa.

Él le decía que pasó en la casa háblame, al rato ella le dijo valla a buscar a mi papi porque se nos murió la niña. Tita cayo al pozo, él le dijo vallase a la casa yo voy por tu papi, María se devolvió ya no lloraba pero iba muy cansada no podía respirar, y triste llego a la casa se fue al poso se sentó a mirar y a llorar ahí encontró la peineta que Carmen le había dicho que tenía Tita en sus manitos. María recogió la peineta se sentó y se puso a llorar a la orilla del pozo muy triste. No puede ser no, no decía al rato llegó el papá con el tío. Iban corriendo en el caballo, ya la casa estaba llena de gente vecinos y personas que andaban trabajando por ahí cerca habían escuchado los gritos de María, y dijeron estos no son gritos de niños jugando. Vamos a ver que paso en la casa de don Samuel algo grave paso. Samuel empezó con las preguntas. Que como había sido, que porque se habían descuidado tanto con la niña. En fin tantas preguntas y no había nadie para dar respuestas, todos llorando por tan terrible muerte que avía tenido la pobre niña, niña de solo un año y medio. El tío decía yo pensaba. Que los niños andaban jugando pero después vi a María sola pero nunca me imaginé.

Esto, mas atrás llegó un primo de María que su mamá había visto pasar a los tíos muy apurados en los caballos, y lo mando haber que había pasado, bueno el les llevo la triste noticia. Mas atrás llegaron los patrones del fundo le dijeron a Samuel tú no te preocupes por nada nosotros nos hacemos cargo de todo, tu quédate junto a tu familia, ellos se fueron al pueblo. Le compraron la urnita a la niña hermosa blanca con unas palomitas blancas a cada lado María nunca se ha olvidado de todo eso y no creo que se le valla a olvidar nunca. Mucha gente familiares y amigos los acompaño toda la noche, al otro día empezaron a prepararse para sacarla al cementerio, eso fue muy triste la salida de ella ya no la iban haber nunca mas,

Los niños nadie quería que se la llevaran, Olga su madre sufría tanto por su bebe. A una cuadra de la casa era su primer descanso ahí dejaban una corona y unas flores era una costumbre que ellos tenían. Despué la dieron vuelta asía delante y se la llevaron al cementerio Costumbre de ellos en el campo era así, Tita para su corta edad era una niña muy inteligente, hablaba todo. La iban a extrañar mucho.

La ausencia de ella iba ser muy grande en esa casa en la noche antes de su muerte Tita les había bailado nunca lo había hecho porque los niños se acostaban temprano, esa noche no quiso irse a la cama, María y Carmen les tocaban la guitarra y hacían bailar a los niños, ella se puso a bailar también se daba vuelta y seguía bailando. Olga la dejo un rato con ellos ahí.

Y todos sus hermanos haciéndole fiesta, en eso llegó la abuelita, les dijo no es bueno que la niña haga tantas cosas de repente, déjenla que se valla acostar. Se puede enfermar, al otro día se les murió la niña, no se si fue casualidad o era que pasaban esas cosas como decía la abuelita, después de eso ya no le hacían fiestas a sus hermanos porque tenían miedo que les fuera a pasar algo, además tenían muy presente la muerte de Tita.

A veces los vestían de payaso les pintaban la cara con carbón, o les hacían títeres se ponían un calcetín. En la mano y lo hacían hablar, así pasaban el tiempo con los niños no había luz eléctrica ni radio menos televisión solo una victrola se le ponía unos disco grandes negro se llamaban lompley.

Se le daba cuerda con la mano y tocaba música. María se acordaba que su abuelita les contaba muchas historias. Como por ejemplo, que cuando se Moría una persona se le salía el alma para irse al cielo. En ese tiempo cuando murió la niña había una canción de moda que se llamaba gorrioncillo pecho amarillo, la canción decía revoleteando el nido destruido que muy bien les caía a todos. María cuando escuchaba esa canción le daba mucha pena se ponía a llorar le recordaba a su hermanita que tal vez ella andaba revoleteando alrededor de la casa. Más adelante se dio cuenta que eso eran puras mentiras de las personas las personas mayores ellas mueren y se acabó. Porque la persona que muere se va a descansar, nada de irse al cielo ni al infierno a descansar, Así piensan algunas personas pero todo es mentira bueno. Cuando todos los niños estaban chicos le tenían mucho miedo a su papá, porque el todas las noches llegaba borracho y retando a su mamá, además a El no le gustaba ver a nadie de sus hijos en pie cuando el llegaba, los niños sentían pasar el puente con el caballo.

Se paraban todos y se iban acostar, yo pienso ahora dice María que eso no está bien que le tengan miedo al papa porque es su padre tienen que estar al lado del cuándo llega a su casa, ni la vela prendían en la pieza en ese tiempo no avía luz eléctrica sacándose la ropa y poniéndoles el piyama a oscura los más chicos todos calladitos pobrecitos para que su padre no les fuera a pegar desvistiéndose así a oscura así era en ese tiempo en el campo. Ahora yo pienso que eso estaba mal que los niños le tuvieran miedo a su padre así como lo iban a conocer eso no estaba bien, porque muchas veces uno quería estar con ellos dos hablar con el conocerlo como era, no tenerle miedo, respeto si había que tenerle siempre porque era el padre no, así jamás íbamos a saber cómo era como pensaba no me acuerdo si nos enseñaban a tenerle miedo o él era así. Solo Olga se tenía que quedar darle comida a la ora que llegara viniera borracho o no, tenía que comer esto era de todas las noches lo mismo. Una vez se metió con el caballo dentro del comedor. No cabía por la puerta pero igual se metió, el caballo empezó a dar vuelta dentro.

Del comedor y de pasada piso la tetera con agua caliente que Olga tenía en el brasero y salió el caballo arrancando afuera con Samuel arriba. El se pegaba en la cabeza en las rodillas pero no se calló, salió afuera algunas veces se quedaba la abuelita con Olga A esperar a Samuel, por mientras tomaban mate y conversaban. Si Samuel llegaba retando a Olga ella se paraba Felisa agarraba un palo y le pegaba duro, porque ya los tenia a todos aburrido, tomaba el y llegaba peleando con Olga, por su trago, pobre de Olga trabajaba todo el día que ni siquiera podía descansar por la noche.

Julián no le decía nada a su madre cuando le pegaba, pégueme mama decía el si me quiebra un hueso usted me los hizo usted me lo arregla. Después se paraba y la tomaba en brazos y le hacía cariño. Con eso arreglaba todo María no entendía porque Olga no le decía nada a su esposo cuando el la llegaba retando ella trabajaba todo el día no descansaba para nada y después llegaba la noche atenderlo a él y el retándola por quererlo hacer. Tal vez le debe tener miedo igual que nosotros decían María, Olga tenía que acostarse temprano porque ella se levantaba muy temprano. A sacar la leche eso no es tan fácil y todo el día trabajando sin descansar a veces comía de pasada no se sentaba a comer. En la noche después de acostar a todos los niños chicos, se sentaba a comer algo se quedaba dormida de cansada todo el día no paraba. Después que murió la niña Samuel llegaba diciendo todas las noches, que Tita iba a dejarlo al puente de la casa y se desaparecía. El entraba llorando y hacia llorar a todos los demás que estaban en la pieza escuchando. Olga le decía para que llegas diciendo tonterías eso no es verdad, La niña murió y se acabo. Quizás que es lo que te viene a dejar a ti por lo malo que eres. Samuel se enojaba mucho con Olga porque no le creía. El diablo que te viene a dejar le decía Olga por lo malo que eres con nosotros.

Felisa si le creía, le decía tal vez la niña necesita una velita por eso se te aparece, anda afuera y préndele una vela si es eso que necesita no se te aparecerá más Samuel salía afuera le prendía la vela y con el tiempo se le fue olvidando las tonterías que llegaba diciendo. Tal vez Olga tenía razón quizás que era lo que iba a dejar a Samuel en la noche como siempre andaba borracho talvez veía cosas en su borrachera que llevaba. Y además por esos lados siempre contaban muchas historias que el hombre sin cabeza que un cordero con una cadena arrastrando en fin muchas tonterías. María y sus hermanos en verano. Siempre

jugaban hasta tarde de la noche afuera y nunca vieron
nada, y eso solo a la luz de la luna que ellos jugaban.
Olga sufría mucho con Samuel el tenía otras mujeres
a veces las llevaba a la casa para que Olga las atendiera
que falta de respeto dice María ahora. Carmen y
maría ya estaban grande se daban cuenta de todo lo
que su padre hacía. No aprendió con la tremenda
enfermedad que tuvo recién casado no tenía respeto
para nada ni a su madre. Que ella vivía ahí. María y
sus hermanas ya eran grandes se daban cuenta de los
problemas de sus padres, ellas alcanzaron a conocer
un hermano por parte de padre. Con otra mujer, con
el tiempo se dejaron de ver con ese medio hermano
nunca supieron que fue lo que pasó con él se crio de
chico en casa de María.

Y el abuelo de el que trabajaba algunas bese para
Samuel todo el día en casa. De Olga el niño siempre
andaba junto con todos los demás él era chico no savia
nada de nada Olga no hacia ningún problema por el
niño, ella era muy trabajadora tenía que atender tantos
hijos y ver con huertas, plantar cebollas, tomates,
ají, limpiarlas y además el cuidado de la casa, lavar
cocinar ella pasaba todo el día. Haciendo una cosa y
otra nunca descansaba. Cuidando anímales muchas
aves tenían con la abuelita muchos patos gansos
gallinas pavos y también criaban muchos chanchos
(cerdos). Más adelante después de la muerte de la
niña Olga quedó esperando otro bebe. Este le salió
enfermo de la garganta no podía tragar la leche se le
caía de la boquita, a los pocos días de nacer se murió

también estaba recién nacido y enfermito. También sufrieron mucho con la muerte de ese bebe Una noche. María. Le dijo a su madre, mami me quiero quedarme con usted un rato. Cuando llegue mi papi me voy acostar, a ella le daba pena de verla porque se quedaba dormida no podía ni comer se podía caer al fuego dormida, está bien quédate, se pusieron a tomar mate y a conversar.

El mate se toma mucho en el sur de Chile es un te verde, en muchos lugares remplazan el té por este mate.

A los niños tan bien se les da pero ya frío. Estaban tomando mate y sintieron pasar el puente, venia llegando llego su papa, porque él tenía la costumbre de pasar de un salto el puente esa noche paso despacio esa era la seña que tenían al llegar a su casa María dijo parece que viene con la buena los caballos estaban acostumbrado. María le dijo a su mamá no me voy aíra a costar tal vez mi papi no me dice nada y viene con la buena. Samuel llegó se metió debajo del corredor como de costumbre le sacó la montura al caballo la puso en el banquillo de palo que tenía y lo fue amarrar a la pesebrera. Eso quería decir que no venia tan mal, algunas noches llegaba tan borracha que se bajaba del caballo y se caía y ahí se quedaba. Olga lo arrastraba como podía lo metía dentro de la casa. Y cerraba la puerta no podía hacer nada más, el caballo quedaba debajo del corredor. Marchan.

Cuando no sentía pasar a Julián con el caballo se levantaba le sacaba la montura y lo iba amarrar para que comiera.

Marchan tenía que dejar todas las noches el comedero del caballo lleno de pasto. Esa noche que María se quedó con su madre. Parece que el papa venía con la buena porque no le dijo nada a María sentada ahí con Olga, Samuel llego conversando muy tranquilo. Olga le sirvió la comida. El comía y seguía conversando, sobre del trabajo como había estado el día de repente se atoro. Con un pedazo de carne, El le hacia con la mano a Olga para que le pegara en la espalda. Pero Olga no le creía que estaba atorado. María se paró muy asustada le dio un golpe fuerte en la espalda y otro y otro hasta que boto lo que tenía atacado en la garganta, era de verdad que estaba atorado dijo María.

Cuando se le pasó el susto empezó a retar a Olga porque no lo había atendido, de todas. Manera la reto, pero ya había pasado el susto. María como le tenía miedo se paró para irse acostar, pensó que su papá le iba a pegar por haberle pegado en la espalda, pero su papa le dijo María ven quédate aquí nomás.

Ella en ese entonces tendría unos catorce años, de ahí se empezó a quedarse todas las noches con su mamá, para conversar con Ella que no se quedara dormida y se fuera a caer al fuego.

Así seguía pasando el tiempo. Samuel tenía una hermana viviendo en la Capital, todos los años se iban al campo después que terminaban las clases.

Un dia dos de los hijos de ellos la hija mayor y uno del medio empezaron a tener problemas con la vista primero les dolía la cabeza y no veían bien su madre empezó a llevarlos al doctor pero los niños seguían peor cada vez veían menos. Sus padres estaban muy preocupados. Porque los médicos no le Encontraban mejoría, la tía de María se empezó a desesperar por sus hijos que no le encontraban remedio, sus padre donde le decían que los llevara allá iban, pero todo fue inútil.

Los dos niños perdieron la vista, fue muy doloroso tanto para sus padres como para los niños y los familiares, los niños.

Lloraban mucho y decían porque no pueden hacer nada por nosotros que vamos hacer ahora dejaron que los dos perdiéramos la vista no fue culpa de los doctores ellos trataron pero no se pudo hacer nada no sé qué paso en ese tiempo perdieron la vista los dos niños. Lo único que ellos hacían era llorar, y sus padres también, les costó mucho acostumbrarse a su nueva vida a ser ciegos y dos hijos.

Una niña y un barón ahora la mamá tenía doble trabajo en casa.

Modificar todo de nuevo para que los niños pudieran caminar sin tropezar con las cosas y decirles todo lo que estaban haciendo lo que habían hecho y cambiaron para que ellos fueran sabiendo, como habían puesto los muebles, diciéndoles todo como lo habían cambiado, triste para ellos verdad, los niños estaba acostumbrado a ver y a jugar con sus hermanos. Todos los años se iban al campo y jugaban todos juntos con los hermanos de María, al niño le gustaba darles comida a los animales, les llevaba paja para que comieran después ya no podía hacerlo solo. Pero el quería coopera, ayudado por sus primos lo hacían muy bien. A María le daba mucha pena verlos así, la niña no salía de la casa le daba miedo que se podía caer al canal, la sentaban debajo del corredor y ahí se quedaba, ese año fue la última vez.

Que fueron al campo. De vuelta a la ciudad los padres empezaron a buscar una escuela para ciegos matriculando a los dos.

Tenían que ir a buscarlos y a dejarlos, con el tiempo los niños ya crecieron aprendieron a leer y ver la hora con puntitos.

Le tuvieron que comprar reloj especial a los dos, ahí ellos en su nuevo mundo empezaron a crecer tristemente verdad para todos.

El niño empezó a estudiar electricidad. Cuando terminó sus estudios su papá le construyó un taller en casa para que trabajara, si es que él quería trabajar, se hizo de mucha clientela todo lo dejaba muy bien arreglado era increíble. Arreglaba planchas, radios, todo lo que fuera eléctrico, la gente sentía mucha pena por ellos porque los conocían desde que habían nacido, la niña como era la mayor con el tiempo encontró un novio en la escuela cieguito también y se casaron.

Desde entonces empezaron a vivir solos. Y muy felices, la familia de los recién casados iban a visitarlos, ellos los atendían como personas normales, felices ellos cuando les llegaban visitas.

La mama de ella todos los días los iba a ver, la mamá de María no iba nunca a verlos porque ella salía muy nerviosa y enferma de esa casa por eso no iba a verlos. El esposo de la niña ciega era dueño de un puesto de utensilios para hacer aseo. Escobas, escobillas, plumeros, en fin, de todo para hacer aseo. Solamente los cieguitos podían vender esas cosas, orden del gobierno y les iba muy bien. Cuando estaba en casa hacían las cosas entre los dos, con el tiempo tuvieron tres hijos.

Gracias a Dios ninguno le salió cieguito fueron creciendo los niños y el mayor empezó a trabajar con su padre en el puesto que tenían, más adelante José que así se llamaba el padre entro a trabajar en una panadería en la noche el hijo mayo se izó caro del negocio que tenían, la niña hacia las cosas de casa, ella les tejía a sus hijos y la lana tenía que ser del color que a ella le gustara, su mamá se la iba a comprar. Tenía que ser del color que ella le decía.

Ella al palpar la lana ya sabía el color que era increíble verdad. En ese tiempo El hermano andaba con una chica pero Ella no era ciega y vivían lejos uno del otro se habían conocido en una iglesia Ee chico toca la guitarra muy bonito y eso fue que le gustó a la chica y se enamoró de Él. A veces Ella iba a verlo a El y otras veces tenía que llevarlo la mamá al hijo A verla a ella. Bueno siguiendo adelante a la abuelita. De María le habían dado. Dos niños chicos como les conté anterior mente, estos niños cuando crecieron, uno trabajaban para el fundo él era encargado de cuidar los animales se les llamaba campero. El otro salió enfermo de epilepsia, le empezaron a dar el ataque cuando tenía como trece años. Él le trabajaba a su mamá como le decía a Felisa, le ayudaba hacer las huertas, a cortar leña, cosas livianas de la casa. Felisa gastó mucho dinero con ese niño donde le decían que se lo podían curar lo llevaba, pero nada, nunca tuvo mejoría, un día estaba regando las papás a su mamá, la abuelita mandó a María para que fuera a dejar la comida. Ella le tenía mucho miedo.

Porque cuando le daban los ataques pegaba unos gritos muy feos, y María le tenía miedo pero tuvo que ir no quedaba lejos de la casa pero el agua había que cuidarla que no se fuera para otro lado. Entonces. Él dijo María.

Yo me voy a sentar aquí a comer y tú cuida el agua que no se valla a salir para otro lado. María tomó la pala y se fue a cuidar el agua, en eso sintió un grito de Carlos así se llamaba. Le había dado el ataque María era una niña chica todavía quiso correr a la casa pero primero fue haber donde había caído Carlo Él se había ido de punta cayendo de cara al agua María se izó de valor y lo tomo del pelo y lo arrastro Asia. Fuera del agua y salió patita p.a. que te quiero corriendo a la casa, gritando abuelita, abuelita, a Carlos le dio el ataque valla a verlo. Salió la abuelita haberlo al lugar y gracias a Dios, Carlos ya estaba volviendo, Felisa se lo llevó a la casa. Para que fuera a comer porque votó todo y a descansar, ese niño sufría mucho con esos ataques. A veces El iba a caballo le daba el ataque y se caía se golpeaba en la cabeza y quedaba sangrando, El parece que ni sabía que le daban esos ataques porque preguntaba que le había pasado y porque tenía esas heridas.

La abuelita le decía te dio el ataque y te caíste, además era muy friolento, se pasaba sentado a la orilla del fuego. Donde Felisa cocinaba.

La mamá le decía porque no te vas a sentar allá afuera al sol. Tengo que pasarte cuidando que no te vallas a caer al fuego. Él se enojaba. Yo quiero estar aquí le respondía tengo frio. Muchas veces se cayó al fuego tenía toda la cara quemada, las orejas, las manos, ya con el tiempo no podía trabajar, los ataques le daban muy seguidos.

Felisa tenía que tenerlo encerrado ahí le llevaba la comida y lo sacaba al baño. Si lo dejaba suelto salía a caminar y se perdía, a los veinte y cinco años se murió el pobre pero ya todo quemado.

Y había perdido la memoria, el otro siguió creciendo y trabajando para el fundo. Con el tiempo se encontró una chica y se casaron, este encuentro de ellos fue muy bonito y romántico.

Porque toco en el tiempo que corría el trencito que les conté, la chica no era de por ahí. Ella trabajaba en la ciudad vivía en otro pueblo lejos de ahí, cuando le daban sus permisos se iba a casa de su familia.

Ella se iba en el trencito que pasaba por ahí mucho tiempo atrás, no era grande como les conté los asiento eran chiquitos.

Para dos personas apretaditos por lado, a todos nos gustaba ir al pueblo en él, se llegaba mañana por lo despacio que caminaba pero les gustaba a todos era muy entretenido andar en él, un trencito muy chiquito y romántico, los caballos pasaban corriendo por el lado lo dejaban atrás. Y piteaba a cada rato dando a saber que ya iba y echaba humo, ahí se conocieron ellos porque al llegar el tren a la estación ahí paraba para dejar el correo. Y bajaba gente y subían también. Y ellos aprovechaban de conversar por mientras, también había un varón frente donde paraba el tren ahí amarraban los caballos. Los chicos que iban haber pasar el tren, hombres y mujeres. Se juntaban ahí, era muy bonita esa época, después que el tren se iba estaban. Todas las personas paradas en la puerta de la estación esperando que leyeran las cartas. Era un paseo de todos los días, así fue como ellos se conocieron y con el tiempo se casaron, ella se fue a vivir casa de la abuelita de María.

Ella le servía mucho en la casa porque la abuelita pasaba en la casa de los patrones Y con el tiempo hicieron su casita y se fueron a vivir solos tuvieron una familia bien numerosa.

Bueno así es la vida en el campo se pasan por cosas buenas bonitas y malas también pero es lindo vivir ahí, en los tiempo que María bivio ahí los mayores cuentan muchas historias sentados a la orilla del fuego en la noche. Y a veces los niños más grandes sentados con ellos escuchando sentían un poco de miedo pero seguían sentados ahí.

Un día estaban los niños comiendo. En la tarde antes de irse acostar, se atoró uno de ellos era el regalón de María el niño tendría unos tres años. Empezó a toser no le salía lo que tenía atascado en la garganta. Olga le movía los bracitos, le golpeaba la espalda el seguía atorado. Ella les dijo corran a buscar a la abuelita, porque el niño se nos esta muriendo. Todos los demás estaban llorando. María le dijo haber mami y le quitó el niño con los nervios que tenía, él niño se estaba poniendo morado María le metió la mano en la boca le empujo lo que tenía atascado en la garganta.

Después el empezó a toser y a llorar decía que le dolía la garganta y se tocaba el cuellito, María con el susto le había rasguñado talvez. La garganta al meterle la mano.

Pero ella decía eso no importa el niño se recuperó, Mami le dijo el niño que me paso, me duele aquí, se había atorado mijito le dijo ella. María decía no puede ser que se nos valla a morir el niño atorado por eso le metió la mano en la boca, en eso llegó la abuelita el niño ya estaba bien. María estaba muy asustada por su niño regalón ese niño fue que María ayudo a su madre tiempo atrás al nacer. María llorando porque era su hermanito (consentido) todas las noches antes de irse acostar se tenía que dormir un rato en la falda de María. Ella no podía sujetarlo muy bien en sus piernas porque ya estaba muy grande pero sus vestidos le ayudaban a sujetarlo. A María no le gustaba mucho tenerlo porque ella quería estar jugando con sus hermanos afuera, el niño le lloraba para que lo tomara Ella tenía que hacerlo. Además para dormirse tenía que taparse la carita con una ropa de María lo que fuera.

Olga le pasaba un pañal o una toalla. El no la tomaba y la tiraba tenía que ser una ropa de María se tapaba la carita y se quedaba dormido. Esto era de todas las noches. De temprano Olga le decía toma al niño para que se duerma.

Pero ella quería salir a fuera a jugar. Les contare dice María porque se hizo cargo de ese niño y porque lo quería mucho, cuando mama estaba esperando a ese niño fue en un mes de septiembre que se sintió enferma para tener al niño en Chile se celebran las fiestas patria en ese tiempo, la abuelita se llevó a todos los niños a las fonda para sacarlo de la casa. Era un lugar donde hacían las ramadas para bailar eso es donde la gente come y bailan y toman hasta quedar tirados en el suelo celebrando las fiestas patrias María no quiso ir yo me quedo con mi mama dijo ella le había notado algo a la mama que estaba rara ese día, juntaba ropa de ella la ponía en la cama y tenía un carbón prendido en ese tiempo no hacia frio y también una olla muy grande con agua caliente a la orilla del fuego, y también un balde con agua y un lavatorio al lado, María dijo algo le pasa a mi mami y la empezó a observar incluso ella le dijo y tú no fuiste con tu Abuelita y los demás no tenia deseos contesto María de ir .

Al rato la mama se fue a la pieza y la empezó a llamar tenía todas las ventanas cerrada no se veía cuando entro estaba a oscura ella le dijo sale al caminar.

Si bes alguna persona que viene dile que entre en los campos todo mundo se conoce que sea mujer, justo por allá venia una tía con sus hijos. Iban a la fonda María la empecé a llamar.

Que Se apurara, la tía empezó a correr dijo algo le pasa a María y salió corriendo con los niños María le dijo mi mami está enferma valla haberla entro la tía y llamo a María tráeme agua tibia en el lavatorio y a todo eso el niño ya estaba llorando.

María se asustó mucho la tía la llamaba a su lado para que le ayudara, la tía tomo al niño lo puso en el agua y lo lavó bien lavadito.

Y se lo paso a María para que lo envolviera con la ropa que su madre había puesto en la cama mientras la tía ayudaba a la mama y la puso en la cama también María no veía nada porque estaba todo oscuro después atendió al niño, de ahí María quiso mucho a ese niño y el niño a ella también.

Se tenía que quedar cuando los demás niños salían a jugar porque ya el niño tiene sueño y tenía que hacerlo dormir en su falda pero ya estaba grande María no se lo podía, bueno cuando llego la abuelita en la tarde de las fonda con todos los demás tenia (sorpresa) en la casa, la tía no pudo ir ese día a las fonda con su familia, y se fueron a su casa ya era tarde no podían ir a las fondas.

Hasta el otro día ya pudo ir, cuando pasaron por frente de la casa de María pasaron a ver a la nueva familia. La abuelita estaba muy contenta con su nuevo nieto. María pensaba como su Abuelita no se dio cuenta que la mama andaba mal. En Chile esas fiestas duran muchos días cuatro o cinco días hasta que ya no les queda ni un veinte en los bacillos a los hombres. Bueno un día Carmen les dijo a sus padres si le daban permiso para irse a la Capital. Con su tía la mamá de los. Niños cieguitos, quería ir a trabajar. Samuel le dijo que tenía que pensarlo que después le darían la respuesta, además tenía que escribirle a su hermana primero si la podía tener en su casa, en esos tiempos se demoraban las cartas en ir y volver no avía otra manera más rápida.

Con el tiempo la tía contestó y dijo que no había ningún problema En recibirla en su casa. Carmen estaba feliz, empezó arreglar sus cosas. Y Olga para mandarle regalos a la familia.

Los regalos que se mandaban en ese tiempo, era cebolla ajo papas porotos y legumbre, el tren llevaba de todo no había problema, era lo mejor para ellos. Eso ya no lo compraban, llegó el día de salida su mami la fue a dejar a la estación de Chillan para que tomara el tren al norte, los tíos la estaban esperando en la tarde en la estación de Santiago. La que no quedó muy contenta fue María porque Ella pasaba hacer la hermana mayor de la casa y le tocaba más trabajo. Ayudar a su madre. Todos los demás eran más chicos. El primer hijito que Olga había Tenido cuando recién se casaron se les había muerto casi recién nacido.

Era un hombrecito. Después llegaron Carmen y tercera María de ahí todos los demás. Que fueron quince en total, A los días después llegó carta de Carmen que había llegado bien. Que sus tíos estaban muy contentos con ella. Que su tío había hablado en la fabrica donde el trabajaba y la habían tomado.

Que ya estaba trabajando, era una fábrica de género muy grande, tenían tres turnos día y noche se trabajaba ahí, trabajaban todos los tíos por parte de mama y papa los tíos que se habían llevado.

A María tiempo atrás también trabajaban ahí. Y toda la familia por parte de Olga

Bueno siguió la vida para María en el campo ella es muy romántica vivía Feliz lo que más le gustaba era mirar las noche estrelladas la luna se reflejada en las tranquilas agua del rio Que pasaba cerca de casa, se sentaban en el puente a mirar el paisaje nocturno tan hermoso, el agua corría tranquilamente parece que se llevaba la luna y las estrellas era algo tan maravilloso, maravilloso mirar eso en la noche. Las horas no pasaban en ese momento para Ella, los grandes se sentaba debajo del parrón a tomar mate y a sentir el fresco. De las noches ese lugar era hermoso en todo tiempo en verano, e invierno en todo tiempo era bonito, sus tías sacaban la guitarra y se entretenían conversando y tocando canciones.

María recuerda todo lo que vivió en su niñez en el campo jamás lo ha olvidado son tiempos inolvidables los mejores de su vida.

Que nunca se pueden olvidar son tiempos maravillosos que uno vive en el campo.

Tiempos hermosos e inolvidables y sano, toda la gente se conocía no sentían miedo en la noche para ir a comprar o salir a caminar, por el camino si se encontraban con alguna persona las saludaban y pasaban, el camino no tenía luz además ella eran las hijas del mayordomo todo las conocían. Samuel el padre de María era muy buena persona toda la gente lo querían mucho y lo respetaban. A María siempre le gusto vivir junta a la naturaleza. Hera hermoso y maravilloso el lugar donde Vivian.

En la ciudad no se aprecia esa hermosura del campo, pero los que viven para fuera de la ciudad si lo aprecian y entienden lo que digo. El tiempo seguía no con muchos cambios. Pero seguía adelante calmada mente. Así era la gente de ante nunca andaban apurado y el día les alcazaba para todo y les sobraba tiempo para sentarse en las tardes y conversar. También les contaré otras costumbres que se tenían en ese tiempo. Antes de llegar el invierno en todas las casas de campo se acostumbraba a engordar un chancho (cerdo) se escogía.

El mejor de todos el mas joven se les hacía un chiquero especial muy limpio se ponía el chancho ahí y se empezaba a cuidar. Cambiarles. La paja casi todos los días y se lavaba el piso se le daba la comida cocida. Que eran papas con afrecho y mas unas yerbas que había en el campo ir a buscarlas al potrero a ellos les gustaba mucho, en el mes de junio o julio que era invierno. Se mataba esos cerdos.

Pero ya estaba bien gordo muchas veces no se podía ni parar, de ahí se sacaban muchas cosas para comer guardar para el invierno, la manteca era entre tres a cuatro latas que se cosechaba, y la carne, los costillares arrollados, longanizas, y queso de cabeza y mucho más. Todo eso es riquísimo, eso se guardaba para el invierno los costillares enteros se colgaban en unos palos.

Que tenía en la cocina ahí ponían la carne las longanizas todo al humo a secar. Además era una costumbre muy bonita, porque se les mandaba a todos los vecinos un poco de todo lo que se preparaba en el día, en el momento que eran. Sopaipillas, chicharrones, y prietas, Después cuando los vecinos mataban.

Su chancho hacía lo mismo.

¿Era una costumbre bonita verdad? María dice que lo más lindo. Que Ella ha tenido en su vida fue su niñez en el campo que nunca olvidara. Siguió pasando la vida cuando creció tendría unos diez y siete años, les dijo a sus padres. Si le daban permiso para ir a estudiar corte y confección (moda). A la Capital Ella se podía ir con su abuelita que tenía en Santiago, a ese tiempo ya había más hermanas grandes para que le ayudaran a la mamá.

Ella cocía ropa pero no sabía tomar las medidas con la guincha (metro). A los días después sus padres le dieron la respuesta que estaba bien, le iban a escribir a la abuelita si la podía tener por un tiempo, así fue la abuelita les dijo con gusto la recibiré en mi casa y por mientras ella.

Empezaría los tramites para la matricula en una escuela cerca de su casa, además le dijo que Ella le iba a servir de compañía. Pues la abuelita era sola. Y así fue como María llego a la capital por segunda vez. Contaría con su hermana para que la ayudara, unos tíos la fueron a esperar y la llevaron a casa de la abuelita.

María iba tan contenta y decía ahora ya no va hacer lo mismo de antes, ahora ella iba a estudiar. Y solo por un tiempo.

A la semana de llegar su abuela la llevó a la escuela que le había buscado para matricularla, la escuela era para estudiar moda y enfermería. Con buena suerte para María que la tomaron, ya las clases habían empezado. La tomaron porque iba de lejos, el lunes siguiente empezó sus clases. Samuel le dio el dinero para que pagara la inscripción y para que comprara las cosas que iba a necesitar, que mas adelante le mandaba más. Para lo que necesitara y fuera pagando los meses. María puso todo su interés y empeño en aprender lo que le iban a enseñar por que a ella siempre le gustaba la costura, siguieron pasando los días y los meces, María no tenía problema Ella aprendía muy rápido, además tenía un poco de experiencia Y le gustaba, su papá le mandaba dinero para que nada le faltara, fueron muchas cosas las que empezó a necesitar. Comprar género, tijera, hilo y muchas cosas más. Se tenía que hacerse Ella misma la ropa. Que es bien difícil confeccionar ropa para uno misma.

Decía Ella, cuando le daban sus vacaciones. Se iba al campo a estar con su familia. Olga Estaba muy contenta porque ahora iban a tener una costurera en casa. María echaba mucho de menos a su familia, pero seguía adelante su Abuelita se portaba muy bien con ella la abuelita cocinaba. No dejaba a María que asiera nada solo que se preocupara de sus tareas. Salían en las tarde a caminar por ahí ya habían pasado dos años. Para unas vacaciones que le dieron se fue al campo como siempre pero se llevó una gran sorpresa. Su padre estaba formando. Viaje para irse a la Capital con toda la familia. Olga no estaba contenta Ella no quería irse con todos sus hijos a meterse a una ciudad tan grande pero tenía que hacerlo el hombre mandaba. Ella quería quedarse con Felisa su suegra, pero si Samuel se iba se tenía que ir Ella también. Antes que María regresara a Santiago.

Samuel le dijo te daré dinero suficiente para que hables con tus tíos y te ayuden a comprar un sitio con una casita cerca de ellos para que nos vamos nosotros. María le dijo Papi esta seguro que quiere irse, allá es muy difícil para salir adelante.

Y además con tanta familia la vida es muy difícil allá papi.

No es igual que aquí en que va a trabajar usted allá y como se va a movilizar no puede llevarse el caballo para que lo lleve al trabajo.

Si le dijo El si tus tíos están allá yo también me iré, yo quiero irme a la Capital está bien dijo María mis hermanos todos viven allá y han salido adelante si pero ellos hacen muchos años que vive allá eran jóvenes en ese tiempo cuando se fueron y usted siempre ha vivido en el campo no tiene idea como es la vida allá en la ciudad. Si usted los viera ellos no están bien. Él siempre había sido de campo no tenía ni idea como vivir en la ciudad.

María le dijo primero valla usted a ver como es allá como viven sus hermanos y después forme viaje y vea como están viviendo sus hermanos ellos no están bien vaya a ver cómo viven ellos que le sirva de vacaciones.

Y de paso ve a su familia pero no se valla para halla Samuel no sabía trabajar en nada, ni tomar una pala hasta la manera de vestir era diferente allá. El solo sabía mandar desde los quince años que empezó a trabajar ahí, así fue toda su vida en el campo solo mandar. Un día Samuel habló con sus patrones.

Les dijo que se quería ir a la Capital con sus hermanos, ellos le dijeron que piensas ir hacer allá, y ¿porque quieres irte?, bueno mis hijos ya están grandes y no saben trabajar en el campo, además mis hijas son las mayores los niños son los más chicos.

Y no me gustaría que se casaran aquí porque sufrirían mucho, los patrones le decían no te puedes ir a vivir a la Capital. Es muy difícil, la ciudad para vivir, además tu tienes muchos hijos y la mayoría son chicos, tú no sabes trabajar que no sea administrando. No tienes experiencia en otras cosas, y en que vas a trabajar allá mis hermanos me ayudaran. Quédate yo te subo el sueldo, si quieres, pero no te vayas a sufrir tú y tu familia allá, Samuel no escuchaba a nadie, ni a su madre después el patrón fue hablar con Olga. Le decía no se vayan allá van a sufrir mucho, dile tu que no se vaya, o déjalo que se vaya solo un tiempo que le sirva de vacaciones, tu quédate con Felisa por mientras que el vuelve, El regresará ya verás la Capital. No es para las personas que han vivido siempre en el campo. Y ustedes tienen muchos hijos, que van a ir hacer allá. Olga. le decía pero si Samuel quiere irse yo tengo que irme con Él, si te entiendo le decía El es tu esposo pero piensa en tus hijos van a sufrir mucho, para empezar allá vas a tener que comprar de todo, la leche, el pan, las verduras, y no vas a poder hacer tus huertas no ahí lugar para eso.

Porque no hay terreno para eso, tampoco vas a criar aves nada los sitios son muy chicos. Las casas son más pequeñas. Samuel no sabe trabajar en nada, de que van a vivir, todo el esfuerzo del patrón fue inútil Samuel no le hizo caso a nadie. María se fue llevó el dinero que Samuel le había pasado y se los paso a los tíos ellos empezaron a buscar un sitio para Samuel con una casita. Por fin encontraron un sitio muy chiquito y muy chica la casa, solo dos piezas chicas y una pequeña.

Que serviría para cocina no tenía reja a la calle nada, tal como se lo había dicho el patrón, el sitio tenía ocho metros de frente por diez y seis de largo. En comparación como vivían en el campo a todo potrero, pero Samuel no quiso entender no le hizo caso a nadie ni a su madre no pensó en ella que quedaba sola no pensó en nada.

Ni a su esposa le escucho, empezó a vender sus animales herramientas. El coche de María pan chulo todo acabo con todo lo que tenía. Todo lo que tenía lo vendió, llegó el gran día de partir a la capital, Samuel arrendó un camión, Felisa quedó muy triste los iba a echar mucho de menos todos sus nietos habían nacido y criado a su lado su lado. Samuel era su único hijo hombre que tenía a su lado, Los iba a echar mucho de menos, Pero Samuel no pensó en su madre que iba a sufrir sin él, solo pensaba en irse estar al lado de sus hermanos que ellos los iban ayudar, los niños lloraban no querían irse pero tenían que hacerlo porque su padre les había dicho que tenían que irse todos, tuvieron que hacerlo. Llegaron a la Capital allá los estaban esperando sus hermanos, los llevaron a la casa que les habían comprado. Todos se quedaron parados en la calle mirándola.

De afuera, nadie quería entrar, no porque no supieran abrir la puerta porque no tenía ni reja de calle a ninguno les gusto la casa, porque eso no era una casa era una ramada,

. Y muy baja no se veía nada para dentro no les gusto a nadie menos a los niños menores, ellos lloraban mucho querían irse donde su abuelita, la encontraban muy fea pobre y vieja porque de verdad no era una casa. Y muy chica y ya se caía los tíos habían comprado lo primero que encontraron y lo mas barato total no era para ellos para empezar no tenía reja a la calle. En sumo no tenía nada. Lo que valía era el sitio porque tenía agua y luz solo el pedazo de tierra que valía en el lugar pero había que hacer casa nueva y eso con que se iba ser, Samuel. Quería una casa cerca de sus hermanos bueno ahí le encontraron un pedazo de tierra no se le podía llamar casa a eso.

Ahora que se las arreglará como pudiera, y metiera sus hijos dentro de esa rancha Samuel se fue porque ellos le habían ofrecido ayudarlo pero no pudieron ayudar a Samuel porque ellos estaban igual de pobre.

Fue una maldad terrible lo que hicieron. Muy grande con Samuel y su familia llevarlo con tantos hijos a meterlo ahí en esa casa tan chica parecía un chiquero. Samuel no decía no era un niño total ya estaba hecho, Y si sobro dinero o no, nunca se supo de lo que había mandado Samuel con María no mucho tiempo después llegaron los problemas tal como se lo habían dicho a Samuel. Olga empezó a comprar de todo desde la leche para arriba, las verduras, el pan, carne, Ella tuvo que conformarse con lo que había no podía hacer nada. Ahora. Tratar de salir adelante como fuera, lo primero que les pasó fue que Samuel no encontraba trabajo en ninguna cosa, primero no tenía experiencia en nada, y segundo tenía muchas cargas familiares. En esos años si miraban eso las cargas familiares no las pagaba la compañía las pagaba el gobierno. Era lo que le decía cuando salía a buscar trabajo, y tercero ya no era tan joven para encontrar trabajo, pero la verdad era que sus hermanos no estaban bien tampoco económicamente como para haberlos ayudado. Como se lo habían hecho entender a la familia Samuel les creyó todo lo que le decían pero solo por carta.

Samuel tenía que haber ido a conocer primero el lugar donde Vivian sus hermanos antes de moverse de su casa del campo.

Él nunca fue a conocer donde Vivian sus hermanos y como Vivian ellos. No pudieron ayudarlo, fue una maldad muy grande lo que hicieron esos hermanos de llevarse a esa familia con tantos hijos a la Capital lo entusiasmaron tanto.

Pero Samuel tuvo la culpa también por no hacerle caso a nadie ni a su madre que había quedado sola ella no quería que se fuera que lo iba a echar mucho de menos que iban a sufrir mucho por haya. Él nunca había ido a la capital no conocía la ciudad, todos los hermanos sabían que a ellos en el campo no les faltaba de nada de todo tenían en abundancia. Porque ellos iban todos los años a meterse allá y llevaban de todo para sus casas de vuelta.

Lo que más necesitaba Samuel era arreglar la casa. Con urgencia porque se estaba acercando el invierno, por lo menos hacerle un dormitorio más o un cuarto oh lo que hubiera sido y levantarla un poco más porque era muy baja como quisiera llamarlo porque no era una casa y agrandar la cocina que les sirviera de comedor.

Pero no tenía como hacerlo no había dinero, lo que Samuel había llevado se estaba acabando. Llego el tiempo malo, el invierno, y nunca se pudo hacer nada. La abuelita les escribía les decía que los patrones querían que se fuera de vuelta. Que lo estaban esperando. Samuel orgulloso dijo ya estamos aquí y aquí nos vamos a quedar. No pienso volver atrás, no pensó en sus hijos ni en su esposa que lloraban todos los días que querían irse a su casa en nadie pensó.

Ya iban dos niñas un poquito grandes. Con María serian tres. Y mas Carmen se fue a vivir con ellos para ayudar, Ella trabajaba, y las dos niñas entraron a trabajar en una fabrica de botones y cierres, con el tiempo Samuel entro a trabajar en una construcción jamás lo había hecho no tenía idea de nada, el ya no era el joven de años atrás. Ahora tenía que movilizarse a pie no tenia caballo para que lo llevara al trabajo. Cuando llegaba a la casa no podía mover sus manos. Hinchadas y empolladas. Se iba al trabajo y se regresaba a pie. No sabía tomar locomoción.

Llegó el invierno. Ahí era cuando mas sufría, Samuel llegaba todo mojado y muerto de frio y embarrado.

Porque se caía de borracho, en el campo Samuel era bueno para tomar, pero ahí se puso peor. Olga sufría porque no tenía donde lavar la ropa y secar para el otro día, con que la iban a secar no había la pieza llena de carbón, en el campo no tenía problema cuando salía de la cantina los amigos lo subían al caballo él lo llevaba de vuelta a casa, ahí no había días que no llegara borracho y embarrado. Olga pasaba puro llorando echaba de meno el campo y a su suegra y todas las cosas que necesitaba allá las tenía y de sobra en el campo.

Para secar la ropa en invierno tenían una pieza grande llena de carbón ellos los asían ahí mismo, en la capital tenía que comprar por kilo el carbón y no era bueno porque hacía mucho humo, no tenía donde lavar y menos para secar la ropa y él llegaba todos los días embarrado Olga sufría mucho. Además los niños todos los días le lloraban le decían mami vámonos. A la casa de nosotros. Esta casa no es donde esta la abuelita. Allá donde está Ella esa es la casa de nosotros, vámonos.

Esto era un sufrimiento muy grande para todos. Era de todos los días que los niños lloraban querían irse a su casa y también lloraban de hambre. Muchas veces para Olga era un sufrimiento grande. Pero ella no debería de haberse ido a María le faltaba medio año para terminar sus estudios y recibir su título de modista. Como eran de tres años no tuvo quien le pagara el curso, tuvo que dejarlo y ponerse a trabajar para ayudar un poco a la casa.

Además ganaban muy poco en los trabajos y dejar para el bus todos los días en la mañana y en la tarde y toda la semana, además tenían que pagar agua y luz eso en el campo no se pagaba y quedaban muchos hermanos chicos que iban a la escuela, comprarles los útiles escolares. No había una vaca para vender y comprar los que necesitaran. Y para peor tenían que usar uniforme, en el campo no usaba uniforme, si tenían bluyín o pantalones de los que fueran se iba a la escuela. María entró a trabajar en una fábrica que se cocía ropa de señora. Vestidos, blusas, faldas, todo lo de Señora. Y muy fino y bonito. María trabajó un buen tiempo ahí.

Después se retiró porque le quedaba muy lejos tomar dos locomoción y no era mucho lo que ganaba para pagar dos locomoción de ida y vuelta diario no valía la pena

Y entró a trabajar a una fábrica donde se cocía ropa interior de hombres. Calzoncillos largos y las camisetas manga larga para dormir, a María le sirvió mucho lo que aprendió. Carmen se hacía cargo de comprar los géneros en la fábrica donde Ella trabajaba, y María hacía las costuras para sus hermanos.

Al año siguiente entró a trabajar otro hermano, pero igual se hacía poco el dinero porque era muy poco lo que ganaban y pagando buses todos los días dos beses no les quedaba nada casi.

Además no se podía bajar y tomar otro bus con el mismo boleto no había transfer. Después de dos años Olga quedó embarazada de su último hijo, con ese hijo fueron los quince. Ella se fue al campo a tenerlo para que su suegra la atendiera. Olga iba feliz, dos meces estuvo por allá. María tuvo que dejar de trabajar. Para atender la casa, atender a su papá lavar mandar los niños a la escuela y hacer comida no era comida buena lo que se hacía casi nunca comían carne. Tampoco se comían un huevo porque eran mucho en la casa tenían que ser por lo menos seis huevos María atender a sus hermanos. La leche se la daban en el seguro donde atendían los niños. Era leche en polvo lo que daba el seguro pero serbia mucho El papá seguía trabajando. Y tomando, el no se daba cuenta de nada lo que pasaba en casa, después que Olga. Regreso María entro a trabajar con su hermano Antonio él era el quinto hermano. En una fábrica donde empaquetaban el té y la mantequilla. Antonio tenía diez y siete años en ese tiempo él se había inscrito para el servicio militar allá era obligatorio a ser el servicio militar en esos tiempo, ambos se llevaban muy bien los dos, eran hermanos y muy buenos amigos y confidente se contaban todo como si hubieran sido personas extrañas no hermanos. En el verano se iban y se venían a pie al trabajo porque los buses eran muy caro se levantaban un poco más temprano y se iban conversando. Los dos, Un día Samuel llegó retando a Olga como todos los días, todavía no se le quitaba esa manera de ser tan machista pero él no había pensado que sus hijos ya habían crecido. María estaba presente Samuel ya los tenía a todos aburridos y más con lo que había hecho irse a vivir ahí.

Con sus peleas yo no entendía dice María de que peleaba él y no dejaba a Olga tranquila. Nunca llegaba callado como si Olga hubiera tenido la culpa de haberse ido a Santiago, nadie podía decirle nada. Porque el no los dejaba hablar, ese día quería pegarle a Olga nunca lo había hecho levantarle la mano la retaba si pero pegarle nunca. Nunca supimos de que la retaba o de que la acusaba. Ella estaba agachada moviendo el poco carbón prendido que había en el brasero. El levantó la mano para pegarle porque él quería talvez pegarle. María se paró le dio un puñetazo en el pecho con rabia el calló sentado en su silla, eso no se debe hacer dijo ella, pero ya no lo aguantaban más toda la vida escuchando la misma canción ya no daban más.

La mayoría de los hijos ya estaban grande no iban a dejar que le pegara a su madre. Nunca lo vieron que le pagara pero la retaba por todo, porque la retaba nunca se supo. Solo porque a él se le ocurría de llegar retando a Olga, no ya no lo vamos a dejar ella seguía trabajando todo el día y haciendo malabares para que le alcanzara el poco dinero que tenía en sus manos, nunca lo iban a dejar que la tocara. María se asustó mucho cuando le pego. Se fue a la puerta por si Samuel quería pegarle correría afuera a la calle pensó ella.

Olga levantó la cabeza y le dijo más encima a María porque lo hiciste además ella jamás le contestaba ella pasaba todo el día en la casa no podía salir a ningún lado y él llegaba retándola.

El le iba a pegar con eso a usted en la cabeza contesto María, además. Mi papi ya nos tiene aburrido a todos. Con sus mañas y sus peleas no se con quién, nunca llega callado y usted no le dice nada, si El quiere tomar que tome hasta que quede votado por ahí. Pero llegue tranquilo.

Y así nadie le va a decir nada. Mire como vivimos aquí todos apilados por su culpa por habernos venido y usted tuvo que obedecer. Estamos peores que en un chiquero de animales usted tenia que decirle que no se venía que no lo seguía que se viniera solo, bueno ya estamos aquí yo sé él es su esposo tenía que obsedes. Pero tampoco pensaron en todos nosotros si queríamos o no venirnos aquí. o no Samuel quedó mirando a María y le dijo allá arriba voy anotar que María me levantó la mano olvídese de eso, si usted no llega peleando nada habría pasado le dijo María basta con sus peleas. No se da cuenta que molesta con sus peleas y usted porque le iba a pegar a mi mami con eso, si Ella no le hace nada es usted el idiota. O no se da cuentas lo que hace quítese ese machismo que tiene.

Además ella no va ni a la esquina, y a usted nunca se le ha quitado eso de ser idiota yo no entiendo porque pelea con ella no se da cuenta que Ella está sufriendo mucho por haberle. Hecho caso a venirse a meterse aquí.

No piensa que ella se puede enfermar, además usted nos tiene a todos enfermo que no valla a llegar peleando porque llegando usted se termina la tranquilidad. En este rancho, todos nos pone mal ya no saca nada con abrir la boca ya no le creemos sus mañas asique por favor llegue tranquilo. Acuérdese que ahora estamos viviendo aquí en la Capital, no estamos en el campo y además aquí no puede estar peleando o Gritando todos los días porque los vecinos. Lo pueden acusar con la policía. Y se lo van a llevar preso, y nosotros estamos todos grande no lo vamos a dejar que le pegue a mi mami jamás. Además ella es la que mas sufre por haberle echo caso y venirse a vivir aquí a esta que no es una casa es una ratonera. María le dijo todas las veces que usted le valla hacer algo a mi mami. Estando yo aquí no lo voy a dejar, aunque ella se enoje deje sus problemas por allá adonde quiera y llegue tranquilo nadie le va a decir nada, además no ve cómo. Estamos todos apilados durmiendo uno encima del otro. Y más enzima abecés no hay ni para comer. Y más encima usted llega peleando.

Y borracho ya no somos los niños que héramos del campo ya no le tenemos miedo. En vez de tomarse el dinero arregle la casa, los niños sufren en el invierno de frío se enferman, mi mami no halla donde tender la ropa para que se seque. La rancha se gotea por todos lados, pero es porque esto no es una casa, es peor que los chiqueros de animales que había en el campo se da cuenta de eso verdad, el techo es de cartón llamado fonola, cuando habíamos vivido así. Nunca. Solo a usted que se le ocurre de venirse a vivir aquí, el viento entra colado por la rajadura de las tablas, mi mamí tiene que meterle papeles para que no entre el viento.

Y la lluvia, con tantos hijos y de haberle hecho caso a sus hermanos sin antes venir a conocer. Se dio cuenta ahora como viven sus hermanos, se dio cuenta que ellos no viven bien viviendo tantos años aquí eso tenía que haber hecho venir a ver primero. Antes de venirse, y que condiciones tenían ellos,

ya vio no están bien, ellos viviendo tanto tiempo aquí y no tienen las comodidades adecuada que necesitan más la casa que tienen ya los vio, mejor era la que teníamos nosotros allá verdad, nada nos faltaba, además a esta casa con el frio de afuera y el poco calor de adentro.

Ese techo empieza a gotear un líquido negro que mancha todo, en la noche cuando estamos acostados. Nos cae esa mugre negra en la cara y en el pelo todo eso es muy desagradable, por eso es que los niños pasan enfermo pero usted no le importa eso verdad. Con lo poco que usted le da a mi mami ella tiene que hacer comida, pagar utilidades que en el campo no se pagaban eso usted no lo sabe porque en el campo no se pagaba. Agua ni luz y usted como siempre pasa borracho no sabe que aquí se paga todo eso lo que usted se deja debería de pagar eso agua y luz y no tomarse el dinero el agua la teníamos en rio y lagos en el campo.

Allá Teníamos de todo y de abundancia y gratis, pero aquí sí se paga todo eso, si usted llegara tranquilo no habría ningún problema se. Daría cuenta de todo, si ya estamos aquí y usted no quiere volver pero dese cuenta de los problemas que ahí aquí en la casa y se daría cuenta de todo lo que se paga y lo que pasamos pero eran palabras perdidas.

Samuel se quedó callado no dijo nada, pero seguía igual. Un día Antonio, hermano de María fue a casa de sus primos a conversar con ellos, estaban parados en la puerta de calle todos conversando afuera. Cuando venía. Un hombre arrancando de otro lado y les dijo arranquen que vienen un loco tirando balazos. Antonio alcanzó a ponerse detrás del poste de la luz pero igual le alcanzo una bala en la pierna. Antonio calló al suelo lo llevaron a emergencia la bala era de municiones.

Se le estaban esparramando por dentro de la carne. Tuvieron que hacerles varias aberturas para extraerles las municiones.

Estuvo bien mal de su pierna varios días en el hospital, lo dieron de alta se empezó a recuperar, cuando se puso bien salió a trabajar de nuevo con María, la vida en esa casa era muy triste por parte de su madre. Todos se daban cuenta lo que sufría por haber seguido a Samuel a la ciudad todos tenían miedo que Ella se fuera a enfermar pasaba llorando. Olga nunca protestaba por nada lo que Samuel decía, estaba bien. Para ella en esos años así era lo que el hombre decía así se hacía.

Bueno un día Carmen le dijo a María te invito a una fiesta, a una fiesta le dijo María yo nunca e ido a una fiesta fuera de la casa. Carmen dijo algún día tenía que ser además no vas a ir sola vas con migo. Pero tendremos que decirle a mami, la fiesta es en casa de una amiga cerca de aquí ella es. De mi trabajo, hablaron con la mamá ella le dijo si María va con Tigo esta bien y se fueron las dos, ya habían llegado algunas personas. Mas tarde llegaron unos amigos del trabajo de Carmen en ellos venía un sobrino de la dueña de casa, era muy guapo. Y muy simpático, empezó la comida y después el baile. El sobrino llamado Roberto sacó a bailar a María. El dijo. Carmen nunca me había dicho que tenía más hermanas. María dijo nosotros. Somos once hermanos vivos incluyendo a Carmen. Seis hombres y cinco mujeres, yo conozco a tu hermana por mucho tiempo. Dijo Roberto ella trabaja con mi tía. Ustedes no eran de aquí verdad. No, nosotros éramos del campo, y no me avergüenzo de ser del campo, allá lo pasábamos muy bien en el campo. Es muy lindo para vivir ahí muchos lugares bonitos para salir a conocer, bueno la fiesta estaba llegando a su término. Era muy tarde. Carmen y María se despidieron y se fueron, vivían cerca, se fueron conversando y hablando de la fiesta que había estado muy bonita, bueno un día hubo otro baile en el club donde jugaba a la pelota Roberto. El invitó a Carmen para que llevara a María. Carmen dijo a María Roberto nos invitó a un baile que tienen en el club. Dijo Carmen a María vamos, pero tenemos que decirle a mi mami, esta bien dile, se fueron las dos de nuevo, llegaron al baile Roberto las estaba esperando, las llevó a la mesa donde estaba la tía y unos amigos, Roberto bailaba con María Carmen y la tía no le dejaba lugar a un amigo. Se creía el jovencito de la película, pues era muy caballero andaban varias chicas a la siga de El, pero según Roberto no les hacía caso. Pues María lo estaba recién conociendo no savia como era él se. Había fijado en María a ella le agradaba Roberto, pero le daba un poco de miedo porque era muy hablador que esperanza tenía con él no lo savia.

Y era muy guapo también como no iba a tener novia decía María si era guapo y bien vestido. Desde el mismo día que la vió en casa de la tía. No se despegaba de ella, Roberto se hizo amigo de María, todas las tardes despúes del trabajo iba a la puerta de calle a conversar con Ella. Un día cualquiera Roberto le pidió si quería ser su novia. Ella no sabía que contestarle. Porque nunca había tenido novio le tenía miedo a su papa pero no quería quedar mal con él decirle que nunca había tenido novio no sé si estaba bien o mal que ella pensara así o como lo iba a tomar el,

Además no se lo iba a creer pensaba ella no hallaba que hacer. María tenía miedo no sabía a qué, pero lo tenía. Pensaba que diría mi mami y mi papi cuando supieran tal vez me castigarían, mejor después te contesto dijo. En la noche no podía dormir pensando, si le digo que bueno en casa me van a retar, y si le digo que no voy a perder su amistad, ella nunca había tenido novio no savia lo que decían para conquistar a una chiquilla, no quería decirle a su hermana porque la podía acusar a sus padres, tengo que dejar pasar un poco de tiempo.

Pensaba ella, todas las noches salían a la puerta de la calle con sus hermanas donde se encontraba con Roberto y unos amigos de sus hermanas. Conversaban de muchas cosas del el grupo, ninguna palabra de pololeo. De lo que Roberto le había preguntado María se sentía feliz. Porque él se había fijado en Ella siendo una chica de campo. El tenía muchas amigas en el barrio, pero María no dudaba de nadie no las conocía María reconoció que en el fondo.

De su corazón se sentía atraída por este muchacho muy guapo y muy bien vestido y muy caballero para conversar con él pero nunca pensaba si habría tenido novia o no. Ella no dudaba de otras chiquillas además no las conocía, de seguro abría andado con cuantas de ellas pero eso a María no le importaba total ella no lo había visto. Pues se notaba que María le gustaba mucho a Roberto. María no tenía experiencias en eso todavía, en el campo. No tenía muchos amigos la mayoría eran primos se habían criado juntos nada más. Pero nunca un novio.

Un día Roberto le dijo que has pensado de lo que te dije, ella contestó esta bien voy andar contigo pero el día que sepan mis padres y me reten terminamos, esta bien, dijo El y se puso muy contento según María, Roberto y María empezaron a salir a escondidas de la familia se iban al cine.

A comer y salían a caminar eso a María le gustaba salir a caminar en el campo lo hacía mucho, todo marchaba muy bien, dos años anduvieron muy bien nadie savia nada. Cuando María salía con el ella le decía a su madre que iba donde su tía Charito. Y la mamá le daba permiso solo su tía Charito savia, la tía de Roberto cuando supo del noviazgo pasaba invitando a María a la casa. Según Ella le gustaba que María fuera la novia de su sobrino.

Pero más adelante María se dio cuenta que la tía lo hacía solo para que le cociera gratis y por el interés María no le cobraba. María le hacía. Todos los vestidos y no le cobraba nada y a la moda muy bonito. Por ser la novia de su sobrino, María cosía de todo tipo blusas faldas camisas de hombre de todo lo que le mandaban hacer la tía quedaba muy contenta. Con las costuras claro cuánto ahorraba si los géneros los compraba en la fábrica donde trabajaba les hacía mucho descuento María.

Cocía muy bonito había aprendido muy bien. Bueno el noviazgo seguía adelante, pero El tenía un defecto y muy feo que María se fue dando cuenta cuando salía con él. A Roberto no le gustaba que nadie la saludara ni que la miraran cuando caminaban juntos, si alguien la saludaba María contestaba Roberto decía ¿tú conoces a esos?, si, son. Amigo de mis hermanos, porque, bueno no me gusta que te saluden, ni te miren pero son amigos de mis hermanos te dije van a la puerta a conversar con ellos, a mí ellos no me interesan contestaba María. Un buen día Roberto tenía que jugar a la pelota, la invitó porque todos los amigos jugaban en el mismo club y llevaban a sus esposas o sus amiguitas. Le dijo a María ahí van varias personas a ver el partido dijo El y muchas mujeres a mira que bien entonces te acepto la invitación. Pero no quiero que te sientes con todos los demás dijo Roberto, y dime porque me tengo que esconder o sentarme aquí sola? Entonces porque me trajiste si no querías que me vieran, yo quiero estar con las demás. O No conoces a tus amigos como son que me vallan a faltar el respeto.

No me gusta que nadie se siente a tu lado a este es un estúpido pensó ella entonces no tienes confianza en mí tampoco, María decía o no quieres que la gente me diga algo que yo soy la veinte y tanto talvez porque o me digan algo de ti tu sabes con el tiempo todo se sabe algún día se habrá el por qué verdad María decía. Quizás no quiere que nadie me cuente nada de Él, Ella dijo a Roberto ese día si tú te avergüenzas de andar conmigo y me encuentras fea india y una guasa de campo para que me trajeras y después me esconde de la gente por ser de campo.

Es mejor que terminemos ahora Mismo y aquí, yo me voy porque no me gusta que me separes de la gente y que me humillen, Roberto dijo. Como se te puede ocurrir eso que me voy a avergonzar de ti, entonces porque me separas de la gente porque soy de campo te avergüenzas de mí y no quieres que tus amigos sepan? Entonces terminemos ahora mismo y no me busque más no me gusta que me humillen chao. Por ser de campo yo me siento orgullosa de ser de campo me voy aquí se termina todo lo que teníamos.

El no dijo nada María se paró y se fue. Roberto la siguió diciendo no te vallas son tonterías mías pero no te vallas. María pensaba será porque soy de campo el se avergüenza de mi o es un estúpido, porque anda conmigo entonces, porque se avergüenza, Ella lo quería porque el siempre la respeto? María tenía confianza en él Lo pasaban bien cuando salían, pero era celoso y eso no se les quita nunca se los digo por experiencia, y sin motivo. María solo tenía ojos para el, así anduvieron un año. María tenía muchos primos y primas, los fines de semana se iban a su casa. Les gustaba estar con ellas.

Conversaban de todo lo del campo que era bonito. Tocaban la guitarra jugaban naipe o dominó. A veces estaba Samuel también jugaba con ellos, hasta las tías se iban a la casa de María a conversar con Olga. Eso estaba muy bien para Olga les gustaba a sus hijas para que se olvidara un poco de los problemas. María se ponía contenta cuando llegaban las tías a conversar con Olga ella se sentía muy contenta.

Llegaban los primos la saludaban y entraban.

Roberto le dijo un día y quienes son estos que entran a tu casa son mi familia. Mis primos, tus primos no te voy a creer que todos esos sean primos tuyos, no te dije que nosotros somos una familia grande, pero Él no le creía. Toda. Mi familia por parte de mi mamá y de mi papá vive aquí y ellos tienen muchos hijos. Grandes igual que nosotros en el campo solo queda mi abuelita una tía por parte de mi papa y sus hijos grandes también pero Roberto no le creía. Esto se fue haciendo cada día peor con Roberto por los celos. Sobre todo cuando llegaba su familia en la tarde, él le decía éntrate para que vas a jugar con tus primos, está bien decía María y se entraba. Ahí lo dejaba parado afuera.

Ella no podía quitarles a sus primos que fueran a la casa, primero está mi familia decía ella, si a El no le gusta pues bien que se vaya. Y lo dejaba en la puerta. Un día que estaban en la puerta llegaron los primos de María Roberto. Hizo un escándalo. Dijo que esos iban a conversar con Ella. Si le dijo María y con mis hermanas también y mis padres después que él se iba si dijo María converso con ellos y jugamos al naipe con mi papi y que, María le dijo tu serás así sin respeto con la gente pero ellos no, lo siento, tu dudaste de mi ahora te vas y no quiero volver a verte nunca más me oyes. Tus celos me tienen enferma sabes. Se entró y lo dejó en la puerta otra vez, entró llorando y se fue acostar. Le dio rabia y pena por lo que Roberto le había dicho, María creía todo lo que El contaba de sus amigas como savia ella que hacia el después que se iba de su lado María decía Porque él no averiguaba primero quien eran esos chicos que llegaban a mi casa. Ella estuvo enferma esa vez lo quería mucho pero tampoco se iba a dejar. No quería comer no se levantaba no iba a trabajar con su hermano. Le decía dile que estoy enferma. Olga le preguntaba qué te pasa me duele mucho la cabeza, ella le daba remedio para el dolor pobre mi madre decía ella. Después de una semana salió a trabajar a los días después se cambió de trabajo. Y de bus para que Roberto no fuera a esperarla, Ella lo quería pero no se iba a humillar a él tampoco. María no sabía si era celoso o estúpido. Roberto no se daba cuenta que María lo quería Ella trató de olvidarse de el pero fue imposible no podía olvidarlo, siguió trabajando, sufría mucho si porque había sido su primer novio y lo seguía queriendo lo bueno fue que siempre la respeto nunca le falto el respeto, o le pidió la prueba de amor que le decían la amiga que tuviera cuidado, un día llego un primo de María le dijo que se había encontrado con su novio y que te dijo le dijo María.

Que porque nosotros venimos a tu casa todos los días yo le dije averigua quienes somos primero y después hablamos yo ya termine con él por lo mismo y no quiero saber nada más de él.

Lo quiero Olvidar Olga no savia que María andaba con Roberto porque cuando Él iba a la puerta salían las hermanas con María a la puerta a conversar con sus amigos, mama no se daba cuenta. Pensaba que todos eran amigos. Bueno y un día llegó de visita un primo de Samuel en casa.

Nadie lo quería a ese primo porque siempre andaba borracho igual que el papa de María, con un borracho basta decía la mama. Ese día era domingo y mama había hecho una comidita con carne. Olga le sirvió comida empezó a comer y se metió la carne con hueso a la boca. Y se lo trago, lógico que se atoro, empezó a toser y seguía mascando. Samuel estaba muy enojado se paro y salio afuera no hizo caso del primo. Víctor seguía atorado Samuel le dijo a María anda haber a ese que esta atorado allá dentro. María le dió varios puñetazos en la espalda con rabia hasta que botó el hueso, después entró Samuel le dijo que se fuera, y no volviera hasta que estuviera sobrio. Olga le decía a Samuel eso es para que te des cuenta como son los borrachos, menos mal que son de tu familia. Tu sabes que tus hijos nadie quiere a ese primo tuyo. Porque siempre anda borracho.

Con uno borracho basta no crees tú además no se puede conversar con él porque no tiene tema siempre repite lo mismo no sabe lo que habla porque siempre esta borracho. A todo eso un día llego una señora hablar con Olga le dijo si le podía dejar su hijita si le podía recibir la niña.

Ella no tenía como cuidarla, Olga dijo me da su hijita para que yo la crie si dijo la mujer, está bien, casi recién nacida estaba la niña. Esa niña venía enferma a Olga le dio mucha pena de ver la niña. Olga la llevó al doctor y se la dejaron en el hospital tenía neumonía y estaba deshidratada, después de una semana se la dieron de alta. Olga empezó a cuidarla hasta que se mejoró. La niña siguió creciendo y la juntó con sus hijos, los hijos de Olga no la quisieron desde el día que la vieron no les gusto. En primer lugar cuando creció era peleadora con los niños. Y más Olga no le decía nada dejó de lado a sus propios hijos por cuidarla a ella. Lo que ellos hicieran estaba malo. Pero con la niña, nada estaba malo isiera lo que isiera. Los niños empezaron a tenerle odio y por todo le pegaban, tenían muchos problemas con la mamá por esa niña. Llego a grande, y los problemas siguieron adelante y peores, por culpa de esa como le decían los hijos a la mama. La chica era mala les buscaba el odio a los niños y ellos le pegaban salía gritando a la mama que los niños le había pegado, bueno para ese tiempo María todavía estaba sola no tenía novio de que se había enojado con Roberto no quiso hacerse de más problema decía ella para que, mejor trabajo. Un día salió por ahí se encontró con un chico amigo de mucho tiempo, estuvieron conversando, La invito a una bebida después se fueron caminando y conversando hasta llegar a la casa, eran amigos de antes le dijo si quería andar con él. María pensó, porque no.

Dijo si lo conocía de antes pero nunca se había fijado en El. Cómo novio era solo amigos, empezaron a salir los dos, pero esto les duro muy poco, él pensó que. María con Roberto había pasado de todo y le faltó el respeto, fue atrevido con Ella. María lo mandó por donde había venido tenía razón yo que no me hubiera fijado en el antes algo tenia ser atrevido no respeto a la mujer a María le cayó mal. Que lo perdonara le decía el ella le dijo no quiero. Probaste por si te aceptaba verdad, no quiero verte nunca más por favor vete, quedo sola otra vez.

Pero dijo sola que mal acompañada ahora ya no necesito a nadie ya no me hago mas problemas voy a seguir trabajando y el pololeo lo dejo para después cuando tenga tiempo de más, María no podía olvidarse de Roberto, el nunca había sido atrevido con ella María tenía confianza para salir con él savia que no le iba a pasar nada con él.. Por eso lo quería podía salir sin cuidado, la respeto siempre, él le dijo un día yo siempre te voy a respetar porque te quiero de verdad era celoso si pero no atrevido. Con ella.

Ya había pasado un año que María no se veía con Roberto. Un día iba llegando de su trabajo a la parada del bus.

Al bajarse ahí estaba Roberto esperándola. María no sabia si bajarse ahí o seguir bajarse en la otra cuadra pero él ya la había visto, se bajó. Dio vuelta por detrás del bus hizo que no lo vio y se fue, eran como las seis de la tarde. Roberto la siguió le silbaba le hablaba Ella seguía caminando.

De repente la tomó de un brazo y le dijo ¿porqué vas tan apurada?, quiero llegar luego, no me escuchabas que te llamaba. No me interesa la gente de la calle. Contesto ella, como has estado. Yo bien, ¿porque te vienes por aquí? Y ati que te importa por donde me vengo, Porque queda más cerca de la casa no. María seguía caminando. Te cambiaste de trabajo? como lo sabes tú que me andas siguiendo?, un día te fui a buscar a tu trabajo pero me dijeron que ya no trabajaba ahí, y para que fuiste ahí?, quería hablar con tigo, y bien que querías porque tengo que irme, nosotros ya no tenemos nada que hablar hace mucho que nos dejamos, me puedo irme ahora, yo quiero que vuelvas con migo te he buscado por todos lados. Ya que no contestas mis cartas pero sabes donde vivo verdad. Yo te dije una vez que no sabía escribir cartas pero tus sabias a mi casa. María se iba El la tomó y la abrazo María también lo quería se dejó abrazar. Pero pensó si vuelvo con El voy a tener problemas de nuevo, y para que quieres que vuelva contigo le dijo ella si tú ya tienes amiga como le dices tú, te vi un día. Quieres seguir riéndote de mí por ser de campo verdad, no fíjate porque ya estoy conociendo la vida de aquí ya sé cómo piensa la gente de aquí y no quiero tener Problemas contigo ni con nadie, y se fue.

Pero El la volvió a tomar. Y dijo yo no tengo amiga como dices tú es solo amiga. Y quieres que te crea y tú no me crees a mí, yo solo te quiero a ti dijo él. Nunca te he podido olvidar, te he buscado he ido a verte pero nunca te he encontrado, sabes le dijo el un día te vi con un chico o ya empezamos otra vez. Si yo también te vi y no dije nada, me lo estás diciendo es tu amigo verdad, que hay algún problema que yo tenga un amigo?, no. Pero me dio mucha rabia y que, acaso tú no tienes amiga. Yo puedo andar con quien quiera, verdad, Roberto la tomó la abrazo y le dijo que nunca mas iba a dudar de Ella.

Pero hay algo que tú debes entender dijo María mis amigos siguen yendo a mi casa y no pienso decirles que no vallan por ti no, está bien dijo Roberto no va haber problemas con tus amigos, y eso porque, yo se que ellos si son tus primos, que y como lo supiste, bueno averigüe, y si no fuera verdad que son mis primos igual me hablarías. Si porque yo te quiero no te podía encontrar para hablar con Tigo no quiero perderte.

Te quiero nunca antes había querido a una chica así mira que bien le dijo María y quieres que te crea todo eso verdad.

Me tienes que creer porque te estoy hablando con la verdad, te prometo que ya nunca mas van haber problemas entre nosotros, yo no te echo ningún problema dijo ella ahora soy yo la culpable.

Fuiste tú quien dudó de mi no yo, y así se isieron muchas promesas de no enojarse más siguieron los dos de nuevo. Un día Olga supo que María andaba con Roberto se enojo mucho, Ella lo había visto cuando iba Roberto a la puerta. Le dijo le encuentro algo. Cuando una está joven no entiende lo que su madre le dice y comete muchos errores por no hacer caso, no sé qué le encuentro le dijo ella pero no me gustó, deja de ser amiga con él. Porque si no vas a tener problemas más adelante te lo digo por experiencia. Eso fue peor para María, le dijo a su madre que fue lo que usted le encontró si ni siquiera lo conoce. Pero las madres con sus experiencias dicen que ven debajo del agua, No se pero algo tiene yo lo he visto por la ventana cuando viene, yo no voy a dejar de andar con él porque él es bueno conmigo. Lo principal es que me quiere y siempre me ha respetado nunca me ha faltado el respeto. Pero decía María para sus adentro es muy celoso. María siguió con Roberto. Un día Olga le dijo a Samuel que María andaba con un chico El también se enojó mucho y la reto quería pegarle. María le dijo porque me quitan a mí y a las demás no, ellas no andan con esos chicos. Dijo Olga solo son amigos, pero María sabía que no eran solo amigos, bueno como María les contestaban quisieron pegarle, Ella se daba vuelta por la orilla de la mesa.

Samuel a la siga de Ella retándola su hermana mayor parada en la puerta para que no saliera afuera, en eso estaban cuando llegó una tía de visita casada con un hermano de Samuel llamado José.

Ella entro dijo que pasa aquí. Porque tanta bulla, esta es una porfiada. Dijo Olga, anda con un chico que a mí no me gusta no lo conocemos no se ve buena persona, yo lo he visto algunas veces en la ventana. No es verdad tía dijo María Él es buena persona es muy bueno conmigo, hace mas de un año que ando con El.

Y siempre a sido igual, bueno y respetuosos por eso lo quiero nunca me ha dicho nada o faltarme el respeto. Como otros que si lo hacen.

La tía le dijo a Samuel no es mi problema que yo me meta en esto. Pero yo pienso que María es bastante grande para que piense por Ella misma, no que ustedes le estén diciendo con quien tiene que andar y con quién no esos tiempos ya pasaron, María es mayor de edad y no tendría que estarles diciéndoles a ustedes.

Ella ya tiene veinte y dos años se puede ir de casa cuando quiera. Y los respeta y los quiere como padres que son pero si fuera otra se va de su lado a vivir sola y no la podrían detener. Samuel le dijo a su cuñada María es la única que se preocupa por nosotros y de sus hermanos, las demás trabajan, pero yo también trabajo tía dijo María. Entonces dijo la tía para eso la quieren Ella algún día se tiene que casar. E irse de la casa, ustedes tienen más hijas para que le ayuden.

Y los cuiden las demás también pueden hacerlo, yo no me voy a casar con El todavía voy a seguir trabajando, pero tu le dijo Samuel te tienes que quedar con nosotros y porque yo, contesto ella, sus hermanas salían con sus amigos.

Si María salía tenía que hacerlo a escondida. O que iba a casa de una tía, María pensaba será así como dice mi papi que tengo que quedarme con ellos. María quería mucho a sus padres y hermanos pero también quería a Roberto. Un día María fue donde su tía Charito le contó lo que había pasado en casa.

Charito, dijo eso no es verdad que tienes que quedarte con ellos, si tu algún día te quieres casar te casas y te vas con tu marido, esa es la ley todo lo hemos hecho, pero es que me dan pena ellos no te agás problema por ellos le dijo la tía Charito, María siguió con Roberto le hacían la vida imposible en casa, pero esto que digo espero le sirva a otros chicos oh chicas, cuando su madre oh padre les dice algo es por su bien y por la experiencia que ellos tienen, y porque los quien, ya van a saber porque se los digo, Pero con el tiempo se les fue quitando el enojo ella podía salir con sus hermanas y amigos.

Carmen andaba con un chico que había conocido en el trabajo, hacia un buen tiempo que andaba con El. De repente empezaron a tener problemas.

Un día después del trabajo el le pegó. Carmen no decía nada en casa, le empezaron a ver moretones por la cara y los brazos.

Otras veces llegaba llorando, esto era cuando tenía el turno de noche, ella salía a las once y media de la noche. Un día sus hermanas le dijeron esta noche te vamos a ir a esperar. Se prepararon y Se fueron todas a esperarla.

Y conocer al novio de su hermana, pero no lo vieron tal vez ella le dijo que iban sus hermanas con sus amigos a esperarla, pero no vieron al amigo ese, después todas las noches iban a esperarla.

Solo cuando tenía el turno de noche. Paso, el tiempo nunca vieron al amigo ese que se acercara a Carmen pero él trabajaba ahí también.

Ellas lo hacían muy contentas porque cada una iba con su novio, después Carmen conoció a otro chico ese no trabajaba con Ella, todos se juntaban para irla a esperarla en el turno de la tarde. Un día Roberto le dijo a María que el se había hecho amigo de los primos de ella que le dijo ella que ya no abrían mas problemas con ellos que bien dijo María por fin te diste cuenta que son mi familia.

Ya había pasado otro año que andaba con Roberto, y sus hermanas con sus amigos. Un día Roberto le dijo a María si se quería casar con El, eso fue terrible para Ella que voy hacer ahora como se lo digo a mis padres pensó, como lo van a tomar. Qué se yo lo que me van a decir. María se puso muy nerviosa pensaba pero no le decía nada a Roberto. El le dijo no me conteste ahora más adelante me contestas.

Todas las noches que iba a conversar con ella le decía que has pensado, un dia María le dijo que estaba bien que se casaba con El. Roberto se puso muy feliz le dijo un dia voy a venir hablar con tus padres. Ella se asustó le dijo déjame a mí yo hablo con ellos primero, cuando encuentre la oportunidad. Si tu no lo haces le dijo lo haré yo.

Un día que Samuel llegó un poco más temprano no venía tomado María habló con él, le dijo papi yo todavía ando con ese chico que le conté la otra vez, él me dijo que quería venir hablar con ustedes, quiere saber para cuando lo pueden recibir. Olga no decía nada Samuel la quedó mirando como diciéndole ya te lo dije una vez. Después Samuel le dijo. Dile a tu amigo que venga cuando pueda yo hablaré con El. Cuando llegó Roberto, maría Le dijo ya hablé con mis padres. Mi mami no dijo nada, mi padre dijo que vinieras cuando tú pudieras, pero mi mami parece que no está de acuerdo. Un día Roberto le dijo a María quiero hablar con tus padres, están en casa, si dijo ella, pero déjame decirle a Ellos. Entró María, papi le dijo Roberto quiere. Hablar con usted, esta bien dile que pase, María se los presentó a sus padres. Samuel empezó hablar, de trabajo, y de muchas cosas mas, que de donde era Roberto contestaba todas las preguntas así estuvieron mucho rato.

María se estaba poniendo nerviosa, decía tal vez no va a decir nada, al final Roberto le dijo yo venía hablar con usted sobre María, yo hace mucho que ando con Ella. Y quisiera casarme. Si es que ustedes lo permiten, yo la quiero, estas seguro que te quieres casar con Ella Le dijo Samuel, tu sabías que nosotros no éramos de aquí, verdad?, si lo se dijo Roberto tú crees que vas a preferir una chica de campo a una de la ciudad, así es contesto Roberto, María es la única chica que he querido de verdad.

Bueno le dijo Samuel tengo que conversar con mi señora después te aviso con María, Olga no decía nada, Roberto se despidió de los dos. Y salió afuera María lo fue a dejar a la puerta. Cuando entró Olga le dijo tu sabes que a mí no me gusta ese chico. Ya te lo había dicho el no va a preferir a una chica del campo.

Más que a una de aquí que las conoce, porque no le dijo María, El quizás cuantas. Chicas habrá tenido porque se ve bien parecido. Ahora que lo vi. Pero mami El es igual a nosotros no es rico, vive cerca de nosotros en la misma población pero me quiere a mí, le conoces la familia dijo Olga.

Solo a una tía que vive con el cerca de aquí pero eso a mí no me importa solo lo quiero a El, Olga le dijo porque no dejas de andar con El ahora todavía estas a tiempo, pero mami le dijo Ella el me quiere es bueno con migo. Samuel le dijo a Olga porque tú no quieres que María se case con Roberto. No se le dijo Olga pero algo le encuentro, parece que no es sincero no le ha dicho la verdad a María un chico de la ciudad y bien parecido no iba a tener novia antes. Es cierto que todos sabemos que las madres por su experiencia dicen la verdad, o por el instinto, pero una persona joven a esa edad y más nunca había tenido novio y enamorada no entiende lo que le dicen como le paso a María. Lo que le piden sus padres que lo deje. Para la persona enamorada no encuentran ningún defecto, un día Samuel le dijo a María dile a Roberto que quiero hablar con Él está bien dijo María. Cuando llegó Roberto a la puerta de calle, María le dijo, mi papi quiere hablar con tingo. Está bien vamos, se fueron adentro los dos, mi mami dijo María no está de acuerdo con nuestro noviazgo, porque no lo se, presentimientos de madre tal vez, respondió Roberto. Yo le voy a demostrar a tu mami. Que si te quiero de verdad, Samuel se paró a saludarlo Olga también. Samuel le dijo lo pensaste bien chico, si dijo Roberto, esta bien cuídala mucho María es muy buena hija y quiere mucho a sus hermanos y a nosotros también, Roberto dijo estén tranquilos yo la quiero mucho y nada le va a faltar cuando ella quiera venir a verlos que venga vivimos cerca. Yo trabajo, no hay problema con eso, se despidieron y se fue. María lo fue a dejar a la puerta. María estaba feliz, Roberto era su primer amor, afuera María se puso a llorar, El le dijo que te pasa no estas contenta? Claro que si dijo ella, lloro de felicidad. Samuel autorizó el matrimonio dijo él. Yo pensaba que mi padre nunca lo haría. Lo que pasa me dan pena mis padres, pero vas a venir a verlos cuando tú quieras, si dijo Ella pero algo me dice que no va a ser así.

Y porque lo dices no se escuchar a mi madre. Como mi mami no está de acuerdo no sé. Y a veces las madres no se equivocan. Ojalá que no sea el caso de nosotros verdad. Roberto dijo dejemos pasar el tiempo, María siguió trabajando, Roberto le había dicho.

Cuándo. Nos casemos tu no vas a trabajar porque para eso lo hago yo, vamos a vivir bien. María juntó dinero. Se compró el género para hacerse el vestido de novia, Ella se lo hizo largo muy bonito, llegó el día del casamiento, el día viernes se casaron por el civil en la mañana, De su casa solo fue Samuel y dos testigos, María iba muy ilusionada. A su boda, pero al mismo tiempo muy triste porque solo fue su padre al casamiento su madre no dejo que sus hermanos fueran, después del casamiento cada uno se fueron a su trabajo. María se fue a su casa, al llegar a casa se llevo una gran sorpresa, su mamá le tenía todas sus cosas en el patio y no la dejó entrar a sacarlas.

Olga nunca quiso a Roberto. María se fue llorando donde su tía Charito, Ella siempre quiso a todos sus sobrinos, al llegar le dijo que te pasó. Mi mami saco todas mis cosas y las tiene en el patio no me dejo entrar a sacar nada. No te preocupes cuando llegue tu padre a la tarde las vamos a buscar, te vienes a mi casa hasta mañana. Cuando se casen por la iglesia te vas con tu marido.

En la tarde fueron a buscar las cosas cuando Samuel llego se fue donde su tía Charito no supimos que paso después pero María iba muy triste porque pensaba que tenía que haber salido de su casa a casarse. La tía le dijo a María. María a qué hora llega Roberto del trabajo a las cinco de la tarde voy a ir hablar con El, no tía dijo Katy no valla no quiero irme con él y no quiero casarme. Me quiero ir muy lejos de aquí.

Donde nadie sepa de mi nunca, no me voy a casar por la iglesia, yo no merecía esto yo tenía que haber salido de mi casa, soy su primera hija que se casa así que no me caso, me boy de aquí, tengo muchos familiares en diferentes partes del país lejos de aquí. No seas tonta le dijo Charito, tu ya estas casada por el civil.

Es la ley que te amarra, no puedes casarte nunca mas, no me importa eso, yo debería haber salido de mi casa a la iglesia mañana. No cree usted, si te entiendo pero que vas hacer, ya estas casada quédate aquí no te muevas.

Charito llegó con Roberto a la casa, él dijo que te pasó, mi mami no me dejó entrar a sacar mis cosas. Charito le dijo María se quiere ir no quiere casarse, quiere irse lejos de aquí y porque dijo Roberto, él le dijo a Charito por favor téngala usted aquí hasta mañana se va con migo, el hijo mayor de Charito fue el padrino y la tía de Roberto, la madrina, sus primas la arreglaron al otro día le pusieron dos damitas, la llevaron a la iglesia. De su casa solo fue su padre, y todos sus tíos y familia. Muchos amigos de Roberto, la fiesta fue en casa de Él.

Cuando salieron de la iglesia. Se fueron a dar una vuelta por mientras que la gente llegara a la casa, Roberto dijo a María vamos haber a tu mami, deberás le dijo Ella, quieres ir, si vamos a verla, Llegaron a la casa golpearon salio Olga estaba sola con los niños chicos, cuál fue su sorpresa cuando los vio a los dos parados ahí frente a su puerta.

Los hizo pasar los abrazos a los dos y les dijo que se veían muy bonitos que la perdonara por no haber ido pero con los niños no podía. Gracias por haber venido a verme dijo Olga. María dijo donde están los demás? tu papi los vino a buscar se los llevo a tu fiesta. Usted porque no fue, quien se quedaba con los niños contesto se los habría llevado. Conversaron un rato con Olga después se fueron, llegaron a la casa. Ahí estaban todos esperando a los novios en la calle. Muy contentos y los abrazos llovían, solo que una mujer se abrazó de Roberto llorando no lo dejaba para nada. María nunca la había visto María la vio pero no la conocía, Ella siguió saludando a la gente. Ahí estaban todas sus hermanas con sus amigos. Su papá y su hermano grande y todos sus tíos, la fiesta término de amanecida, muchos regalos y harta comida, no salieron de luna de miel. No había dinero para eso pero Roberto le había dicho que más adelante podrían hacerlo. Según Roberto, después de la fiesta todo llegó a su calma.

Roberto salió a trabajar el día lunes. Y María se quedó en casa eso estuvo malo lo que ella hizo hacerle caso de un principio.

Roberto ganaba bien le dijo nada le iba a faltar todos los días después del trabajo salían a comer e ir al cine, lo pasaban muy bien, los fines de semana no paraban en casa, ellos quedaron viviendo con la tía de Roberto, ese sitio donde vivían era de la madre de Roberto, por eso fue que El dijo aquí nos vamos a quedar. Mi tía se tiene que ir a su casa bueno dijo María.

Aquí nos quedamos, seguían los días, pero la tía nunca se iba a su casa, de la casa de María. No supo nunca más de nadie, ninguna de sus hermanas la iban haberlos su madre les había prohibido que fueran a verla. María pasaba sola todo el día, Roberto y la tía trabajaban. María tenía miedo de ir a ver a su madre. No sabía como la iba a recibir, tal vez no me deja entrar pensaba, cuando María conoció a su esposo hacían dos años.

Que se había muerto su madre. Ella había sido dos veces casada del primer matrimonio era Roberto, del segundo matrimonio le quedaron dos niñas chicas en ese tiempo todavía. Cuando María las conoció una tenía cuatro años y la otra cinco, más o menos. Roberto le hablaba mucho de sus hermanas. Le decía algún dia te voy a llevar a conocerlas. El tío que así le decía Roberto al segundo esposo de su madre había tenido un problema con la tía de Roberto por eso se fue de esa casa llevándose las dos niñas dos niñas. Las había internado él se había casado de nuevo. Roberto no tenía idea donde encontrar al tío para saber de sus hermanas.

Un día ya estando casado se encontró con El tío, le preguntó por sus hermanas, El dijo están internas, donde están para ir con mi señora a verlas. No te puedo decir porque nadie puede entrar ahí. Pero yo soy su hermano tengo el derecho de verlas, te voy a dar la dirección pero no se la des a nadie.

Dijo el tío, menos a tu tía, que era donde ellos vivían ahora. Solo mi señora y yo vamos a ir a verlas, ya te casaste le dijo El, si hace poco. Al sábado. Siguiente se fueron a ver las niñas. Las tenía tan lejos de la ciudad para fuera cerca de la cordillera por ahí quedaba el internado, tuvieron que tomar un bus los dejó solo a la bajada de un cerro hasta ahí llegaban las casas, de ahí para adelante eran caminos de tierra. Tuvieron que caminar tanto para llegar arriba subiendo el cerro allá quedaba el Internado según él, y a toda la calor caminando y subiendo ya no se aguantaba más la calor y seguían caminando subiendo el cerro por fin llegaron arriba, era un colegió viejo que ya se caía ese era el internado. Ahí dejaban a todos los niños huérfanos sin familiares ahí, muy poca servidumbre para atender a tantos niños y todos chicos los que había ahí. Ellos mismos se tenían que lavar su ropa y lavarse el pelo y bañarse. En el patio le tenían un lavadero como los animales grande para que se bañaran y lavar su ropita que tenían todo lo hacían con agua helada. El lavadero era de sementó largo ahí todos lavaban junto sus ropitas.

Se ponían por los dos lados del lavadero todos los niños a lavar su ropa, espero que algún día este libro llegue a las manos de una de ella ahora que están grandes para que se acuerden, que yo las conocí desde chica, bueno como quedaría. Esa ropita de bien lavada verdad, a María le dio mucha pena verlas así.

Ella daba gracias a Dios para sus adentro porque cuando chicos nunca se vieron de esa manera, y siendo tantos hermanos.

Las niñas tenían su pelo largo y sucio hasta la punta del pelo, ellas estaban felices cuando los vieron llegar no podían creer que estaba ahí, le contaban a su medio hermano que su papá. Las había ido a dejarlas ahí y nunca mas fue a verlas, como supiste de nosotros le decían a Roberto. Como entraste aquí, aquí nadie puede entrar sin un permiso de la persona que las vino a dejar, bueno un día me encontré. Con mi tío el me tuvo que dar la dirección de ustedes, y tuve que registrarme.

En la puerta de entrada y dar el nombre de mi tío. Roberto les dijo esta es mi señora se las presento, cuando te casaste hace poco las dos se alegraron mucho. Y saludaron a María, estuvieron toda la tarde con ellas Gabriela es la mayor, Aurelia la menor, ellas dos sentadas en cada pierna de su hermanos era un panorama muy triste para María pero ellas estaban felices con su hermano. Como estas dos niñas abandonadas que tristeza sentía María los miraban a los tres y pensaba pobrecitas cuanto estarán sufriendo por su padre que las metió ahí y tan chicas que eran todavía que penas decía María.

Pensaban sentada frente a ellos mirándolas, ellas no dejaban de conversar con su medio hermano. María las miraba y pensaba.

Pobrecitas Roberto decía nosotros vamos a venir todos los fines de semana a verlas y le vamos a traer cositas para comer ahora no pudimos porque no sabíamos si las íbamos a encontrar para otra vez les traemos algo les vamos a traer un cajón con llave para que guarden sus cositas que les queda, ellas le conversaban a su hermano fíjate que nosotras nos lavamos la ropa y nos lavamos el pelo solas, El les preguntaba les dan comida. Si pero es tan mala papas con arroz todos los días y quemada no se puede comer, pero tenemos que comerla.

Porque no les lavan la ropa a todos aquí les decía Roberto. No sabemos porque no lo hacen. Lo único que ellos hacen es la comida y nos atienden cuando estamos enfermos. Llegó la tarde tuvieron que despedirse eso fue muy triste. Roberto y María salieron muy triste las niñas quedaron llorando, se fueron caminando bajando por el cerró y conversando de las niñas, pobrecitas decía María le daba una pena tan grande verlas ahí en esas condiciones. Cuanto habrán sufrido aquí encerradas porque las traería tu tío aquí.

Tenía que habérselas dejado a tu tía o a la hermana del mejor, antes que estén aquí, a la semana siguiente fue de nuevo, les llevaron algunas cositas, para comer, galletas, frutas pero tenían que comérselas en el momento. Roberto les cortó el pelo. Y se lo limpio un poco les lavo la cabeza y las hizo comer, porque ellas solo hablaban y hablaban no comían. Las cosas que les quedaron. La guardaron en la cama porque no tenían donde ponerlas todavía después Roberto fue a pedirles permiso para salir a caminar con ellas un rato a la orilla del rio era un paisaje hermoso ese lugar quedaba cerca del colegio.

Por debajo de los árboles, era muy bonito muchos árboles grandes y caminos por debajo el lugar era hermoso, de allá arriba, la ciudad se veía muy lejos y muy poco. Casi nada por el esmog que había, solo las poblaciones que quedaban en las faldas del cerro se veían, llegaron de vuelta del paseo y las fueron a dejar adentro, se despidieron y se fueron, para volver al otro fin de semana, ellas les decían no dejen de venir a vernos, llorando le decían nosotros solo tenemos a ustedes.

Roberto y María tenían que caminar mucho de vuelta, y también de ida, no supieron nunca si había camino para llegar a ese lugar ellos se iban derecho subiendo el cerro, en el verano el calor no se aguantaba subiendo además el camino que recorrían era de puras piedras y tierra y subir el cerro, y mucho calor. Al fin de la semana siguiente. Fueron otra vez, las niñas los estaban esperando paraditas en medio de todos los demás niños que estaban esperando a sus familiares, las dos en el corredor muy poca gente iban haber esos niños, pobrecitos ellos con sus ojitos largo mirando.

Parados a la entrada de la puerta por si iba un familiar a verlos pero nadie llegaba para ellos se quedaban con sus ojitos llenos de lágrimas esperando, María se sentía muy mal como me gustaría traerles algo a todos ellos también decía María. Esto era de todos los días sábado María dice que le daba tanta pena cuando iba llegando a ese lugar porque sabía que van a estar esos niños ahí paraditos esperando de un familiar que los valla a ver, ellas le dijeron a Roberto que no les llevara muchas cosas porque nosotras la ponemos en la cama.

No tenemos donde guardarlas los niños nos las roban Roberto les decía no se preocupen pobrecitos tendrán deseos de comer algo para la otra semana les vamos a traer el cajoncito para que guarden lo que, quede les dijo coman ahora lo que puedan para la otra semana les vamos a traer el cajón a la otra semana llegaron con un cajón chiquito con llave ahí guardaron todo lo que les quedó, y tu le dijo a Gabriela vas andar con la llave. Colgando en el cuello, para que no les saquen sus cositas, pero al mismo tiempo a Roberto le daba pena porque los niños. Tenían hambre también o deseo de comer algo a ellos les habría gustado de comerse un dulce también, así siguieron yendo todos los fines de semana, después que comían las niñas. Se iban a caminar, subiendo el cerro era la montaña un lugar hermoso pero había un camino por debajo de los árboles haya arriba en ese tiempo a María le encantaba el viaje, lo malo era que estaba muy lejos de la ciudad era un lugar hermoso.

Muchos árboles por todos lados del caminito que había, ellos no tenían auto para poder seguir el camino se iban a lo derecho.

Caminando por entremedio de los arboles hasta llegar arriba los llevaría un taxi pero cuanto les saldría quizás por donde se iría el taxi muy caro saldría muy caro para llegar arriba además tenían que ir todas las semanas. Ellas no dejaban a su hermano cada una colgada de su brazo, María decía de donde sacan tantas cosas que conversar no callaba, saltaban colgada del brazo de Roberto.

Les hacía. Tanta falta la familia a esas niñas sobre todo su madre pobrecitas ellas. Con el tiempo María tuvo su primer embarazo no podía ir todas las semanas.

Porque le hacía mal el viaje. Era muy lejos, se mareaba. En el bus se tenían que bajar para que tomara aire y muchas veces vomitaba. Y tomar el bus siguiente que pasaba casi media hora despúes oh más. la caminata, subir el cerro a toda la calor, ya mas adelante no pudo ir porque era mucho para Ella se empezó a quedar. Después María empezó a tener problemas con la tía de Roberto. María no podía comer a sus horas tenía que esperar. A que se fuera La tía al trabajo y Ella se iba a la cocina a comer lo que hubiera. En la pieza que ellos tenían solo les cabía la cama el velador y la cómoda. María embarazada tenía que comer, estando la tía no podía, algunas veces la tía le decía María vamos a comprar. Porque Ella cocinaba, María para no enojarla le decía que bueno. Pero María no podía andar mucho afuera se mareaba, por allá la tía se encontraban. Con alguna chica que antes había sido novia De Roberto la tía le decía a María yo no sé porque Roberto no se casó con esta chica tan bonita y de buena familia.

María se quedaba callada no le decía nada, Y si se encontraba. Con una amiga le presentaba a María. Le decía esta es la mujer de Roberto y se reía y hacia cosas con la cara como haciendo burla de ella, María la miraba solamente sin decir nada. La tía de Roberto siempre. Caminaba adelante y dejaba a María atrás. Un día le dijo a María sabías tu que Roberto tiene un hijo con una mujer casada,

No, no sabía contesto ella. No te lo había dicho El, no, no me lo había dicho. Pero tampoco me interesa porque deben ser mentiras suyas porque no se lo preguntas a él. Porque él me lo habría dicho, si fuera verdad te acuerdas cuando ustedes se casaron. Esa mujer que se abrazó de Roberto llorando y no lo largaba, pues si, esa es la mujer madre del hijo de Roberto, bueno le dijo María así que sea. Pero Roberto me lo habría dicho. Además yo quiero vivir tranquila con mi marido, no quiero tener problemas, la tía seguía con la conversación, decía el niño es igualito a Roberto mire que bien me alegro. Usted lo conoce preguntaba María? Si, lo he visto varias veces, por que no me lo dijo antes que me casara con su sobrino. No me habría casado con el y así él se abría casado con una de su preferida.

Bonita de buena familia no, y usted porque no me lo dijo cuando yo le cocía ropa y empecé andar con su sobrino. Le interesaba verdad que yo le siguiera cociendo gratis sin pagar nada. Verdad compraba el puro género que le costaba la mitad del precio porque trabajaba ahí y no pagaba por la hechura pero usted sabe que todo lo malo que hacemos se paga aquí, porque no me lo dijo cuándo me conoció para que no me esté haciendo sufrir ahora que Roberto había tenido un hijo con esa mujer, además no me interesa le dijo María él ya se casó con migo y no hay vuelta que darle.

Claro que le había interesado pero no se lo dio a demostrar a la tía para que no siguiera riéndose de ella. Eso María se lo guardó no se lo dijo nunca a Roberto, no savia si era verdad o no quizás, pero María nunca vio a ese niño, según la tía esa mujer vivía muy cerca de ellos. María no entendía a la tía no sabía que le estaba pasando cada día le hacía más daño la hacía sufrir mucho con diferentes cosas que le contaba. O que era lo que buscaba o quería de ella. Porque maría había dejado de hacerle costura ya nada le hacía, ¿Porque le hacía tanto daño?

Si siempre había demostrado que la quería o que la respetara por lo menos ella ya estaba casada con él. María la respetaba porque era la tía y la madrina de casamiento de ellos. Cuando la tía tenía el turno de la tarde Roberto se encontraba con Ella cuando llegaba. Ahí la invitaban a comer con ellos. La tía le decía sabes, fuimos a comprar con María y no te imaginas a quien nos encontramos.

A quien decía El. A esa chica que antes andaba con Tigo que a mí me gustaba mucho te acuerdas, él no le contestaba.

Ella seguía era tan bonita y de buena familia, como iba ser de buena familia si Vivian en la misma población una población pobre todos éramos pobres ahí el seguía callado, porque no le decía tía yo ya me case ya no me interesan, María no dejaba. De mirar a Roberto para ver que hacía con la cara pero nada, El disimulaba como que no le interesaba, tal vez Roberto se veía con ella por ahí. Pero se abrían pasado de estúpida ella porque ya era un hombre casado, pero María nunca los vio. De ahí. María

se empezó a darse cuenta lo que su madre le había
dicho quizás cuantas chicas habrá tenido, y mujeres.
Pero ya era tarde. Estaba casada con El y esperando
un hijo. María nunca le hizo caso a su madre esto es
para que las jóvenes se den cuenta lo que dicen las
madres es por su experiencia, ahora tenía que seguir
adelante, eso pasa cuando los hijos no les hacen caso
a sus padres por la experiencia de ello que tienen,
María pensaba que la tía le había demostrado cariño
solo porque le cocía y no pagaba nada.

Y se había aprovechado de ella bueno el tiempo
lo arregla Todo decía María se conformaba con eso
que más iba ser, ella nunca quiso como esposa para
su sobrino a María no por que según ellos. Eran de
otra categoría.

Que categoría ni que ocho cuarto si vivíamos
a una cuadra de lejos y por la misma calle, claro
más ordinarios tal vez seria ellos. María decía y que
quiere la tía si somos iguales ellos no tenían ni más
ni menos, porque trabajaban pero quien les quitaba
lo malo que si eran, que rápido se dieron a demostrar
lo que eran. Una familia. Ordinarios pobre de cariño
e infelices no tenían amor, uno debe mostrar lo que
es por dentro.

No la pinta de afuera la pinta de afuera la tiene
cualquiera eso se cambia además la casa era pobre ni
tenia piso era suelo pelado no sé de qué se creían.
Allá ella con su fantasía de ricos decía María, la tía
se empezó a portar tan mal con María que Ella tenía
que pasar encerrada en su pieza, cuando la tía tenía

el turno de la tarde después cuando ella se iba a su trabajo empezó a golpearle la puerta tan fuerte a María.

Ella se asustaba mucho, de primera no sabía quién le golpeaba la puerta, salía a mirar quien era que golpeaba, era la tía que se iba a su trabajo, solo lo hacía por molestar.

María cuando estaba la tía en casa pasaba encerrada mejor, y eran tres horas que estaba la tía en casa. Un día le contó a su tía Charito lo que le estaba pasando con la tía de Roberto, la tía Charito decía no le hagas caso, tu entra a tu pieza cuando Ella este ahí y no pases rabia pero como voy a estar cuatro horas encerrada en la pieza no tenía ventana para que entrara el sol todo era oscuro.

Por tu embarazo no es bueno que pases rabia, pero tengo que comer algo. María le empezó a tener miedo a la tía, a la hora que iba a llegar se metía a su pieza y no salía de ahí hasta que se fuera, si llegaba Roberto ahí salía afuera. María pensaba quizás se está enfermando no le decía a Roberto no le iba a creer. Cuando la tía se iba María salía a sentarse un rato afuera al sol.

Un día María le dijo a Roberto lo que le estaba pasando con la tía lo que María pensó, no le iba a creer. Él le dijo no te hagas problemas con Ella.

Déjala nomás tu entrate a la pieza y déjala sola, ignórala, pero tengo que comer algo no puedo estar encerrada Roberto no entendió que Ella no podía estar encerrada tenia que salir afuera a tomar sol y comer algo mientras que su tía estaba en casa no podía estar cuatro horas encerrada en una pieza oscura.

Tenía que comer o tomar agua salir al aire, después fue peor la tía empezó a dejar la puerta con llave. Para que María no entrara a comer nada. Ni a prepararse algo, su pieza era tan chica para poner una cocinita chiquita y calentar leche que hubiera sido, María pensaba Salí de mi casa dejar mi familia para mejor pero me caí a un hoyo negro. Que me a costó mucho para poder salir de ahí, además no tenía dinero para salir a comprar algo. Roberto le daba el dinero a su tía para que cocinara y le lavara la ropa, a María nada le daba. Roberto le había dicho a los padres de María que nada le faltaría a María porque él trabajaba bien ganaba buen dinero pero le faltaba todo.

Si ella le decía necesito dinero, para que quieres dinero contestaba El. Si mi tía cocina y lava a mí no me deja comer nada lavar nada Y compra todo lo que nenecita para la casa solo para ustedes le decía María, bueno y yo por mientras que como no te das cuenta que yo tengo que comer esperar hasta cuando tú llegas en la tarde para poder comer algo te das cuenta o no. De la mañana que te vas no como nada hasta ahora cinco de la tarde. Bueno entra a la casa y come algo no puedo. Porque no puedes María le dijo Ella deja la puerta con llave cuando se va como voy a entrar, no puede ser porque no me lo habías si tú lo sabes ella deja la puerta con llave no me lo ibas a creer y cuando llegas tú no te das cuenta que la puerta esta con llave cuando ella no está y tú la abres yo no tengo llave. Y como entras abriendo la puerta no Si tú no me dices como voy a saber eso no sabes ellos nunca pierden pero cuando tu llegas si puedes abrir la puerta con tu llave verdad como no te ibas a dar cuenta que yo no tengo llave para entrar lo que pasa le dijo María que tu SOS tan malo y peor que ella se cumplió todo lo que le dijiste a mis padre que de nada me faltaría verdad me falta de todo. Pero no importa ya se pagara todo esto María se empezó a sentir enferma fue al doctor. El le dijo estas embarazada.

María ya lo sabía pero le dio mucha alegría cuando el doctor se lo dijo y se puso a llorar, El le dijo no esta contenta con la noticia.

Claro que si estoy muy contenta y feliz esto es maravilloso para mí es mi primer hijito, pero no podía contárselo a toda su familia solo Ella y Roberto lo sabían. Su familia no iba a verla. María no quiso que Roberto se lo dijera a la tía María le tenía miedo María se empezó a sentir tan mal.

Que lo poco que comía lo devolvía, le decía a Roberto necesito comer en el día no a esta hora que tu llegas son ocho horas las que estas afuera y yo sin comer nada. No te das cuenta tu te vas en la mañana a las siete y no llegas asta las cinco de la tarde y yo sin comer todo el día y embarazada. Roberto empezó a darle dinero a María entonces para que comprara algo, en vez de decirle a la tía que no le ponga llave a la puerta ni siquiera tomar agua lo podía hacer María comía lo que podía porque todo lo vomitaba, hasta que llegara Roberto pero era tarde para ella comer a esa hora. María tuvo que ir de nuevo al doctor, el le dio unas vitaminas en inyecciones muy dolorosas. Todos los días se tenía que poner una en la pierna. Con eso tenía para todo el día, María cada día se sentía más enferma, después ya no se levantaba no podía solo lo hacía para irse a poner la inyección. No podía caminar, en esos tiempos una señora las ponía en su casa, no iba a domicilio María llegaba y se acostaba de nuevo. Votaba mucho líquido por la boca se acostaba y con un tiesto al lado de la boca para recoger el líquido que le salía de la boca casi desmayada, María pensaba.

Si esto es casarse, o esta es la vida del casado si yo hubiera sabido.

Nunca me habría casado pero es lo que uno busca, él era tan diferente tan lindo tan amable y cariñoso cuando lo conocí y tan bueno con ella celoso si pero era bueno si uno. Supiera las cosas antes no metería la pata, casándose ahora no tenía familia. Madre, padre, hermanos nada, no tenía nada ni siquiera a su esposo. Solo a su bebe que iba a tener si es que lo tenía, si es que lo tenía porque el doctor la había dicho que talvez iba a perder el bebe, ya era tarde para arrepentirse tenía que seguir.

No podía trabajar y Roberto no la iba a dejar trabajar no tenía ni un veinte para irse porque él la manejaba sin plata.

No tenía casa donde ir y enferma esperando un hijo. Ella trataba de comer pero su estómago lo tenía lleno de agua, no podía, un día la tía no estaba María sintió golpear la puerta, fue abrir y le dio mucha alegría, era su tía Charito que la había ido a ver, le dijo María por dios mira como estas como te has sentido muy mal tía dijo María. Se puso a llorar Charito casi se desmayó cuando la vio, ella le dijo, María por dios mira como estas de flaca.

Y pálida se te ven puros ojos en tu cara, que te pasa, tengo tantas cosas que conversarle tía. Dijo María y se puso a llorar. Se sentaron al sol, estoy esperando un bebe, no puedo comer nada todo lo vomito. Ahora el doctor me dio unas inyecciones de vitaminas.

Pero son muy dolorosas me las pongo en las piernas. Con eso tengo que tener para todo el día, hasta que llega Roberto en la tarde, porque. Cuando se va la tía entra a prepararte algo ella deja la puerta con llave cuando se va yo no puedo entrar a comer o a preparar nada, bueno si me hubiera ido aquella vez cuando le dije no estaría pasando por esto me arrepiento por haberme quedado, le contó todo lo que le estaba pasando en casa Roberto cada día se aleja más de mí nunca me ha querido si pudiera irme lejos de aquí pero no tengo plata él no me da plata a mí se la da a la tía, tú tienes que comer a la fuerza que sea le decía la tía Charito porque estas embarazada, tomas leche no, come sopa no, come lo que puedas o pero donde la hago no tengo cocina no me cabe en la pieza, Ella sabe que vas a tener un hijo. No y no pienso decirle ella es muy mala es una bruja quizás que me aria a mi o a mi bebe.

Charito le dijo espérame voy a la casa y vuelvo, te voy a traer algo para que comas, volvió le trajo leche caliente y sopa, tienes que tratar de comer. O si no vas a perder a tu hijo, no eso si que no, yo quiero a mi bebe porque va hacer lo único que voy a tener mío.

Yo no entiendo porque Roberto se casó conmigo para esto dejarme sola no hace caso de mí no cree que estoy enferma Roberto ha cambiado mucho, mucho se puso malo igual que la tía también.

Charito le decía han venido a verte de tu casa, saben que estas embarazada?, no saben nada porque no han venido a verme yo no puedo salir me mareo afuera, se olvidaron que tenían una hermana. Charito le dijo yo voy hablar con ellos para que vengan a visitarte, yo siempre voy a estar viniendo a verte traer algo para que comas, pero trata de comer. Si vomitas trata de nuevo hasta que tu estómago se afirme, también voy hablar con Roberto para que se preocupe un poco más de ti y que fue lo que le paso para cambiar tanto, no tía no se preocupe de estar hablando con el porque no le va a escuchar o talvez la pueda retar o tratarla mal,

Un día María sintió tocar la puerta fue abrir pensando que era su tía, y cuál fue su sorpresa que eran sus hermanas que iban a verla, estaban muy contentas de ver a maría y porque iban hacer tías, pero también se sintieron mal. Por María que estaba tan delgada y enferma y flaca, a María no le importó que Ellas la hubieran encontrado así, estaban felices de verse, le llevaban galletas, cosas para comer, fruta, le dijeron te vamos a venir a ver mas seguido y le vamos a comprar ropita al bebe. A María se le quitaron todos sus dolores y los males que tenía. Se sentía muy bien y contenta con sus hermanas ahí. Roberto llegó en ese momento.

Se puso muy contento al verlas más sínico no podía ser que bueno que vinieron a ver a Maria. María con sus hermanas ahí se sentía feliz. Más tarde se fueron las hermanas. Roberto dijo que les paso a tus hermanas que te vinieron haber.

Mi tía Charito les dijo, que yo estaba enferma que me vinieran a ver, por eso vinieron sino no habrían venido, Charito siguió viendo a María casi todos los días, y le decía porque pasó esto. La tía de Roberto se veía que te quería.

No tía Charito Ella nunca me quiso. Igual que Roberto tampoco nunca me quiso fue un daño muy grande el que me hicieron los dos él le dijo a mi papi que se iba a portar muy bien con migo que nada me iba a faltar porque él trabajaba bien no sé porque lo hizo mentir tanto haberse casado con migo si no me quería Ella pretendía quererme solo para que yo le hiciera ropa yo no le cobraba nada por hacerles las costuras, pero para esposa de su sobrino nunca me quiso pero todo se paga aquí le dije una vez Ella quería una chica fina bonita como esposa para el sobrino. De que le iba a servir una chica fina si el hombre es malo, y ella también.

Con María o con ellas iba hacer igual malo nunca dejo de andar a la siga de otras chicas cuando supo que nos íbamos a casar puso el grito en el cielo ella, le decía a Roberto porque te tienes que casar con ella? Si tú tienes chicas mejores y más bonitas y de buena familia.

Pero yo quiero a Maria era su respuesta, Ella es una chica ignorante de campo que sabe ella de cosas de la ciudad. Decía la tía, bueno, así que sea pero yo la quiero y me voy a casar quiera usted o no. Una vez una tía que tenía Roberto de nombre.

Jimena ella siempre visitaba a María después le decía como conociste a esta gente esta gente siempre han sido malos le conto a esa tía era política casada con un tío de Roberto, también la hacía sufrí mucho le decía a María que esa tía donde vivía María estaba enamorada del sobrino de Roberto, porque él le decía a la tía Jimena cuando yo llego medio tomado ella me va a costar yo me quedo dormido al otro día yo amanezco sin ropa, quien me la saca sino ella. María le decía no puede ser, porque él se ha criado siempre con ella tu sabes él es guapo quien sabe y joven, pero así que sea yo no creo le decía Maria es su sangre es hijo de su hermana. Maria le contaba a su tía Charito todo eso, además decía María cuando Ella está en casa me grita tantas cosas, yo tengo que pasar en mi pieza encerrada me dice guasa de campo que te encontró mi sobrino para casarse con Tigo yo

le tenía miedo no salía para nada afuera cuando ella
esta aquí. Y cuando se va me golpea la puerta tan
fuerte de primera yo me asustaba mucho no savia
quien golpeaba la puerta la de adentro no la de calle
y me dice. Yo no se que te encontró mi sobrino para
casarse contigo.

Yo no entendía porque me decía esas cosas, talvez
la tía Jimena. Tenía razón, por eso me tenía odio a
mí y me golpeaba la puerta de rabia, yo salía a mirar
ya iba lejos, yo no le decía nada a Roberto.

Para no enojarlo y no me lo iba a creer y también
no me dejaba hablar Porque por todo me reta Él no
me cree que su tía sea así con migo, además desde
que quedé embarazada Roberto dejó de salir con
migo, dice tu no puedes salir porque pasas enferma,
pero aquí en casa encerrada me enfermo más. El
llega del trabajo, se lava, come y sale, no regresa hasta
en la noche.

Solo hace seis meces que estamos casados, y por
todo lo que he pasado, cambió todo para mi, mi
mami tenía toda la razón cuando me decía que Ella
le encontraba algo, pero uno no entiende ni le hace
caso a su madre ahora estoy pagando por no creerle
a ella, Él no me da dinero. Se lo entrega a la tía para
que cocine y le lave, según Ella yo no se atender a su
sobrino, yo perdí a toda mi familia. Por el, ahora no
se que hacer solo seguir adelante y tener mi bebe y
que Dios me ayude talvez más adelante pueda pensar
algo, así todos los días tenía algo para contarle a su
tía Charito.

Un día María fue al doctor, para control médico. Le dijo el tú no estás bien hija tal vez vas a perder a tu hijo o no, no doctor, yo no puedo perder mi hijo porque no tengo a nadie más.

Y se puso a llorar yo quiero tener mi hijo, porque va hacer lo único que voy a tener mío, por favor ayúdeme usted. Hospitalíceme si quiere, pero no quiero perder mi bebe, mi esposo cada día se aleja más de mí no conversa conmigo no quiere saber nada de mí, cuando llega solo lo hace con su tía, mi bebe es mi única esperanza. Sin el para que seguir viviendo, no chiquilla le dijo el doctor tu todavía tienes mucha vida por delante, y puedes tener muchos hijitos más.

No yo tengo que tener a mi bebe a este bebe, entonces tienes que poner de tu parte comer de todo y toma mucha leche para eso te la dan aquí en el policlínico no tengo donde preparar nada. Mi esposo no me da dinero para comprar cosas para comer, porque la leche era en polvo la que recibía.

María le dijo voy a tratar de hacer lo que usted me dice, empezó a comer de todo lo que podía un poco y si lo devolvía comía de nuevo estaba muy débil. Como se lo había dicho su tía Charito. María empezó a recuperarse lentamente porque estaba muy mal, más las inyecciones que se ponía en las piernas. Le hicieron muy bien. Si le dolían muchísimo pero no dejó de ponérselas. Tenía las dos caderas negras con las inyecciones la tía de Roberto.

Se fue dando cuenta que María estaba embarazada, le empezó a dejar la puerta abierta cuando se iba y le decía si quieres comer algo puedes entrar le decía por fuera de la puerta de María. María no habría su puerta le tenía miedo la dejaba que hablara, Según Ella demostró estar contenta le decía a Roberto, hoy le voy a dejar algo para que ella coma. Le dio la llave de la casa. Para que entrara a comer María tenía miedo de comer las cosas que ella le dejaba decía será verdad no me va a pasar nada tal vez pierda mi hijito, pero nunca le paso nada, un día le dijo yo te voy acompañar a ponerte las inyecciones. Para que no vallas sola, María tenía unas rayas blancas en su pancita. Le habían salido durante el embarazo, la tía le dijo a la señora que le ponía las inyecciones. Porque tiene esas rayas blancas María el la guatita, la señora le dijo, Ella se adelgazo mucho de su embarazo, y eso les pasa a todas las mamitas que quedan embarazadas. Yo pensé dijo ella, María dijo que va hablar esa vieja ahora siempre con la maldad que porque había tenido otros hombres contesto la tía, no le dijo la señora eso les pasa a todas las mamitas que están embarazadas, la tía nunca fue casada. Según Roberto le decía a María que una vez su tía conoció a un hombre. Cuando joven la primera noche de boda paso con ella al otro día se fue y no volvió nunca más no supieron que paso con él.

María decía por eso debe ser tan mala esta vieja, hiere con sus palabras. Parece culebra, toda la poca familia que María le conoció a Roberto hiere así de malos, especialmente Roberto, de pensamientos podridos siempre con la maldad adelante no son positivo para nada. María dejó de salir con la tía, a veces Ella le decía te vas ir a poner la inyección. Ya fui le contestaba María de adentro pero no era verdad, cuando se iba la tía al trabajo. Ella se iba a poner la inyección.

Tuvo que hacerlo por todo el tiempo que le quedaba hasta tener él bebe Maria pensaba quizás que le habrá dicho la tía a Roberto que cambio tanto. Conmigo, ero lo único que ella le podía sacar que era pobre y de campo, pobre sí, pero ellos también lo eran, y eso no era malo al contrario vivir en el campo eso fue muy lindo para María fue lo mejor de su vida haber vivido en el campo. Ellos también eran de campo se habían ido a vivir a la ciudad. Para María fue lo mejor que le paso a nacer y vivir criarse en el campo donde María se crio la vida y la gente es más sana de mente las personas son linda de Corazón la vida del campo fue para María lo más lindo que tuvo en su vida muy feliz, porque sus pensamientos eran siempre buenos así le avían enseño sus padres, ser buenos y sanos y puros. De toda persona, tal vez un poco más Ignorante en cosas de la ciudad en ese tiempo pero muy buena de corazón, tonta no era al contrario. Si es que ellos la creían así, María seguía queriendo mucho a Roberto como toda estúpida dice ella ahora. María cuando estaba sola choraba mucho se acordaba de todo lo que su madre le había dicho pero uno no entiende.

Decía porque me habrá pasado todo esto yo nunca he hecho nada malo, o quizás sí pero no lo sé que puede ser yo nunca he estado con otro hombre creo que eso podría ser lo más malo pero no. Uno no sabe, además El. Les había dicho a los padres de María que la quería mucho y la iba a cuidar. María sufría, se sentía tan sola.

Cuando ellos se casaron hicieron la pieza en la cual vivían a horilla de la calle en el patio. María pensaba que, cuando ellos se casaran, la tía se iba a sentir sola porque ella se tenía que ir de ahí a su casa Pero quedaron viviendo ahí, fue diferente, tampoco ella se fue a su casa María la respetaba mucho y le tenía miedo también. Porque era una señora muy rara hacia cosas muy rara. Roberto seguía con sus hermanas, cuando iba a verlas llegaba tarde de la noche. María se acostaba pero no podía dormir, esperaba a Roberto que llegara.

A veces él le decía porque no te has dormido? Si yo estaba afuera con mis amigos, pero eso no era verdad María ha beses salía a la puerta. Y él no estaba ahí, otras veces llegaba retándola. Tu no sirves para nada, pasas solo enferma, que no puedes hacer esto o lo otro, Roberto se hacia el enojado para que María no le dijera nada, que le iba a decir Ella si no podía ni hablar en esa casa.

Maria Se sentía morir de pena porque Ella lo quería no le contestaba nada para no enojarlo imagínese así somos las mujeres estúpida no decimos nada para que ellos no se enojen y la estaban tratando mal Maria. Decía porque me pasa lo mismo que mi madre no puedo defenderme veces pensaba, porque no me fui aquella vez, uno siempre debe hacer lo que el corazón le esta avisando, Maria era una extraña en esa familia. Maria le tenía miedo de primera de ver cómo había cambiado Roberto no podía creer eso la asustaba, en su casa nadie la gritoneaba, pero bueno qué manera de hacerla sufrir. Ni siquiera una comprensión de su esposo. O una palabra de cariño eso o una palabra bonita jamás paso nada nunca la tuvo María. Decía si yo tuviera dinero me iría lejos de aquí a su tía no le podía decir nada porque se lo diría a Roberto irse donde nunca más saber de ellos, pero nunca tenía dinero, yo decía Maria tengo familiares que Roberto ni sabe dónde viven y quienes son jamás me encontraría familiares muy lejos de aquí.

María sufría de solo pensar de dejarlo hasta ahí llega la estupidez de esta mujer piensa ella ahora de esa manera lo quería fue su primer amor. La tía se ponía tan feliz. Cuando ellos se peleaban. Salía al patio y cantaba de alegría cuando María.

Tenía seis meses de embarazo le dijo a Roberto, porque no nos vamos de aquí, él le contesto y enojado, adonde quieres tu que nos vamos, si esta casa es mía y de mis hermanas. Como que va hacer tuya si aquí manda tu tía, y que quieres tu, si no sabes hacer nada, mi tía hace todo y eso que Ella trabaja y eso a mí no me importa porque yo no puedo hacer nada no tengo donde hacer las cosas tu no me tienes lo que yo necesito,

Bueno era verdad, pero nunca le dieron la oportunidad. A Maria nunca le había hecho nada. Ni siquiera lavarle una pieza de ropa, la tía no la dejaba. María sabía cocinar, lavar siempre le había ayudado a su madre des bien niña, ella decía esas palabras son de la tía las que me dice El ami. María se quedaba callada. El se hacía el enojado y se iba afuera la dejaba sola, Ella se ponía a llorar. Dejó pasar unos días María pensó se lo voy a decir si él no quiere irse me iré yo y muy lejos de aquí le puedo pedir dinero a mi tía Charito, y salir de aquí no decirle para que quería dinero le volvió a decir vámonos de aquí.

Y donde quieres que nos vayamos le gritaba él ya te lo dije, pues bien arrienda una pieza o lo que sea pero vámonos.

De aquí, además le dijo María es la última vez que te lo digo, si tu no quieres cambiarte me iré yo sola, yo necesito tranquilidad comer bien o por lo menos comer a mis horas, empezar hacerle ropita a mi bebe. Porque no le tengo nada, bueno le dijo Roberto voy hablar con mi tía para que ella se valla a su casa como Ella había quedado de dueña de casa cuando la madre de Roberto falleció, habló con la tía, Roberto, casi le dio un ataque. Al escuchar la respuesta de su tía. El había perdido la casa. Ella estaba esperando que Roberto dijera algo sobre la casa, se quedó con todo, los dejó a los tres hermanos y a María en la calle, les quitó la casa a puerta cerrada, Roberto nunca pensó que su tía. Le podía hacer esto a media cuadra de ahí ella tenía su casa se había ido a cuidar esa casa cuando su hermana había fallecido pero era de Roberto y sus hermanas María por un lado se alegró mucho, porque así Roberto se podía irse de ahí, la tía tenía su casa pero la vendió y Roberto nunca supo y se quedó con esa casa. Que era de su hermana madre de Roberto. Pero por otro lado a María le dio pena por Roberto, tan orgulloso que era lo habían dejado en la calle. Roberto empezó a buscar donde mudarse. Con María, fue un golpe grande para Él se lo merecía, salía a buscar pues no encontraba nada, María le dijo yo tengo unos tíos que arriendan casas o pieza. Vamos hablar con ellos talvez encontremos algo ahí, un día se fueron a visitar a los tíos de Maria, les fue bien le arrendaron una pieza, para que querían mas, además no tenían tantas cosas todavía.

María estaba feliz. Ahora ya tengo mi casa y vamos a vivir solos, a María no le importaba si la pieza era chica o grande o tuvieran cosas o no ella era feliz, no tenían de nada tuvieron que comprar una cocinilla de dos platos para que querían más grande. Roberto no muy contento porque sus amigos le habían quedado un poco lejos, Roberto le daba dinero María tenía tiempo para hacer costura y tejerle a su bebe, como Roberto le daba plata ella lavaba y hacía comida para su esposo tenia todo listo cuando llegaba Él le había comprado cocinilla y lo que María necesitaba.

De primera todo marchaba muy bien, él llegaba en las tardes conversando como le había ido en su trabajo en fin podían conversar Después le preguntaba cómo se había sentido durante el día eso era la vida que María quería que su esposo se preocupara de ella. Y ella de él. Como decía mi madre lo bueno dura poco. Pero eso de cambiar le duro muy poco. No se sentía tranquilo se desesperaba no hallaba que hacer ella pensaba debe de echar de menos a sus amigos y amigas también después. Empezaron a salir a caminar por las tardes a María le hacía muy bien eso caminar ellos por ahí se habían hecho de un perrito. Chiquito, blanquito por nombre le puso copito le servía de compañero a María. Después de unos meses que se habían ido a vivir solos un día llegó un amigo de Roberto a decirle que su tía se había enfermado, que estaba. Encerrada en su casa, y no dejaba entrar a nadie y sentían como hacía pedazo las cosas. Y salía mucho olor a humo, Roberto fue con el amigo para averiguar, si era verdad que su tía estaba enferma, llegó a la casa, él le decía soy yo tía ábrame la puerta. Pero Ella no conocía a nadie, Roberto y unos amigo echaron la puerta abajo y entraron ahí estaba la tía completamente desnuda había quebrado muchas cosas y quemado, llamaron la ambulancia y tuvieron que amarrarla para llevársela al hospital, porque no se dejaba había perdido la memoria le dijeron a Roberto.

Que Ella había recibido un chok muy fuerte, que le iba a costar mucho para mejorarse. La pusieron en terapia intensiva en un hospital para enfermo mentales, y mucho cuidado y descanso, Ella estuvo un año hospitalizada. María pensó seria verdad lo que la tía Jimena le había dicho que ella estaba enamorada de su sobrino y por eso se enfermó. Cuando ellos se fueron de ahí. Roberto iba una semana a ver a su tía y la otra a ver a sus hermanas, esos días sábado que salía en la mañana no llegaba a la casa hasta el día domingo en la noche. Esto era todos los fines de semana, María quedaba sola en su pieza, Ella no podía decir nada cuando Él llegaba porque la trataba muy mal. Y trataba de pegarle pero nunca lo hizo levantaba la mano pero no le pegaba, solo con groserías y estúpida que vienes tu a decirme algo a mí.

Si sos una ignórate, se había puesto grosero con María de nuevo y atrevido, una vez que Roberto fue a ver a su tía Ella se estaba recuperando ya después de un año, porque lo conoció al llegar la tía dijo que quería ver a María. Cuando Roberto regresó le dijo a María que la tía quería verla. Ella le contestó estas loco no puedo ir a verla Ella nunca me ha querido y me puede hacer daño, yo en cualquier momento puedo tener mi bebe, y no lo boy a perder por ella después de dos semanas de esta conversación María se mejoró de su bebe. Ella se sintió mal en el día y esperó hasta que Roberto llegara en la tarde para que la llevara al hospital. Cuando Él llegó le dijo me tienes que ir a dejar al hospital. Me siento enferma llego la hora del bebe. Arrendaron un auto Salió Roberto con ella para el hospital la dejaron de inmediato porque a la madrugada nacería él bebe. No savia lo que era si sería niño o niña porque en esos años no habían esas máquinas para saber que sexo era él bebe, Roberto la fue a dejar y se fue a la casa no se quedó al nacimiento de su primer bebe en la madrugada. Como a las cinco nació él bebe y fue una hermosa niña justo lo que María quería una niña llevaba su bolsito lleno de ropita para él bebe camisitas paltocito de todo había alcanzado hacerle ella hecha por ella misma, fue muy chiquita la bebe porque María estuvo muy enferma.

Cuando la estaba esperando el doctor le dijo no te preocupes porque viene sanita peso un kilo novecientos gramos al nacer el doctor la tomaba con una mano. Y la levantaba de su estomaguito se las mostraba a las demás y les decía miren que chiquita es este bebe, María se sentía la mujer más feliz del mundo. Al ver a su bebe como se movía en las manos del doctor después se la puso en el pecho a María, ella se movía en el pecho de su madre, el papa ni cerca dejo a María con el doctor porque el siempre andaba apurado no se quedó al nacimiento de su primera hijita, a María no le importó que se hubiera ido, la niña tenía a su madre para cuidarla lloraba de alegría decía este pedacito de carne que se mueve aquí es mío solo mío era mi hijita era tan tiernita y suavecita María le tocaba su carita parecía de terciopelo de suave, ella se movía y movía sus manitos chiquitas y decía es mía.

Como si alguien se la fuera quitar. María se sentía muy sola pero ahora tengo a mi hijita conmigo de compañera, cuando Roberto se fue del hospital ese día paso hablar con una hermana de María para decirle que había ido a dejar a María.

Al hospital si es que podía ir haberla al otro día porque él tenía que ir a trabajar ni para eso se quedó, así fue llego Ana al otro día ella estaba feliz con su sobrina la encontraba muy linda andaba con ella en los brazos y la paseaba cuando se fue llevo la ropita. De la niña para lavarla. Al otro día se la llevo limpiecita y no dejo de ir a verla hasta que María salió del hospital al otro día de nacer la niña llego Roberto. Saludo a María tomo la niña en sus brazos y decía que es chiquita. Y le daba besitos pero el doctor dijo que era sanita que no importaba Que fuera chica más adelante se va a recuperar le decía María cuando la dieron de alta al tercer día a llego Roberto la fue a buscar le dijo a María vamos a ver a tu mami antes que nos vamos a la casa ellos Vivian muy lejos de ahí para que conozca la niña está bien vamos, cuando llegaron ya habían llegado.

Todos del trabajo sus hermanos su papa todos estaban muy felices con su nueva sobrina y nieta después se despidieron y se fueron vivían lejos. María le decía a Roberto ya no voy a estar más sola ahora tengo a mi niña de compañera Roberto decía yo tengo que trabajar no puedo pasar contigo ni siquiera te quedaste a recibir a tu primera hijita, no te Preocupes ella me tiene a mí y siempre me tendrá, si te en tiendo le decía María y en las tardes después que terminas de trabajar para donde te vas Y los fines de semana tengo que ir a ver a mi tía y a mis hermanas si, si está bien le decía María, primero tu tía segundo tu medias hermanas tercero tus amigos. Y cuarto lugar tu esposa y ahora tu hija. No te hagas problemas.

A mí no me importa si quieres llegas y si no, no me importa, lo que tu hagas puedes salir y llegar a la hora que tu quiera no me importa ni me interesa me tienes sin problemas.

Se acabó todo eso Roberto llegaba tarde le decía a María fui a ver a mi tía por favor no me digas nada ya te dije no me interesa tu tía y tus hermanas no me des explicaciones no me interesa nada de lo que me digas que puedes hacer lo que tú quieras. Porque esa no es la verdad además tu sabes lo que haces yo no soy nadie aquí nunca me has mirado como tu esposa.

Cumpliste todo lo que les dijiste a mis padres cuando fuiste hablar con ellos pero se lo dijiste a tu manera. Pero no te preocupes. Un día Roberto fue a ver a sus hermanas y en la tarde llegó con ellas, se veían felices con la niña, en sus brazos Roberto les decía tengan cuidado con le niña. No se les valla a caer ellas no eran tan grandes todavía. Al otro día domingo las fue a dejar. Bueno en ese tiempo todavía vivíamos en la pieza que arrendaban, y salió un aviso que todas los matrimonios sin casa que fueran a inscribirse a esa dirección eran Oficinas de gobierno Roberto y María fueron se demoraban las casitas pero salían. Ya habían pasado cuatro meces que había nacido la niña. Un día Roberto entró peleando con María, Ella estaba acostada en la noche esto sería cerca de las cuatro de la mañana. Le decía que la había visto salir del baño con otro hombre en la noche, ahí donde arrendaban. El baño estaba afuera en el patio en ese lugar Vivian. Los dueños que eran viejitos. Y su hijo casado su esposa y sus dos hijas era un lugar donde arrendaban piezas. Era el lugar que les había buscado sus tíos a Maria Roberto le gritaba tantas cosas a María despertó a todos los vecinos que Ella no hallaba que decirle porque estaba acostada, era porque El llegaba tarde de la noche no quería que María le dijera nada ella ya se lo había dicho que asiera lo que quisiera si quería llegaba oh si no entonces él se hacia el enojado María le había dicho que no se preocupara por Ella que hiciera lo que quisiera que nada le estaba preguntando más se enojaba el, Ella ya estaba aburrida, como El la podría ver visto saliendo del baño si ni siquiera se había levantado. Eran como las tres o cuatro de la mañana la ora que el llegaba eso a Maria la ponía muy enojada. María no le contaba nada a esa gente ni menos a su tío que vivían al lado. Pienso yo que los vecinos se daban cuenta por los gritos que daba él lo dejaba que hablara no se podía hablar con él no dejaba que uno hablara. Bueno un día les llegó una carta del gobierno que estaba aprobado para el sitio. Que tal día tenían que ir a firmar los papeles de gobierno.

María estaba tan feliz muy feliz que lloraba de alegría, ya iba a tener su casita para su hija. El mismo

día que les entregaban los papeles de la casa se tenía
que ir y les daban las llaves así lo hicieron fueron ese
mismo día a la nueva población a buscar el número
de la casa que les tocaría, mucha gente buscando
el número de su casa, era como día de fiesta. Para
Roberto fue peor mucho más lejos todavía de sus
amigos, al otro día fueron en un camión a buscar sus
pocas cositas que tenía y se fueron a su nueva casa
María iba feliz por su casita ahí iba a tener patio para
que la niña jugara al aire libre la casita tenía dos piezas
y una cocina, pero cuando entraron la casa no tenía
agua ni luz, ni reja a la calle, solamente era una media
agua con dos pieza de madera, fue un sacrificio muy
grande para todos los maridos no tenían locomoción
para ir a trabajar fue una población muy grande la que
dieron. Arréglensela como puedan talvez dijeron, los
esposos tenían que salir más temprano en la mañana
para ir a otra población a tomar locomoción para irse
a trabajar, a esa hora se iban las señoras junta con su
esposo a buscar agua.

A la otra población. Tenían que dejar sus hijos
solo en las casas, ellas llegaban casi sin agua y cansada.
Era una preocupación muy grande. Porque había que
usar velas y muchas veces los niños encontraban los
fósforos y se hacían incendios Muy grandes porque
una casa, que se quemara se quemaba toda la cuadra
como le decían. Porque las casas estaban muy juntas,
unas de otras, pobre gente perdían todas sus cositas.
Si habían niños dentro los vecinos se encargaban
de sacarlos, si es que los padres no estaban en ese

momento, cuando el incendio era de noche ya estaban sus padres ahí, así pasó un buen tiempo. Sin agua y sin luz, esa población después pusieron agua, llegaba solo en la tarde un rato. Y muy poca había que juntar en lo que fuera para lavar lo necesario y cocinar. Un día en la noche María le dijo a Roberto mira yo encuentro olor a humo. El le dijo duerme tranquila.

No pasa nada. María no quedó tranquila se levantó miro afuera a la casa del lado ellos habían salido y no llegaban hasta el otro día. Tenían tres hijos, esto era como la una de la mañana cual fue su sorpresa para María. Cuando vio la casa del lado la que estaba sola.

Envuelta en llamas, empezó a gritar a Roberto que se levantara que la casa del lado se estaba quemando.

María le decía a Roberto tal vez ellos llegaron y se quedaron dormidos con la vela prendida pero ya habrían salido. Roberto se vistió rápido y Maria saco la niña salió al patio a gritarles a los vecinos que se levantaran a tirarle agua a sus casas. Cada uno tenía que cuidar su casa y tirarle agua. María tomo la niña y se la dejo.

A la vecina del frente y empezó a tirar agua también a su casa, de unos tambores que ellos juntaban porque con la que se estaba quemando ya no se podía hacer nada de repente. La casa explotó el techo salió volando los tableros se abrieron para los lados.

El que venía a la casa de María, Roberto le puso un palo y ahí se afirmó. La casita de ellos ya estaba echando humo pero no dejaron de tirarle agua. Para el lado del incendio, esa casa se quemó por completo. Los dueños no habían llegado esa noche gracias a Dios que no se quemó ninguna casa más. Al otro día en la tarde llegaron los dueños no encontraron nada. Solo cenizas y palos quemados, nunca se supo porque se quemó esa casa. Todos los vecinos empezaron a juntarles dinero.

Y cosas para la casa, pobre gente perdieron todo el gobierno les tuvo que hacer otra cacita igual, así eran los incendios por falta de agua, como a los cinco meses después le pusieron luz, pero el agua seguía llegando poco solo en las tardes.

Ya estaban mucho mejor con agua y luz, después de eso María con Roberto pusieron un negocio un bazar bien grande y surtido, tenían hasta ropa de cama y para vestir. Roberto trabajaba. María era la que se llevaba.

Todo el trabajo en casa, haciendo comida, cuidando el negocio, que a cada rato venían a comprar lavando, cuidando la niña, mas adelante Roberto compró una televisión. No todos tenían televisión en ese tiempo. Eso fue mas trabajo para María, porque los vecinos le decían le pagamos la entrada señora Maria para que no nos deje mirar el partidos de soccer (fútbol) Así empezó, los fines de semana le pagaban para entrar a ver película, la gente se iba a las cuatro de la mañana. A esa hora terminaban las películas, se ponía hacer aseo para dejar limpio para el otro día, al otro día empezaban a llegar los niños a ver caricaturas primero, después de doce. Llegaban las mamá a ver comedias, (novelas). María no descansaba para nada todo el día la gente comprando en el negocia, los fines de semana en la tarde llegaban los hombres a mirar fútbol. Roberto se aprovechaba de eso y no llegaba hasta tarde de la noche. Menos mal que María tenía buenas vecinas que la ayudaban en todo a cuidar la gente que entraba por que pagaban, María les hacía unos dulces en el invierno para la noche porque todos tomaban café, para el frio las películas terminaban muy tarde, para el fin. De año vendían muchos juguetes y se amanecían casi entregando los juguetes la gente los encargaban con anticipación y semanal le iban dando dinero hasta cuando los terminaban de pagar se los llevaban. Hasta rabia me da cuando me acuerdo de esto Ahí sí que estaba Roberto para recibir el dinero y entregaba los juguetes. María adentro cuidando la televisión la casa llena de gente. Un día que Roberto fue a ver a sus hermanas

María le dijo tráele la ropa sucia que tengan. Yo se las lavo y a la otra semana se las llevas. María siempre tratando de ayudarlo por si cambiaba, algún día pero era inútil nunca cambio.

Eso mentira que un hombre que es malo cambié no es verdad no cambia nunca se mueren siendo malos lo digo por experiencia.

Ella no podía ir todavía haber a las hermanas del el, menos con la niña chiquita y con tanto trabajo que tenía en casa. Cuando Roberto llegaba, dejaba la ropa en casa. Y salía, Maria lo hacía para que El dejara sus amistades y se preocupara mas de ellas dos y de su casa, pero era inútil no pasaba nada con el, cuando la niña tendría unos ocho meses en ese tiempo todavía vivían en la pieza que arrendaban.

Roberto dijo que su tía quería conocer la niña, hacía poco que la habían dado de alta más de un año estuvo en el hospital. María le dijo. No hagas ni tal de sacarme la niña de la casa para llevársela a tu tía. Porque yo no sé qué te haría te mando preso en primer lugar Ella estuvo loca, espero que se haya mejorado bien, y segundo es una vieja bruja maldita con eso me la va a pagar, de no conocer la niña. Y tercero te llamo la policía para que te lleven preso, la niña tendría unos nueve meses que es la edad que se ponen más linda los bebe le habían comprado un coche, María. Todas las tardes salía a esperar a Roberto. Al bus cuando él venía del trabajo esto era cuando El llegaba temprano muchas veces se tenía que devolver con la niña Katy le tenía ropa muy bonita la vestía como muñeca, iban las dos cuando de repente.

De, una esquina sale una persona. Se va al coche y saca la niña, y la toma en brazos, María se asustó mucho casi se desmaya.

Pensaba que alguien le estaba robando a su hijita. Hasta rabia me da todavía de recordar todo eso, como pude ser tan estúpida en ese tiempo. No reaccionaba bien, después miro bien quien era la persona que la tenía en sus brazos y era la tía la miraba, la besaba, la levantaba no hallaba que hacerle. Decía, usted es muy bonita es igualito a su papi, Maria todavía no se recuperaba bien del susto.

Le dieron ganas de contestarle, pero se quedó callada, además ella había estado enferma porque, la tía decía, que Maria no iba a saber de quién era la niña,

de tantos amigos que había tenido por eso Maria no la quería por hocicona que era la vieja María Pensó solo Roberto tiene que haberle dicho donde vivíamos porque de quien iba a saber Ella que yo salía todas las tardes, bueno, era la única manera que Ella podía conocer la niña, pobre mujer pensaba María.

Después que se le paso un poco el susto, lo que tuvo que hacer para conocer su sobrina, no se lo merecía por tonta y habladora bruja que era. Pero fue un susto muy grande que se llevó María si la tía no hubiera estado bien y le hubiera hecho algo a la niña Roberto habría sido el culpable por haberle dado la dirección de ellos a una mujer enferma.

Y se habría ido preso porque yo dijo María no me iba a quedar así, gracias a Dios no pasó nada. Después ella le preguntó a Maria y usted como le va?, a mi me va bien respondió María, como le van a poner a la niña?. Porque todavía no la han bautizad verdad, no, le dijo María, le vamos a poner el nombre de sus dos abuelitas.

Y quienes van hacer los padrinos? Mis tíos que viven aquí al lado de nosotros. Ellos todavía no sabían pero se le ocurrió en ese momento a María, en eso llegó Roberto disimularon muy bien los dos, El saludó a su tía. Como que no se habían visto, Roberto le dijo que hace usted aquí? Ella le dijo yo sabía que María no me. Iba a llevar la niña para conocerla por eso vine, le quedaba lejos a la vieja para llegar ahí. Maria pensaba por algo será. Que yo no le iba a llevar la niña para que la conociera verdad como ella decía que su sobrino no iba ser el padre de la niña.

La conciencia no la dejaba tranquila a la mujer. Roberto le dijo vamos a la casa tía, María le dió una mirada a Roberto, la tía se dio cuenta, no, no le dijo de aquí yo me voy, es muy linda la niña es igualito a ti o ya dijo María.

Cuídala mucho como iba a ser igual a Roberto si ella había tenido tantos hombres como decía la tía, María ya se iba con la niña el se llevó el coche, nunca mas te vamos a ir a esperar le decía María, y agrádese que tu tía no le hizo daño a la niña solo el susto que yo me llevé, yo te habría metido preso si le hubiera pasado algo a la niña tu sabes tu tía estuvo muy mal, Él se reía y tú de que te ríe o te estas enfermando.

Igual que ella, él decía dónde estabas tú cuando llegó mi tía. Yo iba llegando a la esquina de repente.

Ella saltó y saco la niña del coche, yo pensé que alguien me la estaba robando. Dijo que se parecía a ti, que raro, no crees tú que se parezca a ti y no salió parecida a los demás como me decía Ella. Y tú también, el seguía conversando con la niña. Le decía así que la encontraron muy bonita, María le contestaba, Ella es bonita, no porque lo diga la vieja bruja de tu tía. Todas las tardes salían a dar una vuelta con la niña en el coche cuando Roberto llegaba temprano. En casa tenían un perrito que se había acostumbrado a tirar el coche con la niña cuando él veía que le estaba arreglando el coche. El perrito se desesperaba para salir luego, lo amarraban al coche y lo sujetaban. Con un cordel para que no saliera corriendo, a el le encantaba tirar el coche porque la niña gritaba y se reía, pero estas llegadas temprano de Roberto eran muy pocas.

Casi nunca, pero María salía sola a caminar con la niña y su perrito. El trataba pero no podía dejar sus amigos y amigas eran más importantes que su familia. Un día María dijo a Roberto vamos hablar con mis tíos para que sean los padrinos.

De la niña y bautizarla, fueron hablar con ellos, aceptaron de inmediato, y les agradecía porque lo habían buscado a ellos, estaban muy felices, fijaron fecha y la fiesta fue en casa de los padrinos ellos tenían una casa muy linda y grande. Roberto seguía trabajando, ganaba muy buen dinero. Mas adelante siguió estudiando y se recibió.

De dos buenas profesiones, mecánico tornero y dibujante técnico pero todavía seguía siendo malo seguía con sus hermanas y les traía la ropa para que María se las lavara y así hasta que le dieron su casa ahí María ya estaba más feliz pensaba ella. Un día sábado llegó de visita otra tía de Roberto. Era casada con un tío de Roberto, por eso yo dije que era tía política se llamaba Jimena ya les hable de ella verdad, Maria se alegró mucho al verla llegar por que Ella era muy buena era la única que se acordaba de las hermanas de Roberto. Quería mucho a María en la tarde se sentaron afuera debajo del corredor a tomarse un té. La tía le preguntó a Roberto ¿como te ha ido en tu vida de casado?. Muy bien dijo El. Maria le dijo no muy bien que digamos, con esa respuesta Roberto se enojó tanto. Y dijo cállate entupida, y muchas cosas mas por delante de su tía. De esa manera trataba Roberto a María fuera quien fuera que estuviera en casa, Roberto tomó la tasa del te y se la tiró a María por encima de la tía, la niña de María estaba. A su lado y le cayó el te.

Mabel empezó a llorar pero de susto. María se asustó mucho pensó que se había quemado la carita, Ella revisó la niña y gracias a Dios no tenía nada, tomo su taza y se la tiro a Él por la cabeza, después lo tomó del pelo y lo agacho y le dio con un vaso que había encima de la mesa en la cabeza. Y se la rompió, ya la tenía demasiado aburrida y no aguantó más, María trabajaba todo el día desde que se levantaba no descansaba ni el día domingo cocinando lavando atendiendo el bazar y atendiendo la televisión que pasaba la casa llena de gente, El salía a estudiar lo mandaron del trabajo. De ahí no llegaba hasta tarde de la noche. María dijo si El no respeta a su tía. Porque lo voy hacer yo. Le empezó a salir sangre de la cabeza, El pensó que era te, se pasó la mano vio que era sangre se asustó tanto que se fue adentro llamó la tía para que lo fuera a curar.

María nunca pensó que era tan cobarde y tan grande el hocico que tenia con ese golpe tan chico que se llevó en la cabeza no haber sabido ante dijo María para haberle dado más duro, la tía le puso una toalla en la cabeza. Y le decía ya tienes tan aburrida a María.

Y cansada con tus problemas tú te portas muy mal con ella, María es muy buena, te ayuda a trabajar te ayuda con tus hermanas. Y tú no la tomas encuenta para nada, para ti todo es obligación que tiene que hacerlo sabes Ella no tiene ningún derecho a trabajar tu te casaste con Ella tienes que tenerle todo lo que ella necesite en su casa. María lo hace por ayudarte porque te quiere pero tú no le agradeces. Nada, María se paró fue a la pieza y empezó. Arreglar un bolso con ropa de Ella y de la niña y le dijo a la tía, disculpe por lo que pasó tía usted vio no fue mi culpa así es el conmigo atrevido grosero no sé qué quiere, eso fue para que se de cuenta como es Roberto conmigo, yo lo único que hago es ayudarlo, y también a sus hermanas. La tía le dijo a Roberto así era tu tío conmigo. Menos mal que se murió, menos mal que se murió se lo repitió a María le dio risa por la respuesta de la tía, Maria le dijo ahora mismo me voy de esta casa. Ya he aguantado mucho ya no puedo mas, El sale para donde quiere llega a la ora que quiere. Tiene otras mujeres a mi jamás me ha respetado. Yo no puedo siquiera ver a mi familia a mi madre. Por estar aquí esclavizada pero esto se acabó. Para lo que me agradece este es un desgraciado, yo trabajo en el negocio y el recojo el dinero todas las tarde cuando llega del trabajo para gastarlo con las mujeres a mí no me da nada porque dice que es el, el que compra las cosas pero me tiene a mí de empleada para el negocio María dijo a la tía, Roberto larga a una mujer y agarra a otra, se cree guapo no tiene respeto por nadie, tengan hijo o no o tenga marido a él no le importa, a mí me tiene de empleada, menos que una empleada porque no tengo sueldo y trabajo como un animal y el agarra Todo el dinero que yo trabajo en casa no lo pide llega y lo saca lo que sea que tenga ahí es un sinvergüenza y se va gastarlo con las mujeres. A mí me trata como el suelo cumplió todo lo que le prometió a mi padre nunca he recibido una palabra amable de El solo groserías, El reclamaba a la tía. Dígale que no se vaya, que no lo voy hacer nuca más y seguía con la toalla en la cabeza, sentado en la cama vas a echar de menos a la empleada eso estas diciendo le dijo ella.

Que tienes aquí para todo servicio la tía le decía yo no le digo nada si Ella se quiere ir que se valla se lo merece.

Que se valla nomas, yo me di cuenta que eres tu el culpable de todo lo que les pasa a ustedes. Tu eres igualito a tu tío yo por eso te hice esa pregunta. Pero nunca pensé que ibas a reaccionar de esa manera, tú no quieres a una esposa, quieres a una esclava. Pero esas ya no existe?, para que te atienda además quien eres tú para que te atienda un sinvergüenza desgraciado como dice María

Y te tenga en la palma de la mano y sin pagar un veinte, quien crees que eres un príncipe, yo no entiendo porque la trata así.

Eso era quererla como le dijiste a sus padres. A ti no te gusta que Ella hable, que se desahogue. Eso no te gusta, no te gusta que te aclaren ahora te vas a dar cuenta lo que pierdes, Ella es tu esposa no tu amante ni la otra, Ella es la madre de tu hija. Maria tomó su bolso y la niña y se despidió de la tía y se fue, la niña tendría unos dos años en ese tiempo estaba chiquita y muy linda. Maria se fue a casa de su madre. No era muy bien recibida pero tampoco. Podían dejarla en la calle con su hija, su madre le preguntó ¿que te pasó? tuve un problema con Roberto, le contó todo lo que había pasado con él.

Bueno le dijo su madre, te quedas aquí por mientras que el viene a buscarte porque de seguro te va a venir a buscarte y te vas a ir con él, al tercer día llegó. Roberto a buscarla. Cuando llego la niña salió corriendo a recibirlo Que lo perdonara que no lo iba ser nunca más, María lo hizo entrar para que no lo vieran las vecinas en la calle. Saludo a Olga le dijo que lo perdonara, se acordó. Que les había dicho que se iba a portar muy bien con ella, la mama no dijo nada bueno Maria se fue ese día con él de nuevo. Como buena estúpida dijo María creyó en el otra vez Roberto por el camino.

Le decía que la había echado mucho de menos a las dos. Y que todavía le dolía la cabeza por el golpe, que descarado era el hombre. María le dijo todas las veces que me hagas algo te las voy a responder Porque no está bien lo que haces tú tienes la liberta que quieres y a mí me manijas esclavizada en casa para que trabaje y más agarras.

El dinero que yo ago. Tú sabes como yo te ayudo en toda asta con tus hermanas.

Bueno así siguió la vida para ellos, todo marchaba muy bien de primera otra vez. Roberto trabajando y María trabajando en casa. Cuidando la niña y haciendo todo lo demás.

Atendiendo el bazar que tenían les iba muy bien en el basar y dando televisión. A la gente de afuera, porque ellos no tenían en ese tiempo todavía, pero en ese entonces Roberto sacaba a sus hermanas para la casa los fines de semana. María tenía que atenderlas, lavarles la ropa, para que la llevaran limpia, Ella les hacía los delantales y los vestidos y todo lo que necesitaban para que llevaran a su internado, María lo hacía con gusto por su esposo por que lo quería, así hay muchas mujeres todavía muy tontas. Que se dejan sufrir. Pasaron como seis meces todo marchaba bien. Arto trabajo para María sí. Pero Roberto se desesperaba no estaba tranquilo hasta que volvió a lo mismo. Con las mujeres y los amigos, y portándose mal con María, a Roberto no le importaba si la mujer era casada o soltera o con hijos.

No tenía preferencia, pero las mujeres eran sinvergüenza también no respetaban a su marido ni a sus hijos, un día la casa de María estaba llena de gente. Mirando un partido de fútbol casi todos eran hombres que estaban viendo el partido.

Roberto salió dejando a María sola con toda esa gente, muchas beses no conocía a los hombres que llegaban ahí pero ella tenía un matrimonio que la cuidaba y le ayudaba atender la gente que iban entrando más tarde llego Roberto con una mujer, entró con ella y se sentaron. Todos lo quedaron mirando yo pienso que no entendían lo que estaba pasando. Pero nadie dijo nada, Roberto y Ella contentos entraron, era el dueño de casa como podía hacer eso verdad. Roberto le hizo seña con los dedos a Maria tráeme dos café le dijo. Ven a buscarlos tú si quieres contesto María. No, yo quiero que tu me los traigas aquí de esa manera la humillaba María pensaba este debe estar enfermo como la tía, María se fue por encima de la gente agarró a la mujer del pelo y la arrastro por encima de todos y la saco

afuera, le dijo te vas ahora o te agarro a palo. María
con el palo en la mano yo estoy en mi casa y puedo
hacerte lo que quiera. Te vas oh te saco. Ella tenía
el palo en la mano. La mujer se fue y Roberto salió
a la siga de Ella.

  La gente no podían creer lo que estaban viendo,
estaba mejor la película de casa que el partido.
María se puso a llorar en la cocina de vergüenza.
Menos mal que ella tenía buenas amigas vecinas que
le ayudaban en todo en casa sus amigas le dijeron.
No se preocupe usted por nosotros, está muy bien lo
que hizo. Esta es su casa y tiene que darse a respetar
ya que su marido no la respeta y no pasa aquí tuvo
muy bien lo que eso sacar a esa vieja de su casa.
María lo hizo porque había gente, así Roberto no
podía hacerle nada, mas tarde terminó el partido
y toda la gente se fue, María empezó a limpiar y a
ordenar los aciertos. Esperando que llegara Roberto
pero su tía le había dicho que tuviera siempre la
tetera en la cocina hirviendo por si él le llegaba a
pegar que se la tirara que no le tuviera pena porque
él no la tenía para usted. Cuando Él llegó no le dijo
nada y se fue acostar, al otro día se levantó como
si nada y se fue a trabajar. María pensaba muchas
cosas será que estoy viviendo con un enfermo loco
igual que la tía en cualquier momento me puede
hacer algo oh a la niña no me doy cuenta. Cerca de
la una de la tarde empezaron a llegar la mamá a ver
la comedia, (novelas) más tarde llegaron los niños a
ver sus caricaturas. Ahí llegaron los hijos de la mujer

entraron, ellos no tenían culpa de lo que su madre hacía, en la noche daban películas para grandes ahí llego la mujer otra vez a pagarle la entrada, a María ella agarro el palo que era la tranca de la puerta y le dijo se te olvidó lo que te dije anoche, que te voy a sacar a palo de mi casa cuando te vea aquí la mujer le contesto Roberto me dijo que viniera cuando yo quisiera. Que era El dueño y el que mandaba aquí. Así le dijo María con que es el que manda aquí, te equivocaste fíjate porque. Aquí mando yo y te vas ahora mismo y le empezó a dar palo. Por donde le cayeran. Por la cabeza. Por la espalda y la mujer arrancó a la calle y María a la siga hasta la puerta y le dijo para otra vez. No vas a salir tan bien de aquí te lo advierto.

María seguía con muchos problemas con Roberto, por las mujeres, pero eso de llevarla a la casa era lo último, las mujeres de sus amigos eran las preferidas para El, después empezó a irse donde su tía, allá tenía casa comida y mujeres y la vieja se las admitía con tal de tenerlo ahí. María se preocupaba porque Ella quedaba sola con toda esa gente y su niña, no todas las personas eran conocidas, pero María tenía ese matrimonio amigo que mucho les servían ahí.

Que se quedaba hasta tarde con Ella para que no le pasara nada. Un día, María le dijo a Roberto porque no hablas con tu tío si te dejar sacar las niñas para la casa yo te las cuido y las mando a la escuela, para que así no vayas a verlas por allá (que mujer tan tonta dirán por María) para que tú no vayas a verlas y me puedas ayudarme a mí aquí en el negocio, ese fue el error más grande que María cometió aquella vez, fue mejor para Él tenía más tiempo. Para salir, María lo hacía para poder tener a su esposo en casa pero los esfuerzos de Ella eran inútiles y el sacrificio él no lo entendía. Roberto habló con el tío. El viejo sin Pensarlo le dijo que estaba bien. Ya a este tiempo habían pasado cinco años.

María había quedado embarazada. Por segunda vez. Y tuvo un niño muy lindo. Olga su madre se enojó mucho cuando. Supo que se había echo cargo de las niñas, en que te pueden ayudar le dijo si no son tan grande todavía, que se las lleven su familia para eso tienen familiares que se las lleven ellos.

Mira como es Roberto contigo, pero mami le dijo María yo estoy tratando que Roberto cambien, pero Olga respondió, ya no va a cambiar. Con tus dos hijos que vas a tener y el negocio esta bien de trabajo para ti. Para que te hiciste cargo de ellas, ya lo hice que le voy hacer ahora mami, para lo que te van agradecer, cuando sean un poco mas grande. No vas a poderla tener a tu lado, deben ser igual que el hermano, mal agradecidas, la familia no se preocupaban de ellas tenían mucha familia solo una tía por parte de padre, Ella iba a casa de María a verlas solo por el hecho que María las tenía, por lo menos ella agradecía lo que Maria hacía por sus sobrinas. María hacia lo mejor para atraer a su esposo pero no se llevaban a las niñas la familia. Roberto le había hecho una pieza para las dos, y así llego el tiempo de

la escuela. María les hizo la ropa le compraron todo
lo necesario. Zapatos libros y mucho más, del padre
no se supo nunca más. Ya en ese tiempo una tendría
11 años y la menor nueve. Mabel ya tenía cinco años.
Su hijita también empezó las clases.

María se quedaba con el niño y todo el quehacer
de la casa y el negocio, las niñas empezaron a crecer,
María las tenía bien vestidas. A la dos, empezaron
aparecer la familia, para María estaba bien porque los
fines de semana se las llevaban.

Pero no se quedaban con Ella. El domingo en la
tarde las iban a dejar. María decía ojalá se las lleven
porque en su casa nada había cambiado nada, al
contrario. Roberto seguía igual o peor, nadie se las
quiso llevar porque son malas ni la familia las quería,
no la ayudaban con ropa ni dinero solo con la comida
que le daban cuando las tenían en casa, ellas nunca
le dijeron a María mire este vestido me dio mi tía,
o me dio este dinero nada, llegaban y se metían a su
pieza. María empezó a tener muchos problemas con
ellas. Salían y nunca les decían dónde iban. María
les decía adónde van, para yo saber, ellas se miraban
las dos y se reían no le decían dónde iban y eso que
estaba chicas todavía, el otro problema. Que María
empezó a tener con ellas. Que no querían los niños
de María, a veces María estaba en el negocio, lloraba
el niño, él estaba chiquito María les decía pueden ver
el niño por favor.

No tenemos por qué hacerlo le contestaba y no
iban y se reían, María tenía que ir a buscar al niño

ponerlo al lado de Ella. Moverlo con el pie en la cuna para que se tranquilizara. Un día María le dijo a Roberto lo que Estaba pasando con sus hermanas. El no le hizo caso no le creyó, María le dijo ellas salen todos los días no sé adónde van. Si yo les digo algo dicen que no es mi problema, Roberto nada le decía.

Un día Maria les dijo: ustedes para donde van? ellas no le contestaron María les dijo ustedes están viviendo en mi casa y por lo tanto me tienen que obedecer, ellas le dijeron no tenemos porque obedecerle a usted, es a Roberto que tenemos que obedecer, pero tampoco lo hacen con El. Un día María le dijo a Roberto diles que no salgan tanto y que hagan sus tareas, y se preocupen de su ropa. Él se empezó a enojar con María porque se las acusaba. Lo que pasa es que tu no las quieres le contestaba El, si no las hubiera querido no las traigo a mi casa. Que ahora me pesa de haberlas traído porque aquí no ha cambiado nada.

Yo les tuve lastima desde que las vi. Tú le encuentras todo malo lo que hacen.

Porque es malo lo que hacen no te das cuenta, tu como hermano. Tienes que cuidarlas, conmigo. Son atrevidas no te lo decía porque sabía que no me ibas a creer yo lo ago por ti y por ellas, de ahora para delante. Preocúpate tú de tus hermanas y yo lo haré de mi casa y de mis hijos. Y les dijo a ellas si quieren ropa limpia pues bien, se tienen que lavar ustedes misma ellas sabían que Roberto se portaba mal con

Katy. Empezaron hacer lo mismo y peor. Porque sabían que su hermano no le hacía caso a María. También fueron una mala agradecida, tal como se lo había dicho su madre a María pero Ella decía hay un Dios que está mirando María las saco de la pudrición donde vivían cuando María las conoció, pues bien con el tiempo se verá, mas adelante Roberto empezó andar con una mujer otra vez cerca de la casa. De ellos, ya no tenía respeto por nada, ni a sus hijos, a María le dijeron que esa mujer iba todos los días a esperar a Roberto a la parada del bus al centro, de ahí se iban juntos hasta la casa en la misma micro que iban los amigos de él los que le dijeron a María. Ella era casada con tres hijos grandes el mayor tendría unos quince años en ese tiempo.

Un muchacho que se daba cuenta de todo. Los amigos de Roberto. Vieron esto que María rabajaba tanto en casa y le dijeron que fuera. A la parada del bus al centro ahí los va a ver los amigos viajaban en el mismo bus. Que se iba Roberto, era de todos los días que lo veían y se lo dijeron a María. Ella se fue un día con sus dos hijos para ver si era verdad lo que le habían dicho. El niño estaba chico todavía Se fue a una plaza al frente de la parada del bus. A esperar que iba a pasar, en esto llegó la mujer primero se paseaba en la parada de un lado a otro, más atrás llegó El. Se saludaron y se subieron al bus, María salió de donde estaba con sus hijos y se subió al mismo bus, iba mucha gente conocida todos eran de la población se quedaron Mirándola. Cuando María entró con sus dos hijos, Roberto y la mujer la quedaron mirando también con cada ojo de asustados. María llevaba a su niña de la mano.

y el niño en los brazos, Ella se fue para atrás pero al pasar por el lado de ellos Roberto le tomó la niña y la sentó en sus piernas, en lugar de haberle dado el asiento a María. Que iba con el niño en los brazos, Si no había nada en ellos porque actuó así.

Si Ella iba con el niño en los brazos porque la dejo parada, si nada pasaba entre ellos porque se cortó en vez de haberle dado el asiento. Atrás de ellos le dieron el asiento a María un amigo.

La niña tenía seis años Ella escuchaba como ellos hablaban, la mujer le decía a Roberto: María vino hacernos la pillada, no, decía El esa es mas tonta, que pillada ni que nada, así hablaban con la niña ahí, come era chica pensaron que no entendía María decía si no hubiera traído el niño otra cosa habría sido pero ya vamos a llegar haya nos vamos arreglar, llegaron a la parada de la casa, la mujer se despidió de Roberto y se fue. María le dijo te pille en otra verdad. Que mala suerte para ti, también lo vas a negar, cállate entupida le dijo Roberto y muchas groserías mas porque era muy atrevido con Ella, en la casa vamos a conversar dijo El, sí. Está bien dijo Ella allá vamos a conversar, llegaron a la casa Roberto abrió la puerta con la niña en los Brazos. María iba decidida hacer algo. Le dijo esto me las vas a pagar, tomó los dos niños. Y salió a la calle. Se fue a la casa

de la mujer que quedaba a la vuelta de la esquina.
María le dijo a Mabel usted me va a cuidar el niño.
Por mientras que yo hablo con la señora cristina
si, bueno le dijo la niña pobrecita Ella. Decía María
inocente de todo.

María llamó a la mujer, puedo hablar con usted
un momento, si, dijo Ella y salió afuera, María dejó
el niño parado en la reja, Mabel lo tomaba por detrás
porque el todavía no se paraba solito.

La mujer salió, María se puso en la puerta y
le empezó a pegar, sinvergüenza le decía, así que
hablando por delante de mi hijita, para que se diera
cuenta la clase de padre que tiene perra cochina,
le tiraba el pelo y le daba rasguñones por el cuello,
porque ella se tapaba la cara con las manos. Le salían
cuero del cuello de la mujer en las uñas de María la
rasguñaba y le daba puñetazos por donde le cayeran.
Ella gritaba que la soltara, María mas le pegaba, los
niños se pusieron a llorar se asustaron ver a su mama
peleando, salieron unas personas a mirar y le decían
péguele señora María a esta sinvergüenza que va
todos los días a esperar a Roberto a la parada del bus
péguele nomas para que se le quite esa costumbre.
María la largó porque los niños. Lloraban, le dijo
a la mujer todas las veces que te vea cerca de mi
marido. Te voy a pegar, ten cuidado conmigo tu
no me conoces. Además te acuerdas de Mercedes
Ella es mi hermana trabajaban junta verdad ella me
dijo que tú eras, pu, que tuviera cuidado con Tigo
ella sabe cómo es mi marido. Me contó como eras

tu sinvergüenza en el trabajo. Agarrabas a cualquier hombre que se te pusiera por delante el respeto a tu marido y a tus hijos verdad hijos grande que tienes no te da vergüenza. Mercedes había trabajado con esa mujer antes, Ella sabía como era y le había dicho a María. Ten cuidado con esta mujer es casada y tiene amantes. María regresó a casa. Roberto tomó la niña en sus brazos y le dijo donde andaban, mi mami dijo la niña le andaba pegando a la señora Cristina, que dijo El, si mi mami le pego a la señora Cristina y mucho, por mientras María se había ido a la cocina a poner la tetera al fuego por si Roberto quería hacerle algo le tiraria con ella,la tía de El le había dicho, si él quiere pegarle tírele con la tetera hirviendo y nunca mas lo va hacer, Roberto seguía preguntándole a la niña.

Y con que le pegó, a mano limpia nomas le decía Ella pobrecita lo que tuvo que ver pensaba María, primero a su padre con otra mujer y después ver a su madre peleando por El. María sentía de la cocina como la niña le contaba a su padre lo que había visto, como su mama le pegaba a cristina María dijo esta será la ultima vez que mis hijos verán esto de mí se fue al bazar.

En esto llegó el hijo mayor de la mujer y dijo a María, esta don Roberto?, si dijo Ella, espera, Roberto te busca tu hijastro dijo María fuerte para que el muchacho escuchara, Roberto se paró y dijo un montón de groserías a María antes de salir, salió con el chico, más tarde. Roberto llegó con la mujer.

Y el marido a su casa, no pudo disculparse el solo, quizás para que los llevo para que el marido le creyera que no pasaba nada con su mujer, el marido le dijo a María quiero saber porque usted le pegó a mi señora, a, dijo María es tu señora como le dices tú, y porque me lo preguntas a mí. Pregúntale a tu señora como tú le dices, señora si pero de todos diría yo le dijo María. Y cuídala un poco mas y no estés perdiendo el tiempo ablando conmigo, esa es una sinvergüenza quitadora de marido, porque crees que le pegue por bonita. No seas entupido, el hombre le dijo a María otra vez. Que le pegues a mi señora te la vas arreglar conmigo. María agarró el palo que tenía detrás de la puerta y les dijo cuándo

Tú quieras nomas, y salgan ahora mismo de mi casa viejo nuca de fierro y le pegaba. Con el palo a los dos por donde le cayeran y lo fue a dejar a la puerta de calle a los dos. Roberto no defendió a María de lo que el hombre le dijo, que se las tenía que ver con él, si otra vez ella le pegaba a su mujer, y acuérdate que todas las veces le dijo María que vea a tu ¨señora como tú le dices cerca de mi marido le voy a pegar. Y si tú te metes también te pego a vos. Macabeo nuca de fierra le dijo María además le dijo María yo le se otras yayitas a tu mujercita estas seguro que tus hijos son tuyo a sique cuídala mejor, y pregúntale que hacía en el trabajo.

Y deja de andar preguntando por qué le pegue. Después que se fueron Roberto se sentó en el living y se puso a reír.

María le dijo y tu desgraciado de que te ríes tal por cual de quien te estas riendo de mi imbécil. Le dijo, toma se sacó la argolla de matrimonio. Y se la tiró por la cabeza, y le dijo cualquier cantidad de cosas, María estaba tan aburrida con Roberto.

El tomó el anillo y dijo ¿no me estoy riendo de ti? me estoy riendo de la vieja esa todo lo que le dijiste, así que usted, le dijo María, no sabía que Ella era así, pu. que le gustan los hombres ajenos y casados. Y porque tú andas con Ella entonces. Porque lo sabías verdad, Ella es fácil de tomar, o no sabías que mi hermana Mercedes me lo había dicho, y tu escuchaste la conversación, y dijiste aquí me meto yo y lo hiciste y te fue bien. Verdad. Que te crees que yo soy la tonta aquí.

Sabías que era casada y tenía hijos y grandes, por eso me gustas porque sos tan inocente en estas cosas, infeliz desgraciado, venias hablando por delante de tus hijas de mí que soy tu esposa, infeliz las vas a pagar. Pensaste que Ella no me lo iba a decir desgraciado algún día las vas a pagar por infeliz que eres, que padre no hablando de su madre por delante de tu amante, o puta, María tuvo un problema. Bien grande con Roberto aquella vez, ya no se quedaba callada, le dijo a Roberto. Desde ahora te voy a ir a esperar todos los días. y mas no voy a llevar los niños me oyes.

En ese tiempo Roberto tenía una pistola en casa, decía que era para protección, Un día llegó tomado y enojado con María por todo lo que había pasado. Según El, ella no lo dejaba tranquilo. Se fue al dormitorio sacó. La pistola, salio al patio y tiraba balazos para todos lados, el quería asustar a María, pero no lo consiguió que haga lo que quiera. Se entró para sacarles las balas que le quedaban en eso se le salió una bala con tan buena suerte para el desgraciado que tenía la pistola vuelta para la cocina la bala le dio a la tapa de la cocina. Quedo hundida. Si pega en las tablas de los vecinos la bala habría pasado. Para el otro lado. Ahí había tres niños y sus dos padres durmiendo en la tarde. Pero con el susto que le dio se le quito hasta la borrachera oh lo que hubiera sido lo que tenía, que según el traía borracho tal vez después sacó la pistola de la casa, María no la vio nunca más. Así tenía muchos problemas muy fuertes con él. Seguía el tiempo y María todavía junto a El, Un día Roberto dijo: tenemos que bautizar al niño, pero yo voy a buscar los padrinos. Tú buscaste padrino a la niña, el solo lo hacía para buscarle el odio a María, Ella dijo a quien vas a buscar de padrino para tu hijo. A mi amigo Iván, qué dijo María?

A ese sinvergüenza igual que tu, ese quieres de padrino para tu hijo, son de la misma calaña, se nota que nunca has querido a tus hijos no te importa nada de ellos, tú quieres comparar a mis tíos con ese hombre desgraciado, esa pobre mujer es otra víctima. De ese infeliz, como tú dices que yo le busque padrino a la niña, pues mis tíos son personas decentes tú los conoces y voy hablar con ellos.

Ellos son buenas personas y decente dueños de casas que arriendan y venden no los vas a comparar con estas personas. Bueno le dijo Roberto ellos serán los padrinos del niño, que manera de querer a tus hijos pero no importa yo los cuidare siempre, y que no se hable mas según el era macho si no trataban así a las mujeres Eran mal marido, la nueva generación son mas comprensivo con sus esposas y las respetan las quieren mucho son muy cariñoso.

Y las cuidan de corazón, le ayudan en todo en la casa respetuosos con ellas, la señora que fue comadre de María sufría tanto con ese infeliz desgraciado de hombre, que poco tiempo después murió.

El, y más adelante murió la comadre también por tanta tristeza yo pienso y sufrimiento que le hacía pasar este regraciado también. Empezaron los preparativos para el bautizo, la fiesta fue en casa de María. De su familia solo fue Olga su madre ayudarle a preparar las cosas en el día, en la tarde antes que Roberto llegara se fue, los demás invitados solo fueron amigos de Roberto. En la noche después de la comida Roberto salió dejando a todos sus invitados solos con María, más tarde llegaba y salía de nuevo, ya venía bien borracho, por ahí quizás que fue lo que le dieron o bebió, que llegó a casa como un loco, se empezó a sacar la ropa, era tarde de la noche y se mojaba. En la llave que había en el patio de la casa. Se tiraba al suelo, nunca le había pasado eso, así se terminó la fiesta, solo quedaron unos amigos para cuidarlo, lo tomaban lo llevaban a la cama, se levantaba y salía afuera, lo tomaban de nuevo y lo llevaban a la cama. Hasta que se quedó en cama y se durmió, al otro día se despertó tan enfermo. Que no podía levantarse, el decía porque me pasa esto, si otras veces no me pasaba, María le decía deberás no te acuerdas de lo que hiciste anoche. O no te quieres acordar que es diferente, no, no me acuerdo de nada yo te boy a refrescar la memoria un poco le dijo ella. A las doce de la noche se fueron todos tus invitados. Solo quedaron unos amigos para cuidarte como a un niño, mira decía María por un lado estuvo muy bueno lo que te paso yo me alegre mucho lo que te pasó, para que tú te des cuenta que las mujeres ajena no se juega y se den cuenta cómo eres tu realmente, el respeto a tus compadres nuevos, bueno que mas se podía esperar de ti, un desgraciado que no vales nada un cero a la izquierda eso es lo que tú eres un desgraciado y tú te entretenías con otras mujeres sucias y ellos solos aquí en casa, eso te pasó porque no las invitaste al bautizo verdad a esas infelices, te dieron eso a tomar. Quizás que fue lo que te dieron o. Tomaste casi te mataron, te volviste loco pues bien para que vallas aprendiendo que con las mujeres casadas no se juega. Menos con las mujeres que les quita a tus amigos i dejas esos niños botados por salir contigo, pero nunca entendió siguió igual. Bueno un día llegó Mercedes, hermana de María, Ella nunca iba a visitarlos, María se alegró mucho al verla. La micro paraba casi al frente de la casa de María ella miro afuera y dijo parece Mercedes la que viene allí salió afuera a mirarla si era ella. Y a esta hora dijo María serían las seis de la tarde pero también se preocupó porque iba a esa hora y sola. Tarde, se saludaron María no la vio alegre como otras veces, le dijo como están en casa, bien dijo Ella. Y mi mami como esta, Ella está bien, y tu a que has venido a esta hora, porque tú a algo vienes, verdad? si dijo Mercedes y se puso a llorar, María se asustó mucho le dijo que pasó dime por favor porque estas llorando, Mercedes por dios que paso es que. Mataron a Antonio, qué le dijo María que estás hablando? lo mataron ahora en la tarde, y como fue, María llorando, El andaba en las calesita con su amiga. Se formó una pelea empezaron a tirar balazos. Esta, balacera fue al otro lado de las calesitas, una bala perdida le pego en el corazón, matándolo instantáneamente. No, no puede ser La chica que estaba con El, les dijo que ni cuenta se dieron que le habían dado un balazo. Solo que el dio un suspiro fuerte como un quejido y se le empezó a ir para delante y para atrás. Y calló para atrás muerto instantáneamente, Ella empezó a gritar por ayuda empezó a llegar la gente llamaron la ambulancia se lo llevaron a emergencia, les avisaron. A nuestros padres y ellos fueron a emergencia allá le dijeron que había muerto en el momento del impacto, no sangro nada, las personas que estaba peleando y mato a Antonio ni cuenta se dieron que habían matado a un joven. Después, de eso los peleadores se fueron cada uno a su casa, la policía empezó a investigar y se fueron a la casa del hombre que había disparado, El estaba tranquilo en su cama, llegó la policía le dijo tu te llamas Emilio, si dijo El, tu andabas con una pistola allá en los juegos. Si, pues bien le dijo la policía tu mataste a un joven en la pelea, yo no he matado a nadie dijo El, yo tiraba las balas al aire, bueno en unas de esas. Mataste a una persona un joven de diecisiete años, tienes orden de arresto. Lo esperaron que se vistiera y se lo llevaron esposado. Katy y Roberto no podían creer lo que estaban escuchando.

Se arreglaron y se fueron con Mercedes a casa de Olga, ya habían llegado sus padres. Dijeron que a Antonio no lo entregaban hasta el otro día. Porque le iban hacer la autopsia pero el papá dijo que no. El ya esta muerto y eso no lo va a recuperar, la bala le quedó en el corazón, igual se los dieron al otro día, eso fue terrible para esa pobre familia, sus padres quedaron muy mal destrozados, con la muerte de su hijo. Un muchacho joven de diez y siete años no lo podían creer y su vida ya quitada, él y María eran muy buenos amigo y hermano confidente trabajaban juntos se llevaban muy bien. Todo un hombre, ya se había inscrito para el servicio militar, estaba empezando a vivir su vida, era muy buen hijo con sus padres y muy buen trabajador y muy buen hermano también era el mayor de los hijos hombres, Él era el que trabajaba con María, tenían el mismo genio y muy cariños con su familia. Esta fue su segunda vez que le pasaba esto, pero esta vez sí murió fue una perdida muy grande para esa familia pobre familia quedo sin su hijo.

Sobre todo para sus padres le ayudaba mucho a su madre era muy bueno con ella ahora, María lo iba a echar mucho de menos. El era el único que iba a verla allá donde María vivía, quería mucho a la niña de María, era una ayuda muy grande para esta familia. Pero así es la vida, nada se puede hacer. La vida tenía que seguir adelante para todos ellos con mucha tristeza y dolor.

Y con muchos problemas también. Un día Roberto. Salió con sus amigos no llegó hasta el otro día. Como a las doce del día, llegó enojado con María, como si ella era la que venía llegando la costumbre de siempre que tenía. Era para que María no le dijera nada si él era libre podía hacer lo que quisieras María se sentía mejor cuando él no estaba, por María él nunca llegara a casa así era el infeliz más grande. Le pidió comida, María le sirvió, no pensó que iba a llegar a esa hora ella había preparado comida para los niños, tampoco eran pasteles lo que Ella había cocinado a los niños, pero a Él no le gustó y boto todo lo que ella le había puesto en la mesa. Y la trataba muy mal porque quería salir de nuevo tal vez, se fue a lavar para salir en eso sonó la puerta María fue abrir, era una hermana de María Eliana con su esposo iban llegando a visitarlos, a María solo su mamá y su hermano el que mataron iban a verla. Porque quedaban lejos de la familia, ellos vivían en otra ciudad más de tres horas de viaje. María

los hizo pasar estaba muy contenta con la visita,
todavía no había recogido lo del suelo, ellos se dieron
cuenta lo que estaba pasando, su hermana la llamó
afuera, le dijo Roberto viene llegando verdad. Si
dijo María, de ayer, mira vamos a la parada del bus
ahí hay una mujer que era de donde vivía Roberto
antes, vamos a pegarle, si vamos dijo María, tiene
que haber venido con El. Salieron la dos, Eliana le
decía por eso El llegó haciendo escándalo para que
tu no le digas nada, le vamos a sacar la porquería a
esa sinvergüenza de mujer quitadora de marido y
la vamos a traer a la casa para que el señor la vea.
La mujer las vio que iban. Y se subió al bus que iba
saliendo, ellas corrieron para alcanzar el bus pero no
pudieron el bus se fue, María le decía si no se arranca
como la abríamos dejado. Entre las dos me habría
gustado tanto encontrarla para que conversara con
nosotros verdad, los dos esposos estaban conversando
cuando ellas llegaron, tal vez de lo mismo, María les
dijo se nos fue la paloma como la habríamos dejado
entre las dos por sinvergüenza los niños mirando
televisión. Las dos hermanas se fueron a comprar.
Para preparar algo de comer. Roberto no le daba
dinero para hacer algo mejor. Eliana le decía como
puedes tu aguantar tanto a Roberto. El te hace cada
cosa, si quiere llegar o si no, no llega. Tú no le dices
nada, que le voy a decir si siempre lo ha hecho,
además no me deja hablar cada grito que me da, y
los niños está ahí no podemos estar peleando por
delante de ellos, lo que pasa es que yo soy una tonta,

como hay muchas mujeres que no entendimos lo que nos hacen los maridos, el tenía mucha experiencia en eso de mujeres. Él sabía cómo manejar a María y humillarla, ellas dos terminaron de preparar la comida. Se sentaron a la mesa conversando como si nada hubiera pasado Roberto y Joaquín se fueron a comprar un vino. Comieron alegres y conversaron de muchas cosas como no se veían muy seguidos. Ellos vivían muy lejos, ya tarde formaron viaje y se fueron. María y Roberto los fueron a dejar al bus, Roberto no salió la mujer ya se había ido que rato. No salió porque ya era tarde y todo estuvo tranquilo. María no le dijo nada a Roberto de la mujer. Para que no se enojara así tan tonta era María, pero de todas maneras él lo iba a saber, porque la mujer se lo iba a decir al otro día se levantó temprano y se fue trabajar, y las niñas a la escuela. María siguió sus quehaceres como todos los días.

Atendiendo el negocio cocinando para esperar las niñas de la escuela y cuidando a su hijito chico. Muchas veces María tenía la culpa de lo que le pasaba, su autoestima. Andaba por los suelos Ella no tenía deseos de nada, ni siquiera arreglarse. Un día Javier que así le pusieron al niño estaba en su cuna María le tenía la cuna en la cocina para estarlo mirando porque el niño tenía que estarla mirando a ella. El estaba jugando con una botella chica que al niño le gustaba. María lo estaba mirando, en eso el niño levantó la botella de adentro le salió un clavo. Y se le fue a la boquita. El niño empezó a toser.

María no hallaba que hacer, lo tomó en los brazos y le dió aceite a tomar, le golpeaba sus pies en el suelo para que le bajara el clavo. El niño era chico no caminaba todavía estaba muy asustada y estaba sola como siempre pasaba así, se preguntaba como llego ese clavo a la botella del niño si él era chico ocho meces tenía no y más pasaba sentadito en su cuna y menos mal que Ella vio el clavo que le callo a la boquita del niño María nunca supo quién puso ese clavo en la botella del niño. Pero Más o menos se dio cuenta pero no dijo nada se preocupó. De llevar al niño a emergencia. No hallaba con quien dejar la niña para salir con el niño a emergencia, habló con un chico conocido que siempre pasaba con ella en casa ayudándole en el basar o cualquier cosa que había que hacer en casa tomaba el niño embarazos cuando lloraba le pidió que le cuidara la niña y el negocio, la emergencia quedaba muy lejos había que tomar un bus, bajarse y tomar otro, para llegar. La enfermera que la atendió, no le creía lo que María le decía, porque el niño iba bien aparentemente. La llamó el doctor le dijo si estaba segura que el niño se había tragado el clavo.

Ella le conto la historia dijo yo vi cuando el clavo le cayó en la boquita pero no pude sacárselo porque El lo trago, yo no entiendo de donde salió ese clavo en la botella del niño si el niño es chico no puede bajarse de la cuna. Tenía solo ocho meces, se llevaron al niño a rayo, María fue con los doctores, y otros doctores a ver el clavo. En la radiografía se le veía el clavo en su estómago, los doctores se reían, le decía a María no se preocupe no le va a pasar nada al niño, el clavo ya está en el estómago. El jugo gástrico que tenemos en el estómago. Lo va a disolver, que hizo usted en el momento, bueno yo dijo María, le di aceite a tomar y le golpeaba sus pies en el suelo, estuvo muy bien lo que hizo, menos mal le dijeron los doctores. Que el clavo bajó de cabeza si se hubiera ido de punta habría sido peligroso, o si se le hubiera ido por la nariz, ahí habría sido más peligroso todavía y no era tan grande, ahora no se preocupe por la salida del clavo. Lo va a votar todo de pedazo. Como una cabeza de fósforo, le pusieron una inyección. Por la infección que le pudiera dar, se fue María con su hijito pero a todo esto ya era tarde, al llegar ya estaban Roberto. Y sus hermanas en casa. El chico que María había dejado les contó todo lo que había pasado, pero Roberto no creyó y trato muy mal a María otra vez cuando llegó, diciéndole que de donde iba llegando a esa hora. Y porque había dejado la niña sola, no le dijo Ella la niña no queda sola quedo con el para que la cuidara y la casa también ya que no tengo a nadie más vivo sola, mientes le decía Roberto saliste con otro y dejaste la niña botada. Bueno le dijo María ya que el padre de la niña y las medias hermanas de él. No estaba tuve que dejarla con El. Mientras que el padre anda por ahí cuidando otras mujeres, con sus hijos y sus hermanas con sus amigos y vienen a pasarme el mal de ustedes a mí, para que sirven ellas si no están cuando las necesito ni el padre tampoco, porque no se van de una buena vez. Los tres y me dejan sola estoy tan aburrida con ustedes.

Los tres me quieren pasar lo podrido de ustedes a mi pero nunca van a poder porque yo no soy de la clase de ustedes, cuida a tus hermanas será mejor que todavía están chicas salen para donde están vuelta y no salen solas te lo digo. Y no vengas a envenenarme a mí con la caka de ustedes. Ahora yo te pregunto a ti, de donde salió ese clavo en la botella del niño. Que él juega, me puedes explicar eso, a pero que me vas a explicar tu si nunca estas en casa.

El niño tiene ocho meces y se bajó de la cuna fue a buscar un clavo donde tú tienes las herramientas y lo metió en la botella para jugar y se subió a la cuna de nuevo con ocho meces te das cuenta no que crees tu, no me vengas con eso le decía El, yo te estoy diciendo porque dejaste la niña sola ándate hijo de tu, tal por cual me tienes tan aburrida no te importo lo del niño ni a tus hermanas tampoco, no hallaba como atacar a María. Y tú porque no estabas en casa cuando paso esto. Si yo tengo tanto que hacer aquí, ni siquiera preguntas por el niño, no me crees total a mí me da lo mismo eres un desgraciado. Podrido no podía ir.

Con los dos verdad además era emergencia y fue todo muy rápido, claro por mientras que tu salías con la señora porque asi se llaman ahora señora, no hallaba como atacar a María. Bueno, que más da, le dijo María, si tú y tus hermanas lo hacen, porque no lo puedo hacer yo ahí algún problema o no, si fíjate le decía María.

Vivimos juntos pero no se me han pegado tus buenas costumbres todavía ni las de tus hermanas. Y si así fuera que mas da, acaso a ti no te gustan las mujeres así fáciles de tomar.

Entonces porque no lo puedo hacer yo, tal vez lo voy a pensar para tener un poco de tu cariño y una diversión, no te parece estando juntos todo se pega verdad. Mira a tus hermanas lo que ellas hacen es porque te ven a ti, y todavía siendo tan niñas, Roberto se enojó tanto con lo que María le dijo y salió de nuevo, no hizo caso del niño. No le importo, ni siquiera preguntó como estaba y que le habían pasado, María no entendía porque Roberto le pidió a. Ella que se casara con El, si tenía tantas chicas amigas bonitas y de buena familia como le decía la tía que habían andado con él me lo pidió a mí porque sabía que conmigo podía hacer.

Lo que quería, como yo era del campo él lo podía hacer. Y yo no le iba a reclamar decía ella y con las de la ciudad no iba a poder tal vez, y además María. Lo quería mucho había sido su primer novio, así son las mujeres entupidas los hombres las dominan. Dice María que se dejan que el marido hagan lo que quieren con ellas yo fui una de ellas. Las hermanas de él gozaban cuando María tenía problemas con Roberto. Ellas se iban a la pieza y se reían. Un día en El trabajo de Roberto. Le cambiaron el turno para la noche.

Desde las diez de la noche hasta las siete de la mañana, fue mucho mejor para sus hermanas cuando él se iba las hermanas se metían a la pieza se arreglaban y salían a la puerta de calle ahí llegaban un montón de amigos estaban hasta tarde de la noche, las sentaban en la pileta del agua. Que había a la entrada se las metían entre las piernas, ahí se estaban asta tarde de la noche con ellas parecían perras cuando andaban en selo. María las llamaba ellas no le hacían caso, las vecinas le decían señora María no deje las niñas hasta tarde de la noche afuera puede ser peligroso para ellas.

Y don Roberto la va a retar a usted. Las vecinas se daban cuenta lo que María sufría con Roberto, María a mí no me hacen caso, dicen que a su hermano tienen que obedecer. Don Roberto está trabajando no las ve, y cuando el no trabaja tampoco las ve le decía María, que hago para que se entren. Yo hablé con Roberto pero el se enojó conmigo me dijo que yo no las quiero. Y bien yo le dije a Roberto. Tú, con tus hermanas yo no las voy a cuidar, más ni les voy a decir nada a veces María les decía la gente están hablando de ustedes, a nosotros no nos importa la gente contestaban ellas. María no podía hacer nada más. Un día los amigos de Roberto le dijeron porque tu señora deja hasta tarde a las niñas en la puerta e calle, ellas pasan con un montón de amigos, eso no esta bien para ellas. Son muy niñas. Todavía, ahí se preocupó Roberto, después de escuchar a sus amigos. Se fue a la casa le dijo a María arréglame las cosas del trabajo igual nomas, pero yo me voy a venir mas tarde, como a las doce. No les diga nada a ellas, María le dijo yo te lo había dicho pero como no las quiero. María se quedó muy preocupada, Roberto se fue al trabajo.

Ellas entraron a su pieza, arreglarse y salieron a la puerta. Con unas faldas que parecían cinturones de cortas, María no les hacía eso tan corto, bueno María no se acostó estaba tan nerviosa como a la una de la mañana llego Roberto. Por otro lado Ellas ni lo vieron. Estaba tan entretenido con sus amigos nada más cuando sintieron el puñetazo por la cara cada una. Las dos arrancaron a dentro y los amigos desaparecieron. Roberto entró a la pieza cerró la puerta tras de si, ellas gritaban, les pegó tanto.

Tanto ahí llamaban a María para que fuera a defenderlas, María, tomó sus dos niños que habían despertado con la bulla y estaban llorando se fue afuera al patio. Mabel le decía mami, mi papi me va a pegar a mí también, no majita a usted no, la niña tendría siete años y el niño 8 o 9 meses estaban. Los dos abrazados de María llorando afuera en el patio, después salió Roberto con las manos sangradas le dijo a María. Anda a ver a esas y llevales agua para que se laven. Por dios dijo María como las habrá dejado cuando María entro dijo por dios santo como las dejo les pegó tanto que a la menor le quebró la nariz de un puñetazo, estuvieron una semana o más que no salían afuera.

Por la cara morada e hinchada María decía para
sus adentro es malo que me alegre pero ahí pagaron
un poco del daño. Que me han hecho a mí. Pobrecita
decía María, porque no me hacen caso cuando yo
les digo las cosas. Así no habría estos problemas,
Ella seguía atendiéndolas. Hasta que se les paso lo
morado de la cara, María las mandaba a la escuela.
La comida lista, cuando llegaban y les lavaba la ropa,
siguieron los días y también los problemas, a ellas se
les quitaron las moraduras. Y los dolores del golpe
y siguieron igual. Para María fue peor porque ellas
le echaron la culpa a María, que por Ella Roberto
les había pegado, después a Roberto le cambiaron
el turno de nuevo. Para la mañana otra vez, ellas le
empezaron a decir a Roberto que María entraba un
hombre a la casa después que El se iba, porque ellas
los sentían hablar y reírse los dos. Roberto les creyó.

Un día después que se fue al trabajo el se volvió,
golpearon la puerta María se levantó a abrir era
Roberto, María le dijo que se te olvidó no contestó
se fue al dormitorio, miró para todos lados, abrió el
velador como buscando algo. María parada ahí para
cerrar la puerta de nuevo. Roberto se fue, María
cerró la puerta y se acostó, Ella no pensó nada malo
en ese momento. Lo único que dijo tal vez se me
olvidó algo de lo que tenía que ponerle porque Ella
tenía. Que dejarle. Todas las noches el pañuelo,
limpio dobladito, los calcetines, las llaves del trabajo.
Y el jarro con agua en el lavatorio para que se lavara

en la mañana, entonces dijo ella se me olvido algo, María se echó la culpa, así pasaron los días. Roberto se volvió de nuevo, que se te olvidó le dijo María. El pañuelo dijo El pero no sacó nada, y se fue, eso sonó tonto porque no iba perder el bus del trabajo que lo llevaba en la mañana por un pañuelo además era muy lejos donde trabajaba verdad, él trabajaba fuera de la ciudad María dijo este algo se trae, ya vera para otra vez que se vuelva. Pasaron unos días y se devolvió de nuevo María fue abrir la puerta hasta atrás y le dijo apúrate. Apúrate antes que el otro se te salga por la ventana. Porque eso fue. Lo que tus hermanas te dijeron verdad. Pero como te dije una vez nunca me vas encontrar nada porque yo no soy de la clase de ustedes, ya te lo dije métetelo en tu cabeza, y no seas entupido. Como voy a traer alguien aquí. Estando tus hermanas, no, eso yo lo hago afuera de mi casa. No aquí en mi propia casa donde están mis hijos no. Ellas se están riendo de ti no de mí en este momento. Ve a verlas, vivimos juntos. Pero como te dije una vez.

No se me ha pegado nada de ustedes todavía. Todavía te lo repito Él quería salir. Pero María parada en la puerta no lo dejaba salir. Yo fíjate le dijo María no habría perdido el bus que me lleva a mi trabajo por un pañuelo ja, ja no fíjate soy de campo pero no estúpida yo no lo habría hecho así habría puesto otra excusa para que te creyera, y lo seguía retando, parada en la puerta después de eso no se regresó

nunca más. María estaba tan enojada que decía el
mal de ellos me lo quieren pasar a mí, pero nunca lo
van a conseguir, y algún día estas dos las van a pagar.
Un día María se fue a casa de su madre le contó
lo que había pasado, Ella le dijo cuidado con ellos
porque son capas de todo. Hasta de decir eso ten
cuidado son malos los tres, ten mucho cuidado con
ellos y con los niños porque te pueden hacer algo,
algo más feo, sabe le dijo María ya le asieron algo
al niño él tiene una botella chica que le gusta jugar.
Y le conto todo lo que le paso el niño. Quien más
pudo haber sido el niño no se puede bajar de la
cunita. Sería como las seis de la tarde me lleve al
niño a emergencia. Allá no me creían se llevaron el
niño adentro yo fui con ellos porque el niño se puso
a llorar en los brazos de ellos le sacaron radiografía
ahí le salió el clavo en su estómago, le pusieron una
inyección para la infección del clavo Roberto me
reto a mi porque había dejado la niña sola y la casa,
por eso te digo le dijo Olga. Ten cuidado con ellos
porque son malos es el diablo con su demonio que
tener en casa, Buenos en eso estaban conversando
las dos cuando llegaron los hermanos más chicos de
María. Muy asustados, les contaban que los niños
andaban jugando a la pelota en la calle, como lo
hacían todos los días, después.

Que llegaban de la escuela, en eso la pelota se les
saltó a un sitio, la dueña de casa no estaba. Los niños
abrieron la puerta y entraron a sacar la pelota, la
pelota se había ido al lado de una virgen que la dueña

de casa tenía debajo del parrón. El hermano más chico de María fue a tomar la pelota y la virgen se movió. El niño no la tomó y salió arrancando afuera y gritando. Les dijo a los demás esa virgen se mueve. Tu estas loco le dijeron, y entraron a ver si era verdad y a sacar la pelota, tocaron la virgen, dijeron esto no se mueve, la virgen estaba blanda como una persona. Y estaba llorando, el hermano de María le decía que las lágrimas eran tan lindas, parecían cristal y hacían una lagunita a los pies de ella. Salieron todos gritando a la calle, decían esa virgen se mueve, si esa virgen se mueve, cual le decían la gente esa que esta ahí en esa casa. La gente entró a ver que era lo que los niños habían visto, y era verdad la gente también la vieron estaba llorando, en esto llegaron los milicos que estaban en ese tiempo. Y preguntaron qué era lo que estaba pasando ahí la calle llena de gente. Esa virgen se mueve.

Le dijeron como que se va a mover dijeron ellos, a todo esto los milicos entraron con sus metralletas en mano, y dijeron esto no se puede mover. No puede ser, se agacharon para mirarla. Y era verdad la virgen estaba llorando y se movía, soltaron sus metralletas y dijeron si esto es verdad, se quedaron a cuidar la casa por mientras que llegaba la dueña, cuando Ella llegó dijo que pasa en mi casa.

Que hay tanta gente. Los milicos le dijeron esta virgen se está moviendo señora y llorando. No dijo ella eso no puede ser verdad, Ella es una virgen como todas no puede moverse ni menos llorar, porque es de yeso, fue a verla, claro que la vió Ella también, los milicos. Le dijeron había pasado esto antes, no nunca que yo me hubiera dado cuenta, cuanto tiempo tiene usted esta virgen aquí, no hace mucho, me la dieron unas personas que se fueron de aquí yo la puse ahí. Y eso es todo, bueno los niños le contaban como verdad a María y su madre. Ellos no podían estar inventando tanto, y de donde iban a sacar tantas cosas para contar. Bueno terminó la conversación María se despidió de su madre y se fue a su casa con sus hijos. El problema de Ella. Con Roberto cada día era peor, a Ella le daba pena, decía esto va a tener que terminar. Ya no podía mas, lo que sentía era su casa, la tenía bien bonita. Porque ya había dejado de dar televisión para fuera, era mucho trabajo para ella.

Y no le agradecían, eso era lo que le daba mas trabajo no podía cuidarla como debido, su casa la tenía muy bonita con sus cortinas, sus muebles todo forrado igual.

Echo por Ella misma, quedaría todo atrás. María habría preferido no tener todo lo que tenía y llevarse bien con su esposo pero ya no se podía. Ella había aguantado mucho. Habríamos sido tan feliz. si El hubiera sido diferente porque María lo quiso mucho, sus hijos lo veían muy poco en la mañana, cuando se iba al trabajo, los niños estaban durmiendo y cuando llegaba en la noche estaban durmiendo. Los días sábado el se levantada temprano, se iba a jugar a la pelota. De ahí ya no llegaba, porque si ganaban se iban a celebrar y si pendían celebraban la derrota, y

así no llegaba hasta el día domingo en la noche. A
el nunca le importó la familia, del momento que se
casó con María fue así.

Tampoco. Le interesaban sus hijos porque si no
habría estado con ellos. Un poquito de cariño que el
hubiera dado sería diferente, El seguía haciendo su
vida de soltero. María tenía tanto que hacer y no se
lo agradecían. Un día que Roberto se fue a trabajar
y las hermanas a la escuela María tomó dos bolsos
echó ropa de ella y de los niños y se fue a casa de su
madre, dejó a Roberto con sus hermanas para que
hicieran lo que quisieran. Y ella no estar mirando
eso, llegó donde su madre le dijo que había dejado a
Roberto y ahora para siempre y si la podía tener en
casa por mientras que hacía unos trámites. Olga le
dijo está bien, quédate. María habló con una amiga
que tenía camión si le podía ir a buscar sus cosas en la
tarde cuando llegara Roberto, esta bien dijo la amiga
yo te voy a buscar tus cosas.

Se fueron unos hermanos con ellas, los niños los
dejó en la casa de su madre, Roberto ya había llegado
María le dijo vengo a buscar mis cosas. Te dejo libre
para que no tengas problemas conmigo, y hagan lo
que quieran los tres, En la quedo mirando parece que
no le creía o lo pillo de sorpresa

Para que me quieres aquí verdad estas pasando
puros problemas conmigo. Yo estoy demás, puedes
llevar lo que quieras contesto El, María sacó una
cama, para los tres, su maquina de coser, el comedor
y la cocina, su ropa, ropa de los niños, y ropa de cama,

en la pieza que le habían pasado su mamá solo le
cabía la cama todo lo demás quedó afuera en el patio,
a María le daba mucha pena por sus cosas que eran
buenas. El comedor era completo, se iba deteriorar.
Con la humedad a fuera, en la cama dormía con los
dos niños, al otro día bien temprano se levantó se fue
hablar con un abogado. Le dijo que había dejado su
casa por malos tratos de su marido, que quería una
ayuda para sus hijos y la casa porque Roberto había
quedado en ella con sus dos hermanas. Yo estoy muy
mal en la pieza que mi madre me pasó.

Ellos no tienen como ayudarme, la pieza es muy
chica me cabe solo la cama, todo lo demás está en el
patio. Yo necesito un lugar para coser y ganarme el
pan para mis hijos. Le contó todo lo que había pasado
con Roberto, El abogado le dijo vallase tranquila
señora.

Yo voy hacer todo lo posible para ayudarla. A que
tenga su casa de nuevo y una ayuda para sus hijos.
Yo le avisaré por cualquier cosa. Así paso un mes y
María todavía vivía con su madre.

Roberto seguía trabajando y había llevado a una
mujer a vivir a la casa. Esta era una chica joven, casi
como sus hermanas, María le había dicho al abogado
que Roberto tenía esa mujer, yo necesito mi casa
para mis hijos, porque en casa de mi madre vive otra
hermana. Con sus hijos. Un día el abogado llamó a
María.

Que le tenía buenas noticias. Ella se fue hablar
con Él, le dijo mande averiguar su caso. Si es verdad

él vive con una mujer y sus dos hermanas. El abogado le dijo a María Roberto va a tener que darle un tanto mensual para sus hijos y también va a tener que entregarle la casa, pero usted va a tener que esperar tener paciencia. Tambien tiene que venir aquí a buscar su dinero, porque estos trámites se demoran. María no podía estar más contenta con la noticia, muchas veces le dio las gracias al abogado. María se paró para irse el abogado le dijo la voy a tener en contacto. Con todo lo que valla pasando. Si un mes Roberto no le pone su dinero me avisa, María habló con sus padres si la dejaban. Hacer una pieza en el patio. Por mientras que le entregaban su casa, porque necesitaba mas espacio para trabajar poner su máquina. Recibir costuras, está bien le dijeron ellos, María compro lo necesario para formar su nueva pieza, su hermano de nombre Daniel compro unos tambores grande en su trabajo los abrió por la mitad y eso le sirvió a María de techo para su pieza nueva que estaban haciendo. Sus hermanos le ayudaron y quedo terminad, ella empezó a recibir costura. Con eso se mantenía un poco. Y también poder guardar sus cosas que las tenía afuera en el patio. Le cupo todas sus cositas dentro de la pieza, sus sillas una encima de otra pero eso no importaba, lo principal que ella quería era su máquina de coser y su cocina. La niña la puso a la escuela tenía que ir a dejarla y a buscarla, sus hijos no salían afuera cuando María tenía trabajo porque no los podía cuidar, ellos pasaban dentro jugando en la cama y en la mesa, hasta que María tenía un tiempo en la tarde los sacaba a caminar.

Les compraba un helado y un globito. Ellos quedaban muy contentos se iba a un parque quedaba cerca de casa su familia no se preocupaba de Ella. María y sus hijos a veces se comían un huevo para los tres al desayuno, pero nadie sabía de eso María. Sufría mucho solo tenía una amiga que la ayudaba a Ella y a los niños. Es muy buena amiga todavía se comunican por carta, Ella se llama Margarita. María tenía problema con sus hijos echaban mucho de meno a su padre, siempre le decían porque mi papi no está con nosotros. María les decía cualquier cosa del porque y ellos se quedaban tranquilos. No podía explicarle porque estaba chico todavía Margarita su amiga. Cuando María tenía hora para el abogado ahí estaba Ella para ayudarla con los niños. María le dejaba la llave de su pieza. En la mañana cuando se iba la tiraba para el patio que nadie la viera Ella se iba temprano en la mañana dejaba los niños bajo llave.

Mas tarde Margarita los iba a sacar y se los llevaba a su casa les daba desayuno, llegaba María y le daba también, ella vive frente de la casa de la madre de María.

María está muy agradecida de su amiga Margarita. Sus hijos todavía le dicen tía, Margarita le dicen con mucho cariño, cuando le tocaba ir a la oficina del abogado. Se tenía. Que ir muy temprano porque daban números, después esperar que El llegara el abogado. Para empezar atender a la gente, de las ocho de la mañana en adelante. Si no alcanzaban número ese día tenían que volver al otro día, muchas veces le tocaba ir caminando pues no tenía dinero para el bus muchas cuadras tenia que caminar era lejos y atravesar una carretera muy grande que había. Un día el abogado tenía buenas noticias María, Ella le dijo de veras me tiene buenas noticias. Si dijo El, siéntese, le saqué un tanto a su esposo para sus hijos mensual. Pero no para usted. No importa, eso me lo esperaba dijo María, yo gano un poco con mis costuras, todos los meses le dijo el abogado tiene que venir a la oficina a buscar el cheque, ya sabe el día que no este el dinero me avisa.

María estaba muy contenta les daba las gracias y se fue, Ella cuando estaba el dinero pasaba a comprarles algo a los niños para comer. Pero a veces no estaba el dinero el mismo día, y tenía que regresar a pie y sin dinero, llegó el primer invierno. Ahí era más sufrimiento para María. Si no tenía dinero para ir a buscar el cheque se tenía que ir caminando y no era cerca, si no estaba se regresada caminando. Entumida de frió y toda mojada cuando llovía María lloraba mucho, sus lágrimas se juntaban con la lluvia así que no se notaba seguía caminando, pensando que habré hecho tan malo Señor para pasar por este sufrimiento, en su casa no podía llorar por sus hijos que no se pusieran triste, pero de vez en cuando se le salían las lagrimas cuando estaba sentada en su máquina. Pero se le quitaba luego la pena. Después el niño se empezó a enfermar echaba de menos a su papá. El solo tenía un año y dos meses en ese tiempo. La niña poco más de siete años. María llevó el niño al doctor, el doctor dijo que el niño le estaba dando pensión, quería saber porque el niño esta así. Lo que pasa le dijo María, yo no hace mucho me separé de mi esposo eso es lo que tiene el niño.

Mire le dijo el doctor usted trate de sacarlos las veces que pueda, llévelos a donde usted pueda pero salga de la casa, al cine si puede, a una plaza o a la quinta que es tan bonita, pero salga con ellos, para que los niños se distraigan. Y no se acuerden tanto de Él. Asi lo hizo María, ellos llegaban cansados les da su leche y a la cama. María tenía mucho trabajo pero primero estaban los niños. Y los sacaba los días domingo e iba a una quinta muy bonita queda en el centro de la ciudad, les llevaba algo para comer y les compraba algo de beber. Estaba todo el dia con ellos paseando por ahí, el niño se empezó a mejorar, esto lo hacia los días domingo. Si tenia dinero, en la semana después que llegaba la niña de la escuela tomaban el te salían un rato en la tarde a un parque a caminar. Quedaba cerca de la casa, cuando llegaban se tomaban su leche y los acostaba a sus hijos. María se sentaba a la máquina hasta tarde de la noche, los niños ya se habían acostumbrado al ruido de la maquina se dormían muy tranquilo, María se acostaba tres o cuatro de la mañana.

Sus hijos durmiendo a su lado ya no les molestaba el ruido cuando fue el golpe. En Chile María estaban solas con sus hijos, tenía su pieza a la orilla de calle.

Sentía, todo lo que pasaba afuera, muchas veces se tenía que acostar en el suelo con sus hijos. Sacaba la ropa de cama. Y se acostaba en el suelo porque los balazos pasaban muy cerca. De la ventana, así vivía María con sus dos hijitos. Hasta que un dia el abogado la llamó para darle una gran noticia, María siempre le tocaba irse caminando no tenía dinero para el bus, le abogado le dijo le pedí la casa a Roberto se tiene que ir tal día, María lloraba de alegría no podía creer que fuera cierto harta falta que le hacia su casa para trabajar porque a él no lo iban a sacar tan fácil de la casa con la nueva mujer que tenía y sus dos hermanas. Pero el abogado lo hizo de sacarlo pero así fue le hacía mucha falta su casa a María, quedaba lejos si de su familia. Para irse a vivir. Sola con sus hijos por haya, pero gracias a Dios tenía buenas vecinas, le dió las gracias al abogado y se fue muy contenta y llorando a su casa, que ya iba a tener su casita otra vez. Iba hablar con su amiga que la fue a buscar para que la llevara de vuelta pero no alcanzo. Un día llegó un camión a la puerta de casa de su madre donde estaba María, en el iba la tía de Roberto, Ella, dijo a María, la vengo a buscar para que se valla a su casa, María estaba confundida no hallaba que pensar el abogado le había dado otra fecha para irse.

María Le dijo a la tía ¿ Roberto se va a quedar ahí?, no dijo la tía El se vienen en este camión a mi casa. O gracias dijo María. Pero estaba muy sorprendida, porque la tía no quería a María, no entendía que estaba pasando, el abogado ya le había dicho que tenía que irse a su casa, María llamó a sus hermanos para que le fueran. Ayudar a poner las cosas que tenía en el camión puso todo, le dio las gracias a su madre y se fue.

Sus hermanos se fueran con Ella a dejarla, el día estaba muy helado, nublado, María se sentía muy deprimía. Más de ver el día tan triste. Como ella. María con los nervios que tenía sentía mucho frio, los niños lloraban de frio, talvez estaban nerviosos también pobrecitos María no hallaba la hora de llegar a su casa para prender fuego. Calentarlos a los niños, y darles algo caliente. Roberto tenía todas sus cosas afuera en el patio esperando el camión que se desocupara para subir sus cosas, fue una tristeza muy grande para María estar mirando todo eso, Ella lo seguía queriendo, así somos algunas mujeres de tonta el marido nos hacen tantas cosas y ahí esta uno esperando.

No sé qué lo reconozco, se había terminado su matrimonio. Ella nunca pensó que le iba a pasar eso Roberto se despidió de sus hijos y se fue al camión, ni una palabra para María. Aun que fuera para retarla, o como que ella había sido la culpable la mujer que Roberto tenía, se había sentado en el camión para irse con ellos también. La tía le dijo tu te bajas solo mi familia se va conmigo. Tú no eres nada, las hermanas lloraban no querían dejar la casa.

Pero se tenían que ir, los hermanos de María limpiaron bien la casa y metieron las cosas dentro, prendieron fuego le dieron algo caliente a los niños. María ordenando sus cosas, sus hermanos se quedaron con Ella por el día para ayudarle a ordenar las cosas. Más tarde se fueron. María por un lado estaba muy triste lejos de su familia, por el otro lado estaba feliz porque estaba en su casa, podría trabajar tranquila con mucho espacio, la Tía se fue en el camión. Pasaron los días María se empezó a sentir sola triste, angustiada, no hallaba que pensar. Su familia habían quedado lejos Ahora que hago dijo, por qué me ha pasado todo esto señor decía, perdóneme si yo cometí una falta se lo pido por mis hijos le oraba a Dios, pero muy luego me boy a recuperar. Teniendo tanto que hacer, se había llevado las costuras. Para terminarlas allá En su casa y las terminaría e irlas a dejar, Ella tenía miedo que se fuera a enfermar, quién cuidaría de sus hijos, estaba muy lejos de su familia, pero gracias a Dios nunca le paso nada. Su amiga Margarita, había quedado lejos, nadie iba a ir a verla. María empezó a fumar. Nunca había fumado.

Antes, de primera le costó mucho, se atoraba, tosía mucho con el humo. Cuando ya pudo empezó con un cigarro al día mas adelante dos al día. Así se sentía mejor según ella.

Después ya no paró se fumaba dos paquetes al día no podía comer solo cigarro, que eran cuarenta cigarrillos.

Que se fumaba diario, ya no podía estar sin cigarros y no comía solo trabajar, se puso tan flaca parecía un palo andando, a veces no tenía dinero para comprar cigarrillo entonces era cuando sufría. Primero tenía que comprar el pan para los niños, además le había quedado. Mucho más lejos donde tenía que ir a buscar el cheque todos los meses, después cuando no tenía el cigarro se iba donde su vecina y le pedía uno. Guardaba la mitad. Para la noche si no, no podía dormir, Ella se acostaba muy tarde de la noche, pero nunca dejó de trabajar, como era joven aguantaba bien, se levantaba temprano en la mañana iba a dejar la niña a la escuela llegaba levantaba el niño le daba desayuno después. Se sentaba a la máquina y el niño a jugar, solo lo hacían en el patio la puerta de calle pasaba con llave. A las doce llegaba la niña de la escuela le daba de comer a los dos. La niña volvía a clase y el niño a dormir un rato. Esto era de todos los días lo mismo, Ella ya se había acostumbrado a su rutina.

Se sentaba a la máquina hasta que llegara la niña de la escuela en la tarde, les daba su comida y a jugar al patio un rato, llegaban unas amiguitas. De Mabel a jugar con ellos ella era la vecina del lado. María no descansaba en todo el día, así tenía dinero para la semana, sus vecinas eran muy buena Ellas le decían cualquier cosa que necesite señora María. Nos dice nomás, más tarde entraba los niños, los lavaba les daba su comida su leche y a la cama, Ella comía un poco con ellos. Y a trabajar en su máquina, ya los niños dormían más tranquilos en su pieza.

Sin la bulla de la máquina, algunas veces le daban las cuatro de la mañana cociendo porque tenía que entregar al otro día, se puso una tarea de entregar costuras todos los fines de semana y así tenía dinero también para salir con sus niños, María empezó a sacar costura de una fábrica. Por docenas, y además la costura de su clientela, y con eso no le faltaba nada ella siempre se ha conformado con lo que tiene. Mas con lo que Roberto les daba para los niños que era muy poco pero servía de algo al mes, a veces él no lo dejaba todos los meses pero cuando estaba el dinero.

Salía con sus niños a comprar muchas veces se encontraban con Roberto por ahí Él se iba por otro lado.

O si no llamaba a los niños. Conversaba un rato con ellos y luego seguía su camino toda la culpa era de María pero ella no se hacía problema nada malo había hecho. A ella se le era difícil olvidarse de Roberto porque siempre lo estaba viendo, pero trataba de olvidarlo. María no había cometido delito alguno.

Por eso estaba tranquila. Y feliz. En su casita ahora con sus hijos. Siguió pasando el tiempo para Ella siempre trabajando, sus hijos creciendo muy bien gracias a Dios. El trabajo a Ella no le faltaba, tenía bien vestidos a sus hijos y Ella también. Un día llegó de visita una hermana de María. Ella se alegró mucho al verla porque nunca recibía visitas. Conversaron de muchas cosas se tomaron un té hablaron de la familia que estaban todos bien María le dijo cuéntame que se traen por aquí tan lejos, y tanto tiempo que no nos veíamos Ella le dijo tenia deseo de verlos, o gracias dijo ella María después de pensarlo María le dijo yo te agradezco mucho. Que hubieras venido a vernos por lo lejos que estamos verdad o si dijo ella sabes. No te gustaría que yo me lleve uno de tus hijos para ayudarte en algo que sea, o le dijo María no gracias perdóname pero no puedo tengo que estar con ellos para estar tranquila y así poder trabajar bien, y mas no puedo separarlos a ellos. Están acostumbrados los dos, y yo con ellos. Ella le dijo yo no lo voy a dejar para mí, si te entiendo tú quieres ayudarme. Pero gracias. No puedo pasarte a mi hijo, mira le dijo María hemos pasados por muchas cosas los tres, pero siempre estaremos juntos. Y que Dios nos ayude. Bueno le dijo su hermana no te pongas así si no puedes está bien. Te lo agradezco muchas gracias pero No puedo estar sin ellos, no podría trabajar tranquila pensando en ellos. Te lo agradezco mucho que quieras ayudarme, ustedes pueden ir cuando quieran a mi casa. Le dijo la hermana, gracias dijo María. De repente vamos a ir no creas que no, mas tarde se fue la fueron dejar al bus, después de eso María empezó a juntar. Unos pesos trabajaba duro y se fue con sus hijos al campo, de donde había sido María, a casa de su abuelita. Estuvo dos meces por allá, haya no gastaba dinero porque gracias a Dios había de todo un hermano de María le fue a cuidar la casa, los niños lo pasaron tan bien que no querían volver a casa, María los tiene en foto con la abuelita.

Bueno bisabuela porque la abuelita es la mama de María es un recuerdo muy bonito para Ella, la gente conocida los andaban trayendo a caballo andaban en carreta, comían fruta, verduras, leche, huevos de todo fresco.

No le hacía falta el dinero allá porque había de todo bueno y fresco lo pasaron muy bien, ellos querían quedarse con la abuelita.

Pero María les dijo que no podían dejarla sola. La abuelita le decía déjamelos yo te los cuido. Tu puedes trabajar tranquila, no, no abuelita no puedo estar sin ellos le decía Ella me los tengo que llevar. Gracias por todo se lo agradezco de corazón abuelita le dijo ella que le hubieran gustado mis hijos, María tenía que volver por su trabajo, y su casa, su hermano no podía estar tanto tiempo ahí, su trabajo le quedaba muy lejos. Se fue de vuelta a su casa, a seguir trabajando, su mamá iba de vez en cuando a verla. Eso le hacía muy bien a María y a los niños. Su mami le llevaba verduras, frutas, para los niños.

Le ayudaba hacer las cosas para que ella pudiera trabajar, le lavaba la ropa y hacía aseo. Seguía la vida de María. Ella más adelante puso algo para vender cambio de revista que se usaba mucho en ese tiempo y cigarros sueltos y muchas cosas más, no en paquete no le convenía, le iba bien. Un día los hermanos de Samuel, padre de María empezaron a decir a su mamá a la abuelita de María que se fuera con ellos a vivir a la Capital, que Ella ya era de edad no podía estar sola en el campo. Ella no estaba sola vivía con una hija y sus hijos. La abuelita trabajaba a los patrones, además tenía muchos animales y aves que cuidar, toda su vida vivió ahí, era feliz, fue tanto que la molestaron hasta que Ella aceptó irse con ellos a la capital, hicieron lo mismo con el papá de María antes, Ella empezó a vender sus animales sus aves y habló con los patrones. Ellos no querían que se fuera, que la iban a echar mucho de menos era como su madre para ellos, yo me voy con mis hijos le decía, pero nosotros también te queremos como madre, no te vallas te queremos mucho, la abuelita se fue a la Capital fue a vivir con su hija que era la madre de los niños ciegos, Ella había quedado viuda. En el campo la abuelita era sanita, nunca se enfermaba.

En el invierno, se iba a cambiar sus animales de potrero donde había más pasto y menos agua llegaba toda mojada.

Y no le pasaba nada, en cuanto llegó a la ciudad se empezó a sentir enferma talvez echaba de menos el campo todas sus cosas que tenía animales y aves. Acá no podía tener nada no se hallaba en la capital de pensar que ya no podía volver atrás allá no tenía nada porque todo había vendido. Ya estaba mayor para empezar de nuevo se le iba hacer difícil volver se deprimió tanto se empezó a enfermar. Ella siempre fue a ver a sus hijos a Santiago. Pero ahora era diferente se había ido a vivir ahí, Ella empezó a repartir sus cositas que había llevado, porotos, harina, trigo, dándoles a sus hijos, después Ella tenía que andar comprando de todo hasta las verduras, en el campo lo tenía todo, le vino un paro cardiaco quedó muy mal se le paralizo el lado derecho al año y medio. de vivir ahí se murió la abuelita de pura pena, el cambio fue muy brusco para Ella, si se hubiera quedado en el campo María habrían tenido abuelita por mucho tiempo mas todavía por que ella era muy activa muy ágil nunca se enfermaba otro daño muy grande el que asieron esos hijos desgraciados yo pienso ahora que fue el interés de habérsela llevado por el dinero que ella tenía y más toda la mercadería que ella les dio.

También fue un daño muy grande que asieron esos tíos de llevarse a la abuelita a la capital.

Ella había nacido y criado en ese lado, fueron unos infelices también de llevarse a su madre a la ciudad. Bueno un día. Le llegó una carta de su abogado a María le decía que Roberto había puesto un abogado, que fuera hablar con El para decirle lo que tenía que hacer. María fue hablar con su abogado el dijo usted valla hablar con ese abogado de Roberto para que la quiere pero no firme ningún papel. Escuche todo lo que le digan. Si necesitan algo que me llame a mí le dijo el abogado está bien le dijo María gracias. Llego el día María fue a la cita el día indicado. Roberto ya había llegado, Ella se sentó a esperar que la llamaran, al rato los llamaron a los dos, el abogado saludo a María le hizo con la mano que se sentara, el abogado le dijo todo el problema que ellos habían tenido,

María dijo así es, pero le dijo María Roberto le
contó que tenía otra mujer en casa de sus hijos y a
su dos Hermanas. Que era grosero con ella los tres,
más Roberto porque tenía una mujer, en casa pero
eso no es lo que Roberto me ha informado esa es la
verdad. Sr le dijo María Roberto se lo había contado
a su manera María no se hizo ningún problema, Ella
tenía su buen abogado. María dijo a que viene todo
esto, su esposo quiere volver con usted, que dijo
María. Después de todo lo que le he contado de El,
no, para que dijo Ella, para empezar todo de nuevo,
no. No estoy para problemas, tengo mucho trabajo
y cuidar a mis dos hijos, el no va a cambiar nunca
porque yo le di muchas oportunidades muchas. El
cambia por mientras que le conviene, después vuelve
con mejor deseos a sus costumbres.

De andar a la siga de las mujeres ajenas. Porque
esas son las que le gustan a él. Las mujeres de sus
amigos son las mejores porque tampoco los respeta
a ellos. Ese es el problema que nosotros tenemos, el
no puede dejar las mujeres, no me respeta a mi, ni a
sus hijos, yo se porque se lo digo.

A Roberto los niños no lo veían casi nunca a él
porque sale temprano a trabajar. Y llega de noche los
niños durmiendo, sábado y domingo se va no llega
hasta la noche le decía María al abogado se lo aseguro
que voy a cambiar decía el, mira le dijo María.

No te hagas problemas conmigo, yo no me
voy a juntar nunca más con Tigo olvídate de mí,
sigue viviendo tu vida tranquilo como lo has hecho

hasta ahora eso era lo que tu querías para tener más libertad pues bien ahí tienes tu libertad. Yo no te necesito a mi lado para que te sigas riéndote de ya no ya desperté, No te preocupes por nosotros, estamos bien, si algún día necesito tu ayuda te la haré saber. El abogado le dijo a María, si usted no quiere juntarse con su esposo tiene que firmar estos papeles, dándole permiso a su esposo para que vea a los niños. Pero le dijo María, yo nunca le he quitado que vea los niños, El va todos los días en la tarde a verlos afuera a la puerta de calle, porque ahora le dio el cariño por ellos lo único que yo no lo dejo entrar a la casa ahí sí que no entra más.

El no merece eso menos que ensucie la casa de mis hijos, yo no puedo quitarle a los niños que lo vean, porque ellos lo echan mucho de menos. Mi abogado le dio permiso para que los saque todos los fines de semana, bajo su responsabilidad. Y que está pidiendo ahora él. No lo entiendo, cuando los tuvo a su lado no los veía nunca y ahora le entro el cariño de padre, lo único que El no tiene que llevar los niños a la casa de la mujer que el tiene, bueno le dijo el abogado tiene que firmar estos papeles, no yo no firmo nada envíelos a mi abogado. Allá iré a firmarlos, si es que necesito firmarlo está bien allá los mandaré. María le dijo me puedo retirar Sr. Si le dijo el abogado le dio la mano y salió. Para fuera. Siguió su vida sola y trabajando, el día sábado iba a entregar sus costuras así tenía dinero, sus hijos estaban mas grande no le daban mucho problema. Los fines de semana salían con ellos, les compraba un remolino o un globito o algo de beber que a ellos les gustaba, así con cositas sencillas eran felices. Ellos llegaban cansados se tomaban una leche y se iban acostar, Ella se iba al comedor a dejar trabajo listo para el otro día. Con el tiempo. Roberto tuvo problemas con la tía y volvieron cerca de la casa de María.

Con la mujer que El tenia se juntó a vivir con Ella era una muchacha joven. Casi de la edad de sus hermanas. Sus hijos lo veían con ella porque se paseaba abrasado por frente de la casa de María.

No tenía otro lugar para pasear, habiendo tantos lugares más. Él pensaba que le hacía burla o mal a María pero ella no lo veía porque pasaba adentro en su máquina sentada eran los niños que estaba afuera en el patio lo veían, ellos entraban llorando diciéndole a su mama que su papa había pasado por el frente de la casa con la mujer que tenía, pero eso a Roberto no le importaba o no pensaba en eso. El pensaba que le hacían daño a María ellos.

Cuando lo veían con la mujer entraban llorando un día María sintió golpear la puerta, fue abrir era una hermana de Roberto. María la hizo pasar que sorpresa le dijo que te trae por aquí. Quería verlos, desde cuando te dieron esos deseos, mira le dijo María nosotros estamos bien no te preocupes, la niña ya va a la escuela y aquí esta el niño. Míralo esta bien, que esta grande me da tanta alegría verlo dijo de vera le dijo Katy si ustedes nunca los quisieron.

Cuando estaban aquí no los veían ni los querían le dijo, ahora puedes irte tengo mucho que hacer, después le dijo, la mujer. Sabes yo tengo un amigo que es muy bueno mira que bien le dijo María qué bueno que tienes un amigo.

No va hacer la primera vez verdad. Yo le hablé de ti a El, de mi le dijo María, que estuviste hablando de mi con ese hombre que ni siquiera lo conozco por favor ándate no quiero verte nunca más.

Le dijo la cuñada. Él te quiere conocer a mí le dijo María, no fíjate, dijo María no me interesa conocer a tu amigo menos si es tus amigos imagínate como son ustedes como será tu amigo, Él es muy buena persona. No me interesa sabes ándate no necesito conocer a nadie te digo y ahora ándate. La cuñada le dijo porque no. No seas tonta tú eres joven y tienes que rehacer tu vida. No me interesan tus consejos, tengo a mis hijos y no necesito mas amor que el de ellos ahora vete por favor le dijo María la cuñada le dijo como Roberto lo hace. Bueno le dijo María Él es diferente. Él está acostumbrado hacerlo así como ustedes yo no soy así ya te puedes ir te puedes quedar con tu amigo.

Yo por mis hijos nunca haré nada, no tengo necesidad para que hacerme de problema, ahora anda a decirle a tu medio hermano.

Que no acepte la oferta que me mandó que El haga lo que quiera y a mí me deje tranquila que se olvide de mí ya.

Yo no quiero saber nada de ustedes menos de él, porque a mí nunca me van a ver nada ni ustedes ni nadie, porque eso es.

Lo que quieren ustedes verme con un hombre pero no se va a poder, porque Roberto te mandó verdad, dile a tu hermano que cuando yo quiera conocer a alguien no les voy a pedir ayuda a ustedes, y ahora sal de mi casa. Y no quiero verte nunca más. A todo esto. Ya habían pasado seis años que María estaba separada de Roberto, El nunca dejó de ver sus hijos casi todos los días. Llegaba a la puerta de calle a verlos. Un día en la noche, llegó Roberto, María siempre tenía la puerta de calle con llave para que no salieron los niños y ella trabajar tranquila los miraba por la ventana. Los niños jugaban afuera en el patio con unos amiguitos que tenían Roberto llegó con un amigo traían dos cajas con cosas, le dijo a Mabel dígale a su mami que abra la puerta, porque les traigo unas cajas con cosas. Mabel corrió a dentro le dijo mami, mi papi esta afuera y quiere la llave de la puerta porque nos trae algo. Quiere venir a dejarlas aquí, Ella le pasó la llave y se entró al dormitorio. Roberto. Entró con el amigo dejaron las cajas en la mesa y salieron afuera con los niños, se demoraban en entrar. María miró por la ventana. Ahí estaba Roberto con ellos abrazados, cuando los niños entraron le dijeron mami sabe mi papi lloraba, nos abrazaba mucho y nos besaba porque seria, no se mijito les dijo Ella que le pasara a su papá. Les dijo María olvídense de eso y vallan abrir las cajas que les trajo el papá María se sentó a la máquina. Pensaba todavía no es navidad que le pasará a Roberto de que llore tampoco es verdad. Porque, les trajo las cosas ahora, miraba a sus hijos tan entretenidos sentados arriba de la mesa abriendo las cajas. El todavía seguía viviendo con la mujer cerca de la casa de María, y una de su hermana, la menor Gabriela la otra se había casado, los niños, llamaron a la mamá para que fuera a ver las cosas. Que El papá les había llevado, estaban felices iban zapatos, juguetes, ropa, y muchas cosas más.

Para María nada, los niños no se dieron cuenta que no iba nada para su mami. A Ella no le importaba, solo se sentía feliz de verlos a ellos, los dos arriba de la mesa mirando las cosas felices estaban.

De esa noche Roberto dejó de ir a ver los niños quizás que le pasaría en ese momento. Llegó la otra noche y el otro día el no llegó, los niños preguntaban a María ¿Mami que le habrá pasado a mi papi. Que no ha venido a vernos? No se mijito, pero ya vendrá, cuando se iban acostar se acordaban del papá, Ella les decía duerman tranquilos esta noche. Que tal vez mañana llega por ahí, con esa esperanzas se dormían. Así paso unos cuatro meses y el nunca más fue a verlos María les decía a los niños que le había salido un trabajo lejos por eso no venía a verlos ella no savia nada tampoco. Ha, todo esto María estaba teniendo unos sueños muy raros pero muy bonitos para ella a Ella le gustaban mucho deseaba que llegara la noche, cuando se iba acostar pensaba quisiera soñar el sueño otra vez. El sueño se trataba de su hermano Antonio que lo había Matado. El, la iba a buscar, le decía te vengo a buscar para mostrarte un lugar muy lindo que encontré. Pero en el sueño Antonio no estaba muerto. El la tomaba de la mano y se iban corriendo. Por unos parques muy verdes muy lindos con unas subidas y bajadas muy hermoso lugar. Eso era lo que a ella le gustaba el lugar hermoso, el pasto parecía una alfombra tan lindo, y corrían y corrían llegaban a la orilla de un rio hermoso también, el agua clara cristalina brillaba.

Como una noche estrellada y de luna llena al llegar a la orilla del rió Antonio le decía espérame aquí ya vengo por ti, y la dejaba.

Ahí esperando al rato María despertaba se daba cuenta que era un sueño ahora María. Se acuerda con el viaje que hizo para Argentina y después a Canadá fue un viaje hermoso porque aquí a salido para lugares hermosos y le trae recuerdo. Él se iba y María despertaba, Ella. Pensaba porque despierto siempre cuando el se va.

Me gustaría pasar con El al otro lado del rio porque se ve muy lindo debe ser tan bonito y hermoso como aquí pero ella no veía a su hermano para donde iba. Ella no veía nada para el otro lado tampoco pero si le habría gustado decía ella ir con su hermano a conocer el lugar que él le decía, así pasaba la noche.

Un dia María muy contenta le contó el sueño a su madre porque a María le gustaban los paisajes que veía por donde pasaba con Antonio, se veía la noche media azulada y muchas estrellas, la mamá le escuchaba. Después le dijo a ti te gusta el sueño, o si dijo María porque son muy bonitos los lugares que pasamos con Antonio, corriendo de la mano, espero ansiosa que llegue la noche para irme acostar y soñar con mi hermano porque. Lo volvía a soñar y lo veía. Olga le dijo. Mira piensa bien en el sueño que tienes, en primer lugar. Tu hermano está muerto sí. Olvídate de El, porque si sigues soñando te puedes quedar dormida y pasar el rió con El y al otro dia puedes amanecer muerta. Que imaginación dijo María que tiene mi mami si es solo un sueño, quién. Te va a cuidar de tus hijos si tu mueres, le seguía diciendo la mamá, a María ya la estaba poniendo nerviosa, esas eran cosas que decía la gente de antes contestaba María si le decía su madre serán cosas de antes pero muchas beses se han cumplido los sueños, son puros dichos de antes mami decía María. Mami es tan lindo el lugar por donde pasamos, así Será. Pero quítate esa idea de la cabeza.

Tu hermano ya murió olvídate de El, a María le dio un poco de susto con lo que su madre le dijo porque ella quería mucho a sus hijo y también quiso mucho a su hermano, pero ella no podía olvidar a su hermano eso sería que soñaba con él, o talvez seria por el viaje. Que iba ser María pero ella no savia nada todavía que se iba a la Argentina. Después trataba de no acordarse del sueño e irse olvidando de su hermano, cuatro meces después María estaba en su máquina de coser como a las tres de la tarde.

El niño jugando afuera y la niña en la escuela, esto fue en febrero del mil novecientos setenta y cinco llegó el cartero golpeo la puerta de calle salió María dijo usted se llama María Olivares, si dijo Ella, carta para usted. Para mí? Ella no tenía a nadie.

Que le escribiera no quería recibirla, pero es su nombre le dijo el cartero y su dirección fue a buscar dinero para pagarle al cartero. Recibió la carta se fue adentro, le miró el remitente y cuál fue su gran sorpresa que la carta era de Roberto, Ella sintió que había pisado en un hoyo. Y se había hundido, a carta iba de Argentina.

Se sentó para leerla en eso llegó Mabel le dijo que le pasa mami. Nada majita le dijo ella. Y esa carta, de quien es, de su papi, de mi papi donde está mi papi. Él está en Argentina parece porque de ahí viene esta carta, por eso era que no venía a verlos dijo La niña en, Argentina, que hace mi papi halla?, no se miguita dijo ella, voy a leer la carta, María empezó a leer la carta no le entendió nada. Con los nervios que tenía, trato de leerla de nuevo y no entendió nada otra vez. Ella llamo a su vecina para que se la fuera a leer. La vecina empezó a leer la carta y le dijo el vecino se fue a la Argentina a trabajar le pide a usted que se valla con El y los niños que los echa mucho de menos, los dos niños se pusieron a llorar bueno María también, Ella lo quería pero no podía vivir con Él, los niños. Le decían mami porque mi papi se fue, no se nada le decía Ella. Y nos vamos a ir con El, no se todavía, por eso fue que mi papi dejó de venir a visitarnos decía Mabel ella era la más grande entendía mejor que el niño.

Roberto decía en su carta. Que se había ido lejos para cambiar, y además yo había ido a trabajar al norte y me agarraron los milicos que habían en ese tiempo y cuando me largaron me fui a Santiago a buscar mis cosas y me vine aquí, además Él sabía que en Chile María nunca se iba a juntar con El, ahora quería que María se fuera. Que El había cambiado tenía un buen trabajo y que lo perdonara. Los niños estaban felices porque su papá los había mandado a buscar. Mami vámonos con mi papi, ellos no se daban cuenta del problema que sus padres habían tenido.

Al otro día. María se fue donde su madre. Le dijo Roberto se había ido a la Argentina, que le había llegado esa carta la había mandado a buscar. Que se fuera con los niños, que el había cambiado, estaba trabajando bien los echaba mucho de menos pero hacen más de seis años que estamos separado, María no tenía ayuda de su familia, pero ella era su madre no la iba a dejar sola si ella tenía algún problema ahí. Pero en caso que necesitara tenía quien acudir a ellos. Donde se había ido Roberto no tenía a nadie.

María le dijo a su madre, si el me quiere quitar los niños allá adónde voy a reclamarlos. No conozco a nadie si es otro país, la familia de María le decían, es verdad que se fue a la Argentina cuando, ya hacen varios meces, yo creía que El se había ido a trabajar al norte. Pero nunca a la Argentina, que piensas tu ahora le dijo Olga, te vas con El o no, no se que hacer tengo miedo de quedar sola allá me puede quitar los niños, él nunca va a cambiar. Y que piensan los niños le decía la mama, ellos como no entienden todavía bien lo que pasó quieren irse. Olga le dijo.

María el es tu esposo el padre de tus hijos. Tú esta joven y puedes encontrar un hombre algún día, y puede ser malo con tus niños.

María le dijo, pero mami el que es su padre es bueno con ellos no mami es malo también los dejo botados. Por irse con otras viejas, de vez en cuando les daba algo eso no es ser buen padre. No, yo tuve que poner un abogado para que le diera lo poco que le daba, cuando el quería se los daba, o se cambiaba de trabajo para no darles. Yo con mi trabajo hemos salido adelante pero no puedo darles lo que ellos necesitan realmente pero para comer no nos falta gracias a Dios. Ahí tenía que andar yo tras de El para que los pueda ayudar, además es su obligación de ayudarlos. También hacen muchos años. Que estamos separados. Mas de seis años yo ya no tengo confianza en El los papeles aguantan mucho como esta carta. Olga le decía, María en esta carta. Se nota que Roberto ha cambiado, tienes que irte mami el hombre no cambia nunca, él no te va a quitar los niños, El quiere que tú te vayas con ellos para dejarme a mi botada allá. María para dejar tranquila a su madre. Le dijo está bien le contestare que me voy con El, contestó la carta si pero lo que le mandó a decir, fue, si tu quieres a los niños te los mando, nada más, ni fecha ni nada esto fue para ver que pensaba El y probarlo. Roberto le contestó en seguida, no, yo no quiero a los niños solos, los quiero contigo. Que le contestara lo antes posible para mandarle. Dinero y el permiso para sacar los niños del país, y mandarle a decir donde tenía que ir hacer los tramites, Ella no hallaba que hacer. Ellos nunca se habían llevado bien. María, tenia miedo, El le decía en su carta que en Chile nunca vamos hacer felices, pero María pensaba en. Argentina tampoco también hay mujeres. Y además Decía no es mi culpa que estemos separados a no dijo María Él quería que María nunca le dijera nada, quería andar con mujeres y que ella estuviera callada no pues era su marido no su hermano. Como si él hubiera sido hijo de María después de pensarlo muy bien le contestó de nuevo diciéndole que estaba bien que se iba con el, El vivía allá, con un matrimonio conocido, de Chile la señora le contaba a María después. Que cuando recibía sus cartas se ponía muy triste, porque usted no quería venirse con El. Yo le decía escríbele otra vez, hasta que te diga que bueno, cuando recibió la ultima carta que usted le mandó se puso muy contento, me daba las gracias Enseguida le mando carta con dinero el poder para los niños y la dirección donde tenía que ir hacer los trámites. De la casa que tenían le decía tu sabes lo que haces con ella. María empezó a vender cosas, el comedor se lo dió a su hermana mayor.

La máquina de pie que tenía se la dejo a su madre. Le dijo, si necesita dinero véndala, pero no se la dé a nadie, María vendió una parte de la casa lo demás se lo dejó a su madre, su hermana Mercedes vivía con su madre. La acompañaba a todas partes a María hacer trámites, porque su esposo hacía tres años que se había ido a la Argentina. A trabajar. Que la iba a mandar a buscar pero nunca lo hacía. Ellos tenían dos niños. Mercedes quería saber dónde se hacían los tramites para cuando la mandaran a buscar su esposo, Roberto no sabía que Toño esposo de Mercedes vivía en Argentina. María terminó. De hacer los trámites y llegó la fecha de salir, sus hermanos la fueron a dejar a las catas, que eran vehículos de transporte. Chicos que viajaban en ese tiempo a la Argentina, María salió llorando no iba contenta y muy preocupada y triste más lo hiso por sus hijos ella también lo quería pero tenía miedo de juntarse con él. Ella pensaba será verdad que Roberto cambió o será que me va a quitar los niños, además la ultima carta que Roberto mando decía que no iba. A poder ir a esperarla a Mendosa porque no le habían dado permiso en su trabajo, pero le mandó una foto de un amigo que la esperaría para llevarla a casa. María no conocía a ese amigo. Decía ahí hay un pero, Ella llevaba muchas cosas para la casa, ropa de cama, de ellos en total siete bolsas grandes plástica, Ella no sabía. Como Roberto vivía en Argentina, María no dejaba de llorar. En todo el camino, estaba dando un paso muy grande y alavés un poco peligroso primero atravesar la cordillera para el otro lado por tierra subir la cordillera no se fue por el tune la cata, segundo si él le quitaba los niños allá quien la iba ayudar, pero ella por sus hijos era capaz de todo. Su amiga Margarita le decía en cuanto llegue nos avisa. Era otro país, no otro pueblo ni población. Mabel le decía mami porque llora. Si mi papi nos va a estar esperando. María le decía quédense tranquilos yo voy bien hecho de meno a mi mami, ellos iban felices iban a encontrarse con su papá. Ella les llevaba cosas para comer, bebidas, frutas. María no comió nada en todo el camino, llevaba su cabeza llena de preguntas y recuerdos y ninguna respuesta. Me ira a pasar lo mismo con el no será una trampa para quitarme los niños. O será verdad que cambió eso que hubiera cambiado no lo creía. Pero lucharía por sus hijos donde fuera Iba arrepentida de haber creído en El otra vez, María decía luchare por mis hijos donde sea, miraba para todos lados, tratando de concentrarse pero no podía dejar de pensar miraba pero nada veía.

Su mente la llevaba en blanco, su familia, su tierra, todo iba quedando atrás, ya no podía hacer nada no tenía casa nada todo había quedado allá, ella era la primera que dejaba a sus padres y se iba lejos, pensó de donde sea que me encuentre los ayudaré, que Dios me ayude ahora para que llegue bien con mis hijos.

El viaje fue de todo el día, el chofer paraba por ahí si la gente quería comer algo o tomarse un café, María no supo donde paraba no se dio cuenta del viaje. Iba sumida en sus pensamientos pensando en su madre y padre. Le habría gustado conocer ese viaje, porque no lo ha hecho nunca más. Arriba, de la cordillera, había una aduana. Eso si se acuerda porque tuvieron que bajarse y pasar los papeles. Hacía un frio terrible. Fue en un mes de abril, después todos al bus siguió el viaje, la cata empezó a subir la cordillera, el camino se llamaba el paso caracol, era como un zigzag Miraba para abajo o para atrás se paraban los pelos de la espalda que terrible se veía.

Si la cata se fuera para tras decía María nadie quedaría para contar el cuento, el camino era terrible Ella seguía pensando cómo voy a conocer a ese hombre. Si no lo he visto nunca, además debe haber tanta gente en la parada de bus, al rato empezaron a bajar para tierras Argentinas, todo cambio. El color de la tierra era medio roja y no habían tantos árboles no era verde como para el lado Chileno, llegaron a Mendoza. Como a las siete de la tarde, María le decía a los niños saquen la cabeza por si ven al papá, Ella, sabía que el papá no iba a estar ahí. Pero era Katy la que iba equivocada. El niño decía no veo a mi papi mami, que lo iba a ver decía María si el no va a estar ahí, además había tanta gente. En la parada de las catas. Cuando, iba a ver a ese amigo, llegaron a Mendoza, se bajaron María tomó de la mano a sus dos hijos. No se vayan a soltar de mi les decía. Con la otra mano, le señalaba al hombre. Que bajaba las maletas cual eran las de Ella, y cuidaba a sus hijos. En esto tomaron a María por los hombros, Ella se asustó mucho miró rápido, era Roberto, que estaba ahí, el le dió un bezo en la cara de saludo y besó a los niños María no podía creer que Roberto estuviera ahí. Quedo paralizada no podía creer, más que la saludo como todos los días más de seis años que estaban separados, a ella nunca le han gustado esas sorpresas. Además iba tan preocupada para que de repente la tomaran de los hombros los niños se colgaron de su padre, María no se recuperaba del susto porque no lo esperaba. Valla sorpresa que se llevó María. Pero entonces porque Roberto le mando a decir que no iba a estar ahí esperándola ya había empezado con sus mentiras de siempre, esas cosas así a María no le han gustado nunca, Roberto le preguntaba como estuvo el viaje ella. Le decía no me di cuenta bien, porque venía muy preocupada, y como has estado tu, bien le dijo, después que se recuperó un poco, El le decía tantas cosas trajiste. Yo no sé cómo estas tu aquí para recibir tanta gente, para empezar pensaba María fue un recibimiento muy bonito. Que tuvimos, los niños no dejaban de hablarle al papá. Le contaban del viaje que les había gustado mucho. De su abuelita que había quedado llorando que su tía Margarita también lloraba. Que sus tíos los habían ido a dejar a la parada del buz, en fin todo contaban, el se reía de verlos, el niño llevaba seis años y medio la niña once y medio años. Claro que él nunca los dejo de ver en chile, solo desde que se había ido a la Argentina, ya hacían cuatro meces, que no los veía, Roberto se veía muy contento con su familia. El salió a buscar un carro para sacar las cosas y llevarlas a la estación.

Salieron con las cosas y fueron a dejarla a la custodia porque al otro día tomaban el tren a Buenos Aires, en Chile toda la familia de María había quedado muy preocupada. Sobre todo la amiga de Ella Margarita, que cuanto llegara les mandara a decir como había sido el recibimiento y como estaban, después salieron a buscar un hotel para pasar la noche y comer algo. Pero con tan buena suerte para Ella porque no encontraron ninguna vacante.

Ella no quería estar con el hasta saber si deberá había cambiado con solo hablar ella lo sabría porque lo conocía muy bien, tuvieron que volver a la estación. Roberto habló con el guardia si se podían quedarse ahí a pasar la noche porque no habían encontrado vacante. El guardia les dijo no hay problema. Junten unas bancas y se tiran allí Roberto dijo mañana salimos a Buenos Aires.

Nosotros estamos toda la noche aquí, les dijo el guardia no se preocupen, Roberto le pidió una bolsa con frazada. Que traían María hicieron una cama en las bancas y ahí se tiraron Roberto salió a buscar algo para comer, leche para los niños, y café con leche para ellos. Comieron y conversaron de muchas cosas, se fueron a lavar y se tiraron en las bancas, vestido y todo, la cama era bastante dura y grande pero ahí pasaron la noche.

Cama les sobraba porque las bancas eran muy largas y grandes. María le preguntó a Roberto y que pasó con tu amigo, El iba a venir pero despúes me dieron permiso a mí por eso estoy aquí a dijo ella, al otro día cuando despertaron ya había mucha gente haciendo fila para comprar los ticket a Buenos Aires. Toda la gente los miraba quizás que pensaban de ellos. Pero María no se preocupaba de la gente Ella estaba tan feliz y contenta con Roberto y sus hijos otra vez él se notaba que estaba contento había vuelto a como era cuando se conocieron muy cariñoso.

Ella le pedía a Dios que todo le saliera muy bien y que este encuentro le durara para siempre que no volvieran a lo mismo de ante que esa felicidad que les durara mucho.

Que ya no hubiera más problemas para ellos en sus vidas, lo más importante que no fuera ser un sueño todo eso. Y de repente despertar, seria muy triste para Ella. María lo quiso siempre, y ahora pedía a Dios que nunca más separarse. De su esposo, se levantaron y empezaron a guardar las cosas Roberto fue a comprar los pasajes ya se los tenían listo. Después Roberto salió a comprar algo para comer en el tren, y tomar desayuno. Ella nunca pensó que era tan lejos, todavía les faltaba mucho para llegar ya llevaban un día en la calle, a Bueno Aires quizás cuanto más les faltaba Roberto llego con unas uvas tan ricas que a María nunca se le olvidó el sabor que tenían. También nunca se le olvidó el recibimiento que les hizo Roberto tan cariñoso después de haber hecho ese viaje de tanta tristeza que llevaba y ahora ya estaba al lado de su esposo, tomaron el tren a ella le encanta andar en tren. A Buenos Aires, ahí si se dió cuenta un poco del viaje, pero no había mucho que mirar porque iban pasando el desierto. Seguían conversando tenían tantas cosas que hablar, así paso el día y llegó la noche, el viaje seguía, a María le encanta viajar sea donde sea yo tuviera dinero lo gasto todo en viajar dice María. Roberto les contaba de Buenos Aires que era muy bonito. Que les iba a encantar, les decía que el tenía muy buen trabajo, ganaba buen dinero que nada les iba a faltar Dios quiera que así sea decía María, para sus adentro ahora iba ser diferente.

No más problemas. Roberto les decía, que se había comprado una casita no era grande que era para empezar, llegaron a Buenos Aires, como a las once de la mañana del otro día, no hallaban. Por donde caminar de tanta gente, la estación era tan grande, se fueron a buscar las maletas o bolsas plásticas.

Salieron afuera a tomar algo que los llevara a la casa. Los taxis se hacían chicos con tantas cosas que llevaban María encontraba todo tan lindo, afuera había unos parking tan grandes y largos con techo. Debajo se ponían los buses y las taxis, que manera de haber gente decía Ella pero no largaba para nada a sus hijos de la mano. Gente, autos, buses, era para volverse loca hasta que encontraron algo para que los llevara con tantas cosas que traían, después de caminar tanto por una carretera inmensa de grande, y vueltas que daban las carreteras pasaban por muchos potreros basios sin casas sin edificios sin nada parece que nunca iban a llegar por fin entraron a la ciudad, llegaron a la casa que les tenía Roberto, ya María iba mareada de tantas vueltas que dieron, en casa se sintió mejor, si la casa era chiquita. Tenía dos dormitorios y un corredor nada más, descansaron un rato, salieron a comer. Anduvieron por muchos lugares en el centro. Todo era muy bonito ya tarde regresaron a la casa, al otro día conocieron vecinos todos muy amables con ellos. Roberto fue a comprar para el desayuno el almacén quedaba al lado de la casa.

Llegó, con unos dulces tan rico se llamaban facturas.

A María Le gustaron tanto que más adelante se tenía que comer una docena al día así fue como engordo un poco. Después del desayuno se fueron al centro a conocer.

María por donde andaban encontraba todo muy bonito pero no dejaba de pedir a Dios que no fuera un sueño todo lo que estaba viviendo, también conoció el Obelisco que se nombra mucho, que su alegría le durara para siempre, después de caminar tanto, se fueron a una pizzería, eran tan ricas las pizzas, anduvieron todo el día fuera de casa. Se fueron a conocer la casa Rosada es la casa de gobierno en Argentina, para María y Roberto fue como luna de miel que no habían tenido Katy ya no daba más de cansada y sueño. Los niños felices corrían y se reían solitos de contentos a la siga de las palomas que ay mucha en frente de la casa de gobierno, así paseando les llegó el día lunes Roberto salió a trabajar María fue hablar con una vecina del lado de su casa que era el almacén para preguntarle. Por una escuela para los niños, el niño iba para primer año, y la niña para quinto año. La señora le dio todas las indicaciones María salieron con sus hijos. Llego a la escuela. Le recibieron los dos niños. Pero a la niña se la bajaron de curso a cuarto año, María dijo que porque se la bajaba de curso, a profesora le dijo.

Que la niña tenía que aprender la canción nacional y un poco de historia de Argentina pero eso lo va conociendo en la escuela con el tiempo. Mas adelante le dijeron se la cambiamos de curso, Javier, no quería quedarse lloraba abrazado de María. No me deje mami le decía, se va a quedar con su hermana yo vengó a las doce a buscarlos, no se preocupe aquí va a tener muchos amiguitos para jugar y también a su hermana no llore, le costó para que se quedara, para el, era primer día que iba a la escuela, cuando llegó Roberto en la tarde le dijo. Y fuiste a poner los niños a la escuela. Si dijo Ella me tomaron a los dos, que bueno les dijo él. El niño en Chile fue un día a la escuela. No fue mas no le gustó, María dijo no importa total ya nos vamos. Cuando María, se fue a la Argentina, iba fumando Roberto le dijo tu fumas ahora, si dijo Ella. Me sentía muy sola y aburrida y trabajaba mucho.

El cigarro me calmaba un poco para seguir trabajando. Y tú, dijo Ella porque fumas si antes no lo hacías. Yo los echaba mucho de meno a ustedes yo no pensaba que tu te ibas a venir conmigo, yo no quería venirme mi mami insistió que tenía que venirme. El es tu marido y por los niños hazlo por eso me vine pero ahora eso todo quedo atrás verdad. Si dijo después le dijo María sabes que Toño esposo de Mercedes vive aquí en Argentina. No, de cuando que esta aquí, hacen como tres años que se vino, quedó de mandar a buscar oh ir a buscar a Mercedes pero nunca lo a hecho, no, le dijo Roberto yo no sabía que El esta aquí, o si no yo lo habría buscado. Entonces no se trajo a Mercedes y a los niños no, se vino solo a trabajar según El. Mercedes le mandó un paquete conmigo. Para que se lo fuera a dejar, te dio la dirección dijo Roberto. Si en el paquete viene, El dijo que te parece si yo voy este fin de semana a buscarlo, llevo el paquete y después vamos todos a Katy tampoco le gusto eso. Si podía haberlos llevado a todos el fin de semana para que conocieran verdad María iba anotando todo eso haber hasta donde iba a llegar. Está bien le dijo María. Roberto, conocía por ahí no le costó nada encontrarlo, cuando llegó de vuelta María dijo encontraste a Toño. Si, te costó para encontrar la dirección. No porque yo ya había andado por esos lugares. Llegué toque la puerta, salió una señora le dije si estaba Toño, Ella me hizo pasar me llevó por un pasillo era casa residencial donde arriendan pieza. Me, mostró la puerta que era de Toño. Y se fue, me acerqué toque me dijeron ya voy, salió Toño a medio vestir, e quedo paralizado al verme. Ya hacían siete años que no se veían. Roberto que alegría me da verte.

Que haces por aquí, bueno dijo Roberto yo vivo aquí. Toño dijo esperame me visto y salgo, no lo hizo pasar, según Roberto le dejó el paquete después conversamos. Cuando Toño Salió se fueron a tomar un café, le dijo quien mandó ese paquete, tu señora lo mandó con María con María dijo él. Si ella llegó la semana pasada. María se vino con tigo si se vino con los niños, que bueno dijo El, Roberto le pregunto quién era esa mujer. Que salió abrir la puerta. La arrendataria, y con quien vives tu con dos amigos arrendamos juntos la pieza. Bueno eso fue lo que Roberto le contó a María. Toño le dijo cuéntame de María. Así que se juntaron de nuevo que bueno cuanto me alegro por ustedes eso le conversaba Roberto a María.

Cuanto me alegro. Roberto le preguntó y tú cuando traes a Mercedes, y a tus hijos, no puedo traerlos no tengo trabajo. Y porque no te vas de vuelta a estar con tu familia, no puedo irme peor que cuando me vine. Roberto le dio la dirección. Le dijo, anda a vernos cuando quieras, tal vez voy este fin de semana a ver a María y los niños, hace mucho que no los veo, todo eso le contaba Roberto a María se veía contento contándole, a la semana siguiente llego Toño a la casa, se alegraron mucho al verse. Toño le preguntó a Katy. Por Mercedes como estaban y sus hijos, ahí están esperando que los mandes a buscar le dijo ella, quedaron muy triste llorando Mercedes se quería venir conmigo pero no sabíamos cómo estabas tú aquí. No puedo mandarlos a buscar todavía, pero ya hacen tres años que estas por aquí, como no vas a poder traerlos. Él tenía tantas cosas que preguntarle a María, de su padre su madre su familia como estaban llegó la noche.

Toño se despidió y les dijo que a la otra semana vendría otra vez, para María y Roberto. Cada día que pasaba eran mas felices, salían los fine de semana para diferentes lados. La Argentina es muy hermosa, tiene lugares muy lindos para salir. María quedó encantada de Argentina. Un día Roberto le dijo a María. Sabes yo tengo unos tramites para migrar a Canadá. O Australia, solo falta si tú quieres irte me das los papeles de ustedes. Los voy a dejar, o si no nos quedamos aquí, yo estoy trabajando bien. Ella le dijo, déjame pensarlo porque a mí me gusta aquí, a los días después Katy dijo, sabes esta bien anda a dejar los papeles cuando tu quieras, si nos sale, el viaje nos vamos adonde nos salga María pensó si entre mas lejos nos vamos de este país latino mucho mejor, si se habla Inglés mejor así Roberto podía estar en casa los fines de semana tenía que andar cuidándolo como si fuera un niño chico por las mujeres que andaba a la siga de ellas, le dijo a Roberto donde tu quieras llevarnos allá vamos nosotros que todo sea por el bien de nosotros. Lo que yo quiero es la felicidad de todos nosotros, Dios quiera que siempre estemos juntos. Esos tramites se demoraban Roberto siguió trabajando los niños en la escuela, Katy los iba a dejar y a buscar. A todo esto. Ya ha pasado un año y ocho meces ya tenían amigos lo pasaban muy bien, Toño visitaba todos los fines de semana a Roberto y familia. María había dejado de fumar se sentía muy feliz, pero un día le dijo a Roberto, me das un cigarro, estas segura, si se lo prendió se lo pasó, estaban jugando al naipe con Toño y un amigo. Argentino vivía al lado de ellos María le dio la primera fumada le dieron ganas de vomitar, tuvo que salir afuera. A tomar aire, se sentía mal, entró Roberto le preguntó que te pasó. Me dolió el estómago, y la cabeza, se quedó un rato después le pidió otro cigarrillo. Tenía deseos de fumar, ahí fue peor se fue al baño a vomitar. Votó todo lo que tenía en el estomago, y siguió muy enferma tuvo que irse acostar, se sentía mareada, pasaban los días y no se le quitaba el malestar del estómago, tuvo que ir al doctor. Roberto fue con Ella. Porque María no sabía donde quedaba el hospital el doctor, la examinó lo primero que le dijo estas embarazada hija. Se quedaron mirando los dos. Vas a tener un hijo le dijo el doctor, ellos se pusieron a reír se abrazaban de contento, iban a tener otro hijo que felicidad. María no quiso.

Fumar nunca más, después de tanta felicidad ahora iba a tener otro hijo. Mas unidos se sentían, siguieron pasando los días todo era felicidad, Roberto ganaba buen dinero. No se hacía problemas por nada. Le dijo Roberto vamos a buscar otra casa más grande para todos los niños por mientras que esperaban la respuesta de los tramites que había hecho Roberto. Un día les llegó una carta de Mercedes, decía. Que Toño se sentía muy contento porque pasaba los fines de semana con ellos. Que también había mandado. A decir que si ellos podía tenerlos en su casa por mientras que Toño encontraba un lugar. Para traerlos a ellos. Roberto le dijo a María contéstale a Mercedes que no se haga problema que se venga cuando quiera a vivir con nosotros. María le contestó su carta. Que estaba bien, que se fuera cuando pudiera. Mercedes empezó hacer sus trámites Ella ya sabía por haber acompañado a María.

Un día les llegó la respuesta Mercedes vendría pronto. María se puso muy contenta porque iba a tener a su hermana con Ella.

Que se iba a juntar con su esposo. Roberto se puso muy contento también, el siempre se llevó muy bien con los cuñados de María Llegó el día de Mercedes, Ella tuvo que hacer todo ese viaje que hizo María sola de Chile a Mendoza y a Buenos Aires.

Sola con sus dos hijos Toño no pudo ir a buscarla le mando todas las indicaciones a Mendoza. Pero también se quedó en la estación María le mando a decir que si podía hacerlo para que no saliera a buscar hotel, al otro día salieron todos a esperarla a la estación de Argentina, la casa era chica una pieza les servía de cocina y la otra de dormitorio. Le pasaron la pieza chica a ellos, la cocina la sacaron para el corredor. Ellos eran una sola familia, en esa casa tan chica cuatro personas grandes y cuatro chicos no eran muy pocos. Cocinaban ella las dos para todos, Lo pasaban muy bien todos juntos. Toño encontró un trabajo juntó unos pesos y se compró una casita chiquita. También muy cerca de María. Los niños se juntaban todos y se iban a la escuela. Los, esposos se llevaban muy bien. A veces se veían en la tarde y los fines de semana, a María lo único que no le gustaba de su casa era que no tenía agua. Tenían, que ir a buscar a otro sitio era de esa llave que había que hacerle con la mano para arriba y para abajo y salía el agua.

Mercedes se hacía cargo de eso para que María no hiciera fuerza, ella estaba muy contenta por María que iba a tener otro hijito, el hijo menor de María pronto tendría ocho años, María cada día más gordita y más feliz. Un día Roberto les dijo a todos que le gustaría irse de paseo el fin de semana, está bien dijeron todos, empezaron a preparar el viaje a comprar lo que llevarían para comer se fueron a un rio, ellos se había hecho de un amigo que tenía camión vivía al lado, lo pasaron muy bien sobre todos los niños. Se bañaban, y los grandes hicieron su asado que es costumbre allá todo el día lo pasaron muy bien alegre, el día lunes los esposos se fueron a trabajar. Los niños a la escuela, ellas dos hacer comida lavar y hacer aseo, y esperar la familia en la tarde. A la otra semana.

Roberto les dijo mañana sábado nos vamos a ir a un lugar muy bonito que se llama Lujan. Dicen que es un lago muy hermoso. Como para ir a comer y sentarse debajo de los sauces a la orilla del rio Dicen que es un lugar muy precioso, yo no he ido todavía decía Roberto. Bueno dijeron todos nos vamos para allá el sábado, quedaba lejos tomaron un buz llevaron para comer. Si era muy bonito todo ese lugar, caminar por debajo de los sauces por la orilla del lago. Andaban unas lanchas en el rió y mucha gente caminando, más tarde Buscaron un lugar para sentarse y a comer algo y siguieron caminando después. Les, llegó la tarde para regresar, cansados todos de caminar, así pasaban los días todo marchaba muy bien y felices, una vez María se dio cuenta que Roberto se le ofrecía. Para ir a buscar agua en las tardes cuando llegaba del trabajo si era Mercedes la que hacia eso antes nunca lo hacía. Ella pensaba que El no quería que hiciera fuerza por su embarazo, se lo dijo a Mercedes ella dijo déjalo nomas, pero no era por eso, era justo cuando pasaba una mujer que vivía sola con sus tres hijos cerca de la casa de ellos. En el día solo pasaban los niños por el agua pero en la tarde justo cuando Roberto llegaba pasaba la madre. María se va dando cuenta, conocía a su marido muy bien, El ya le había echado el ojo a esa vieja María dijo no puede ser que Roberto se esté. Fijando en esa mujer sería volver atrás de nuevo al sufrimiento espero en Dios que no sea así, una mujer más sucia cochina no podía ser no, no podía ser, sus piernas no tenia un lugar que no tuviera picadas de mosquitos y heridas como se rascaba. Y más usaba mini faldas que asco de mujer le faltaban hasta los dientes. Bueno así era Roberto. De cochino siendo mujer las agarraba y no respetaba a nadie. Por mientras que esperaban en la cola que se hacía. Para sacar agua ellos conversaban. María se lo dijo a su hermana. Esa mujer vive allí sola con sus hijos no tiene marido, en el día manda a los niños a buscar agua, pero en la tarde está mirando cuando llega Roberto. Para pasar ella, por eso era que Roberto se había puesto muy amable para ir a buscar agua antes nunca lo había hecho por mientras que esperan en la cola conversan, algo está pasando entre ellos dijo María.

Yo conozco a Roberto, y porque crees tu eso dijo Mercedes, como se va a fijar en esa mujer tan fea y sucia mírale las piernas y le faltan los dientes, te lo dije en el día ella no pasa pero en la tarde si. Mira, le dijo Mercedes, tu no hagas nada yo voy arreglar esto, cuando llegue tu marido yo voy a venir, para ver esto, bueno llegó la tarde. Llegó Roberto y también Mercedes con su esposo, en eso pasó la mujer al agua.

Roberto le dijo a María. Te voy a ir a buscar agua, bueno dijo María se miraron las dos, a Toño no le habían dicho nada para que no le dijera a Roberto eso quedaba a dos casas por medio de la de María ella le dijo a Mercedes. Viste como salió pasando la mujer. María le dijo a Mercedes perro que se acostumbra a comer huevos aunque le quemen el hocicó. Roberto nunca ha despreciado nada, sea como sea la mujer en las agarraba. Voy a ponerle paro ahora mismo antes que sea demasiado tarde. Dijo

María, salieron las dos a la puerta. Toño no decía nada él no sabía de que estaban hablando, según ellas, era mejor para que no le dijera a Roberto todavía nada. Roberto las vio que estaba ahí paradas en la calle, tomó el balde con agua y se fue a casa, no le dijeron nada al pasar dejaron todo para el otro día, pero Mercedes le dijo a María mañana vengó otra vez para estar segura al otro día lo mismo, pasó la mujer y salió Roberto al agua, más atrás salieron ellas dos. Y se pararon en medio de la vereda para que Roberto las viera él era un hombre muy guapo alto delgado siempre andaba bien vestido tenía una risa muy linda y muy respetuoso para conversar con él, en sumo era un gran caballero. Pues bien ahí estaban los dos conversando otra vez, El las vio de nuevo salió con su agua a la casa. lo dejaron entrar, cuando iba pasando la mujer María dijo a su hermana, si pillo a una perra cochina dándole lado a mi marido, le va ir muy mal, pues la voy a dejar sin pelo por sinvergüenza. Para que la mujer tuviera miedo, Mercedes le dijo tu no vas hacer nada, yo donde la pille le voy a cortar la cara eso fue peor para ella. Por sinvergüenza. Y se reían las dos. Paradas en la calle, la mujer escucho eso y no pasó mas a esa hora al agua, cuando se entraron ellos dos se estaban riendo. Les dijeron a ellas ustedes que son malas vividoras, María le dijo a Roberto, muy seria tu me conoces, y no me gustaría tener problemas en este estado. Tu serias el único responsable de lo que me pasara, tu sabes no me detengo cuando quiero hacer algo, además yo estoy acostumbrada a vivir sola, no tengo miedo y aquí seria una lastima que nos separáramos otra vez con migo no consiguerias nunca mas nada, crees que porque estoy así, no puedo pegarle a esa perra cochina que asco no le ves las piernas.

No te da asco bueno estás acostumbrado andar con perras cochinas mirarle las piernas y los lindos diente que tiene, hasta a aquí nos duraría la felicidad sería una pena y tristeza muy grande para mí y mis hijos volver través. Qué pena que tengo que estar pasando por esto otra vez es como volver atrás y no avanzar hemos tenido días tan lindo, tenlo por seguro, no tengo miedo de vivir sola, ya estoy acostumbrada ahora sería para siempre, no te olvides ya me conoces como soy. No dijo Mercedes. Para eso estoy yo, tú no vas hacer nada, ellos dos más se reían. María, les dijo esto no es para la risa, yo estoy hablando en serio y yo también dijo Mercedes.

Los dos se quedaron callados, y el romance que estaba empezando terminó creo yo, María le dijo a Roberto me hiciste perder la confianza que había puesto en ti otra vez que pena ahora va hacer como ante, yo no tengo miedo de quedar sola con mis tres hijos siempre he estado sola, Roberto le decía no te agás problema no pasa nada con esa mujer solo que nos encontramos ahí esperando para sacar agua porque tienes que salir tu a buscar agua si mercedes la trae además tu nunca ibas a buscar agua después que llegabas.

Del trabajo, apareció esta mujer sales corriendo tú a buscar agua si nosotros lo hacemos en el día. Los días seguían pasando pero María ya tenía eso metido en la cabeza no puede ser que vamos a llegar a lo mismo. María ya conocía a su marido que no aguantaba mucho tiempo de andar con otras viejas. Nunca se le va a quitar eso de andar con otra mujer se terminaron las salidas a otro lugar los fines de semana para María ya no era lo mismo había vuelto atrás. María no quiso salir más los días sábado. Y domingo Roberto empezó a trabajar en casa trabajaba en casa los fines de semana El hacía unas cosas artesanales muy bonitas. Y las vendían en un bazar le iba muy bien las vendía en la casa también. En eso se entretenía .Un día Mercedes le dijo a María vamos a caminar con los niños a tomarnos un helado a la plaza bueno dijo ella y salieron las dos había una plaza cerca de la casa. A María le hacía bien caminar por su embarazo. Esto fue un día domingo en la tarde. Roberto y Toño se quedaron en casa, ellas se sentaron en la plaza a tomarse un helado, y los niños jugando felices, de repente le dijo a Mercedes, vámonos, porque, dijo Ella te sientes mal.

No le dijo pero tengo un presentimiento, de que dijo Mercedes. Veo a los maridos peleando con una persona, no seas tonta le dijo ella con quien van a pelear, parece que tu embarazo te esta haciendo mal, de donde sacaste eso, no se de repente se me vino a la cabeza, bueno vamonos, los niños no querían irse, porque nos vamos todavía decían, tenemos que irnos.

Iba María Caminando rápido adelante, iban llegando a la casa, vieron mucha gente en la calle justo en la puerta de María. Ella le dijo a Mercedes algo esta pasando en casa, claro que si estaban peleando Roberto y Toño. Le estaban pegando a un hombre que le pegando a su amigo. Ellos Tenían un amigo, que en ese momento iba a la casa de María. A conversar con ellos, le salió un hombre a pegarle de envidia, él quería ser amigo de Roberto y Toño pero no era buena persona, era temprano todavía en la tarde.

Roberto y Toño salieron a los gritos que daba el amigo que le estaba pasando y a defenderlo el hombre alcanzo a darle unas puñaladas por la espalda cerca de los riñones al amigo de ellos Roberto y Toño habían agarraron al hombre y le empezaron a pegar.

Roberto y Toño no se habían Dado cuenta que el amigo estaba herido solo cuando el amigo se pasó la mano por la espalda y le salió con sangre le llamaron la ambulancia se lo llevaron al hospital. También las vecinas. Habían salido con palo en mano pegándole al hombre, tuvo que salir arrancando, estaba la grande cuando llegaron ellas. María, le decía a Mercedes.

Viste que era verdad que estaban peleando, es cierto, y yo creía que te estaba haciendo mal el embarazo, de que están hablando.

Les dijeron ellos dos, después les decimos. Como supiste de esto le preguntaba Mercedes a María, no se solo tuve una corazonada.

Decía María pensé en eso los veía que peleaban que estaban, las mujeres le daban palo al hombre defendiendo a Roberto y a Toño.

Después se calmó todas las vecinas llegaron a preguntarles como estaban, pero Roberto y Toño se empezaron a quejar Roberto se le empezó a hinchar la mano, muy rápido de un rojo oscuro de haberle dado un puñetazo en el hocico al hombre, a Toño le dolía un pie al darle una patada al hombre se le salió la uña del dedo gordo. Los dos a emergencia, Roberto ya tenía hinchado el brazo hasta el codo y un color muy feo.

Cuando iban Mercedes les empezó a decir lo de María del presentimiento que había tenido que por eso se habían ido a la casa. Deberá, le decían ellos que sentiste una corazonada, sí, pero nunca pensé que estaban peleando yo les dijo Mercedes pensé que le estaba haciendo mal el embarazo a María y se reían.

Les pusieron una inyección les dijeron que era contra en tétano, a cada uno, y le curaron la uña a Toño, después se fueron Conversando. Y riéndose de ver las mujeres como le daban palo al hombre. Quizás como sería el hombre porque siendo El de Argentina. Y las señoras defendieron a los dos chilenos, llegaron a la casa ahí estaban las señoras esperando a los enfermos. Como estaban, preocupadas por ellos, el amigo de Roberto y Toño tuvo que ingresar al hospital. Porque le dieron en los riñones con una cuchilla, y ellos dos empezaron a cuidarse en la casa, y así pasaba el tiempo, eran unos días muy felices que estaban viviendo sobre todo María. A Ella le encantó la Argentina, después Roberto le empezó a decir a Toño. Porque no aplicas para Canadá, como sabes. Te sale y nos iríamos juntos. Mercedes les dijo a mi me gusta aquí y estoy mas cerca de Chile para ir a ver a mis padres y la familia, Roberto les decía. Quizás de allá tendrían más posibilidades para ir, pero Mercedes no quiso, Roberto los entusiasmaba, haríamos el viaje junto. Pero no fue posible convencer a Mercedes un día María Tocó control médico, cuando llegó de vuelta encontró a la familia que en Chile habían tenido a Roberto en su casa con la mujer que él tenía, le habían hecho la vida imposible a María y sus hijos. Roberto los había mandado a buscar escondido de María.

Les ofreció su casa para que llegaran, esa gente. Le habían hecho mucho daño a María y a sus hijos en Chile, además los niños veían al padre paseándose con la mujer por frente de la casa, ellos vivían muy cerca de María. María llamó a Roberto afuera y le dijo que hace esta gente en mi casa, y como supieron de nosotros, muy descaradamente él le contesto Ellos se vinieron a vivir aquí a la Argentina. Si pero no a mi casa le dijo María a Roberto. Yo los mande a buscar, así con toda su cara, pues bien le dijo María ahora mismo se van de mi casa o voy a buscar la policía. Para que los saque de aquí, si tu quieres te vas con ellos para mí sería mucho mejor no te necesito, porque presiento que vamos a seguir con lo mismos problemas de antes. Es mejor parar ahora esto que seguir porque ya se lo que me espera y más ahora que estoy embarazada no puedo pasar rabia. Tu nunca vas a cambiar mentira que me dijiste que habías cambiado pero solo por un tiempo María salió a la calle a buscar la policía, Roberto la siguió, le dijo esperemos que encuentren donde irse. No se van ahora o traigo la policía fue tanto que Roberto la molesto que María le dijo está bien. Pero que se vallan mañana no los quiero aquí en mi casa. La Hermana de María ya no Vivian con ellos se habían comprado su casita. Muy cerca de María y se habían cambiado María pensaba si hubieran sido buenas persona no habría ningún problema tenerlos aquí, hasta que encuentren. Donde irse, pero ni siquiera le consultaron a Ella. Como lo hizo Mercedes siendo su hermana, les consultó a los dos primero, seguían pasando los días y esa gente no se iban de casa de María, Un día María fue al lado a comprar algo entro despacio, estaban todos metidos en la pieza de ellos mostrándole foto a Roberto de la mujer. Que el había dejado en Chile, ni cuenta se dieron que María estaba parada en la puerta viendo eso y escuchando lo que conversaban. María les dijo ahora mismo salen todos ustedes de mi casa, incluyéndote a ti le dijo a Roberto y le hacía con las manos que salieran de ahí todos. Y le dijo a Roberto, te vas ahora mismo con estos sinvergüenzas, porque aquí no caben yo estoy acostumbrada a vivir sola y no te necesito. Tú, crees porque estoy embarazada no puedo trabajar o hacer algo para ganarme la vida para mis hijos.

Estas equivocado cuando me mejore puedo trabajar como lo he estado haciendo siempre no le tengo miedo al trabajo. Pero tampoco voy a dejar que te sigas riendo de mi me basta tener a mis hijos, tú no me haces falta solamente sirves para molestar, María salió a buscar la policía. Si no lo hago ahora estos no van a salir de mi casa porque ya había pasado más de una semana y ellos no se movían para nada a buscar otro lado dijo, salió a buscar la policía.

La policía quedaba a dos cuadras de la casa de María. Roberto salió a la siga de María. Otra vez para detenerla, Ella seguía caminando. El le dijo no vallas porque ellos se van ahora, a casa de un amigo y tú te vas con ellos le dijo María ya te lo dije no te necesito, mira que bien le dijo María seguía caminando von que ya tienen amigos, que bueno, y seguía caminando, El la tomó de un brazo no vallas le dijo si ya se van ahora, María se devolvió, se metió a su pieza, pero esos sinvergüenza se fueron ese mismo día si no hace esto se seguirían quedando, tuvo que hacerlo así si no. no se habrían ido. Roberto no se fue con ellos se quedó. Quedaron muy cerca de María, le empezaron hacer la vida imponible tal como lo hacían en Chile. Roberto todas las tardes se iba donde ellos después que llegaba del trabajo, los días que. No trabajaba los pasaba con ellos todo el día, se terminó la felicidad para María El empezó a cambiar otra vez María se sentía muy triste. Volvió a lo de antes. Hacer grosero con María no hacía caso de los niños ya no salía con ellos así con esos problemas le llegó la fecha a María de irse al hospital. María estaba muy triste. Había vuelto a los tiempos de antes otra vez empezar a sufrir, pero dijo María tengo a mi hermana muy cerca ya no estoy sola más adelante hablare con ella si me puede cuidar los niños para yo salir a trabajar, Mercedes la fue a dejar al hospital, tenía que volver los niños habían quedado solos los cuatro, Ella le dijo a Mercedes. Dile a Roberto que no venga no quiero verlo más. Más tarde cuando Roberto llego del trabajo se fueron todos al hospital. Mercedes le dijo a Roberto. María no quiere que tu vayas te pueden echar del hospital si ella lo pide pero fueron de todas maneras, estuvieron asta tarde con María a media noche nació él bebe, fue un hombrecito muy lindo gordito y bonito, Ella estaba feliz con su nuevo bebe Sus dos hijos ya habían crecido. Pero María no lo había pasado muy bien en Argentina el clima le afecto mucho para su embarazo, era caluroso y húmedo.

A ella le faltaba el aire pasaba mareada, pero de su bebe había quedado muy bien, Roberto se tomó. Unos días para quedarse con los niños mandarlos a la escuela le dijo no te hagas problema con los niños mi hermana los puede ver y hacerles comida mandarlo a la escuela. Tú o te molestes por ellos quedas libre para que agás lo que quieras Cuando salió Roberto a trabajar iba muy contento por su nuevo hijo. Mercedes se encargó de cuidar a María ayudando a lavar la ropita del niño, cuidaba los mayores, y los mandaba a la escuela eran cuatro, hasta que María quedó bien. Como Roberto Había hecho aplicaciones para Canadá le tenía dicho a María, que cualquier cosa, lo llamara por teléfono al trabajo o carta que llegara. Un día les llego una carta María le aviso por teléfono Roberto estaba muy contento. Por la noticia, no sabía para que era en ese momento, pero se alegró y María también para salir de ese lugar. Dijo se acordaron de nosotros. Tenían, que ir a una entrevista.

. El día dicho de la entrevista se fueron todos a la embajada, Roberto decía no se porque pero tengo la seguridad que nos van aceptar, les hicieron muchas preguntas mas le dijeron que en otra carta le iban avisar más. Siguieron esperando, el niño seguía creciendo Hermoso y sanito, Roberto le dijo a María que tenían que bautizarlo al niño antes de salir de Argentina. Si es que lo aceptaban como inmigrante a Canadá. Si es que se iba serio el gobierno que los llevaría y así lo asieron buscaron de padrino a los dueños del almacén que quedaba al lado de su casa.

Porque no conocían a nadie más ellos aceptaron encantados, ellos habían sido muy buenos con María y Roberto. Desde que habían llegado a vivir ahí, se realizó la ceremonia del bautizo, fue muy sencillo, solo la familia de María y los familiares de los padrinos, por nombre le pusieron Miguel. Sus padrinos lo querían mucho, El padrino antes de irse al trabajo en la mañana pasaba a ver a su ahijado, y su

madrina a la hora que cerraba. El negocio después de
doce. Se iba a ver a su ahijado también, su madrina
Inés todavía se acuerda de Él. Ya Miguel ahora tiene
cuarenta años todos los años. El día de su cumple
año ella lo saluda por feivo. Bueno un día llegó otra
carta de la Embajada de Canadá. Que tenían otra
entrevista. Llegaron allá les hicieron otras preguntas
y después les dijeron que estaban aceptados para
Canadá, fue una alegría muy grande para ellos se
abrazaron de felicidad y alegría, Roberto trabajaba
bien. Pero era María que quería salir de países de
habla hispana por Roberto y las mujeres que no las
dejaba, después de salir se fueron a comer con sus
hijos, tal vez no iban a tener más oportunidad de
volver. Roberto avisó en su trabajo. Ellos no le creían
que se iban a Canadá, no querían que se fuera, que le
subieran el sueldo si quería pero que no se fuera, El
les daba las gracias que estaba muy agradecidos con
sellos. Por haberle dado la oportunidad de trabajar
en su fábrica, Roberto trabajaba de dibujante técnico
ganaba bien les dijo que ya tenía todo listo, pasaron
los días, antes que el dejara el trabajo le hicieron una
despedida.

Muy bonita con regalo y todo. Le dijeron si algún
día vuelves ven a trabajar con nosotros, empezaron
a vender. Sus cosas que no eran muchas y la casa, a
los cuatro meces de haber nacido el niño salieron de
Argentina rumbo a Canadá María era la más feliz
porque salía de países latinos. Mercedes y su familia
los fueron a dejar al aeropuerto muy triste todos.

Tomaron su último desayuno junto, les llegó la hora
de despedida, fue muy triste, todos lloraban hasta los
niños se abrazaban y lloraban. Su familia se quedaron
solos, María y su familia a un país desconocido, muy
diferente al de ellos, sus costumbres, e idioma.

Todo diferente, en el avión los atendieron muy
bien el viaje fue inolvidable, muy bien atendidos,
hacían escala en otros piases hasta que llegaron a los
Estados Unidos. De ahí los mandaron en otro avión
a Toronto Canadá. En el aeropuerto de Toronto, las
autoridades de migración los estaban esperando. Los
llevaron a un hotel muy bonito, con televisión a color,
no entendían nada, pero les gustaba ver los colores,
ponían solo el canal 11francés que se parecía un poco
al español. Ahí sentados en el living estuvieron hasta
tarde conversando. De muchas cosas de todo lo que
habían pasado durante el viaje. Comieron algo y
cuando les llegó la hora de ir acostarse solo había
una cama, donde van a dormir los niños dijeron y
él bebe. La ignorancia cuando uno llega. A estos
países ingleses decía María. Sacaron un colchón. De
la cama les hicieron cama a los niños en el suelo, así
pasaron la noche. Al otro día llegó una señora que
hacía el aseo, Ella hablaba español. Les dijo ¿porque
hicieron cama en el suelo? Donde iban a dormir los
niños, dijeron ellos vengan les dijo la señora. Los
llevó al living ahí abrió un sillón estaba completo,
era sofá cama, El otro también es cama, les dijo
la señora ellos se miraron y se pusieron a reír, le
dijeron a la señora que era la primera vez que veían

un sofá cama, nosotros le dijeron venimos de Chile allá no se usaban estas camas, estuvimos viviendo en Argentina casi tres años de ahí aplicamos a Canadá y así es como estamos aquí gracias adiós, bueno ahí sentado en el living se amanecían mirando televisión, estuvieron varios días ahí porque María se enfermó de la garganta no los dejaban salir a su destino, hasta que María se sintió bien, después los dejaron salir.

Por fin llegaron a su destino que era Sascacheguan Regina. Ahí había una señora que era Canadiense pero hablaba muy bien el español. trabajaba para el Gobierno los llevó a un hotel muy bonito con todo servicio, del desayuno adelante. Tenía hasta piscina ahí conocieron otras personas que eran de otros países, en el hotel les daban la comida a toda hora, les cambiaban las cama, y le tenían una cuna al niño. Ellos se sentían muy contentos, nunca se imaginaron. Que los iban a recibir tan bien.

Se acordaban de toda la anécdota que habían tenido para llegar hasta ahí, pero Katy nunca pensó. Que había tanta gente que hablara español aquí en Canadá pueda ser que no tenga problemas con Roberto aquí y las mujeres porque basta por todo lo que he pasado tenía que andar cuidándolo y eso no estaba bien para ellos, no era un chico María pensó si aquí el agarra otra mujer lo dejo y de verdad, y bien después del almuerzo salían a caminar. Para ir conociendo y dándose cuenta de la vida y de las cosas de Canadá.

Fue muy diferente de dónde venían, ellos miraban para todos lados, era todo muy lindo. Se acordaban de Mercedes y Toño que no se habían querido venir además ya estaban aquí. Y todo listo para empezar una nueva vida, a María le gustó mucho desde que piso tierra Canadiense. Le gustaba mirar la bandera la encontraba muy bonita tiene solo dos colores, blanco y rojo se ve muy bonita, de primera salían a comprar, pero. No podían compraban nada no sabían como era y como pagar, porque no había nadie a quien pedirle ayuda en el momento, la cosa era solo de sacarlas. Y ponerlas en el carro pero los precios no lo entendían.

En su país había un mostrador al frente de ellos. Dentro del negocio una persona para pedirle lo que uno quisiera, después empezaron a ir con unos amigos. Ahí se dieron cuenta como era para pagar, a María le gustó ese sistema mucho porque no tenían que hablar. Podían sacar todo lo que quisieran ponerlos en el carro.

Después que conocieron el dinero no se hacían problema, el dólar, que era muy nombrado para ellos, a Roberto le daban un dinero quincenal, el gobierno para sus gastos.

Porque en el hotel le daban la comida a toda hora, los días domingo llegaban personas de habla hispana. Al hotel a conocer a los nuevos emigrantes que habían llegado era una costumbre que tenían ellos de ir conociendo a los nuevos.

Ellos les enseñaban como establecerse mejor, lo hacían con todos los nuevos inmigrantes que día a día llegaban a Canadá, también había algunos que ya tenían auto y los iban a buscar para que fueran conociendo. Nuevos lugares y partes muy lindas que ahí en Canadá. María quedaba encantada por donde andaban. Un día llegó la señora que estaba a cargo de ellos. Los llevó a una tienda muy grande a comprarles ropa para todos. De invierno, de pies a cabeza los vistieron, hasta él bebe que traían le compraron de todo, la señora les dijo que tenían que empezar ir a la escuela. A estudiar inglés, los dos niños grandes a una escuela para niños y ellos dos a una escuela de adulto, el bebe a una señora para que se lo cuidara. Todo era pagado por el gobierno de Canadá. A María no le gustó mucho que le mandara el niño a cuidar. Ella no estaba acostumbrada que se los cuidaran. No sabía cómo lo iban a tratar, pero se tenía que acostumbrar así es la vida aquí le decía a Roberto, empezaron las clases a los tres meses de llegar María se tenía que levantar muy temprano, tenía que hacer los sándwich para los dos niños. Grandes, para ellos dos. Y prepararle el bolso al niño chico con su ropita sus botellas con leche y los pañales, tenían que durarle para todo el día, después salir a la calle, tomar el bus, bajar los niños en el centro. Ir a dejar al bebe a la señora que lo cuidaba y después irse a sus clases, no les gustaba llegar atrasado, las clases eran de todo el día, y de todos los días lunes a viernes.

Ya, hacía como un mes y medio que estaban estudiando llegó la señora del gobierno, a decirles que les tenían una casa para que se fueran a vivir, les compraron cama para ellos y los niños, cosas de cocina, y todo lo que necesitaban, se portaron muy bien con nosotros de ahí les quedaba mas lejos la escuela. Para ellos era duro porque llegó la nieve. No estaban acostumbrados a caminar con nieve, menos con tanto frió. Se resbalaban se caían, mas con la ropa que le habían comprado se sentían envuelto.

El niño que en ese tiempo ya tendría unos seis meces estaba pesado se les resbalaba de los brazos con las casacas, María se iba muy preocupada después que dejaba el niño a la señora, a la hora del café llamaba, a la casa siempre el niño estaba llorando a la hora que fuera. María le decía a Roberto, yo pienso que Ella le pega al niño. Por eso El le tiene miedo, no quiere quedarse cuando lo vamos a dejar. El ya conoce la casa por fuera, se toma de mi no quiere quedarse y llora mucho, además la señora decía, que el niño lloraba desde que lo dejaban ahí. Y no quería comer nada, ni tomarse la leche. María decía. No me gusta que me lo cuiden. No podía concentrarse en sus clases, quería aprender inglés. Porque, este iba ser su segunda lengua, pero con el problema del niño bien difícil se le hacía, aprendió un poco, pero podía haber aprendido mucho más porque les enseñaban muy bien. En ese momento pensaba porque no me quedé en Argentina. Allí no tenía problemas con los niños ni con el idioma, pero ya estamos aquí le decía Roberto y aquí es mucho mejor. Tenemos que hacer lo que ellos nos digan. Lo principal tenemos que aprender el inglés, a María le gustó Canadá tenía que acostumbrarse si o si, Ella aceptó venir a Canadá por su esposo sacándolo de países de habla hispana a un país de habla inglesa parecía un niño que había que cuidar.

Además fue muy fuerte el cambio muy brusco para ellos Roberto le sería más difícil serle infiel pensaba María. Con el idioma era inglés dijo no va a poder la clase estaba llena de gente que hablaba español. Pero cual equivocada estaba María había mucha gente que hablan español, siguieron en sus clases, el curso era de tres meces. Ella encontraba muy largo el día para estar separada del niño, pensaba María, por sus hijos grandes pobrecitos. Como lo pasaran ellos sin poder comunicarse con los demás niños cerca de los dos meces llegó la señora del gobierno a la escuela a decirle a Roberto que le tenían un trabajo el lunes siguiente tenía que salir a trabajar, que lo iban a pasar a buscar en la mañana. Y esa, misma persona le va a servir de interprete, la señora le dijo no se haga ningún problema, usted quedara trabajando y lo van a dejar solo. Pues usted sabe hacer su trabajo.

Para María fue peor. Se tenía que ir sola con los tres niños, Y el bolso del chico, y el de Ella con los cuadernos. Parece que la señora que lo cuidaba no lo sabía cambiar, porque todos los días, le llegaba en el bolso la ropita mojada del niño.

Además María. Tenía que llegar hacer comida, lavarle la ropita al niño, y hacer a esa hora los sándwich para todos, a Ella no le quedaba tiempo para hacer sus tareas. A la una de la mañana se acostaba. Pero seguía adelante, ya le quedaba poco para terminar el curso. Roberto con su trabajo se compró un autito viejo, era para aprender a manejar. Luego aprendió se fue a sacar sus papeles para manejar, después de eso se llevaba a María con el chico en la mañana, y a los niños grandes. Los dejaba en el centro, y se iba a su trabajo, todos tenían que andar mas temprano en pie, en la tarde El se iba a buscar a María con él bebe. Los niños más grandes se iban solos a la casa en el buz, María se acostaba. muy tarde de la noche, y se levantaba temprano, además la temperatura a veces era de veinte y ocho o treinta bajo cero, en su país nunca habían tenido esa temperatura tan alta.

Tampoco había nieve en el invierno, bueno María se conformaba decía esto no los pasa a nosotros nomás talvez a todos los que vienen de afuera les debe pasar esto. Con eso se conformaba, a los niños grandes se les rompían sus manitos y sus orejitas con el frió, llegaban llorando del dolor. Y eso que andaba bien abrigado no tenía costumbre a este clima. Con guantes y gorros y casaca de invierno y chalina botas de invierno bueno había que acostumbrarse.

Roberto seguía trabajando le decía a María que lo dejaban trabajar solo, que no tenía problema. Cuando se cumplió los tres meses terminaron las clases. María se sentía mejor con su hijo en casa, dejó que llegara el tiempo bueno ya el niño tendría más de un año y salió a buscar trabajo por las tardes haciendo aseo de oficina. A esa hora ya estaban los demás en casa. María decía para hacer aseo no se necesita mucho inglés y me sirve para practicar lo que aprendí, Roberto se iba a dejar y a buscar a María en la noche al trabajo, se sacrificaron mucho el primer tiempo que llegaron.

Bueno la primera vez que vieron nevar, fue algo muy hermoso maravilloso para todos ellos, nunca habían visto nevar de esa manera tan lindo tanta nieve y tan grande los copos que caían, se puso todo blanquito. Por la ventana se paraban los niños a mirar para afuera los pinos eran lo único que quedó verde por debajo pero, con una capa blanca encima se veían hermosos, que bonito se ve para fuera decían los niños pero no se atrevían a salir afuera solo había que mirar por la ventana. Los fines de semana. Se iban con otros niños a jugar a un parque que quedaba dentro de la ciudad, cada uno llevaba su refalin unos redondos otros cuadrados y buenos otros niños llevaban unas bolsas negras de la basura y en eso se tiraban si también trabajaba. Fue maravilloso para todos el primer invierno, seguían pasando los meces. Y el invierno no terminaba, que largo lo encontraron. Tenían que acostumbrarse. Llego el verano eso si que fue lindo, otra vez, flores por todos lados tantos árboles se puso todo verde muy lindo muchos árboles que florecían. Los niños en poco tiempo se hicieron de amigos no hablaban bien todavía pero a los chicos de ahí les gustaba juntarse con ellos. Y salían todos juntos de camping, a conocer otros lugares se los llevaban por la escuela. Canadá es un país muy hermoso. Tiene lugares realmente bellos, lagos, hermosas montañas, lo principal muchos parques con muchas flores inmensos jardines y una aroma que por si uno estiraba el cuello para oler el perfume de esa belleza de flores. Pero inevitable mente llegó el invierno otra vez, que corto se sentía, el verano. El niño chico se empezó a enfermar con el cambio del clima, si lo sacaban afuera le daba neumonía había que llevarlo a emergencia y con la calefacción dentro, también. María tenía que pasar con El en el doctor.

El, doctor hablaba español les dijo, van a tener que cambiarse de provincia donde el invierno sea mas suave por el niño. Porque de tantos. Remedios e inyecciones que le ponían para la neumonía puede hacerle mal u otras enfermedades le puede dar, casi tres años vivieron allí. Un día llamaron. De las oficinas de gobierno, fue María su hija Mayor con Roberto le informaron que había llegado. Una familia conocida que iba a su casa de Argentina.

Ellos iban a quedarse a casa de María otra vez, fueron los mismos sinvergüenzas que llegaron a la Argentina.

A casa de ellos los chilenos que Roberto había mandado a buscar, Roberto los había invitado de nuevo y sin consultarle a María él les informaba sobre lo que tenían que hacer para llegar a Canadá. María le dijo al representante del gobierno por intermedio de una traductora que Ella no quería a esa familia en su casa, pues ellos le hicieron mucho daño en su país de origen y si mi esposo se quiere ir con ellos que se bala también. El representante del gobierno les dijo yo no quiero problemas con la gente aquí. Tendré que mandarlos a otra provincia, lo antes posible por favor le dijo María Para que esta gente viva tranquilos, se fueron a casa. María salió llorando no podía creer lo que le pasaba llegar hasta aquí ya era mucho por lo que habían pasado, con Roberto se esperaba cualquier cosa, tuvieron un problema bien grande por el hecho que Ella no los quiso tenerlos en casa además la casa no era de ellos era del gobierno como Roberto podía invitarlo ellos podría haber perdido la casa María pensaba Roberto debe ser enfermo.

Como no va a pensar lo que hace. Ahí se veía que Roberto nunca respetó ni quiso a su familia, esa gente eran los amigo de Roberto.

los que habían llegado a Argentina yo pienso dice María que siempre el miro a María como su mama o amiga María no entendía nada estaba cansada de él, tampoco había cambiado como le dijo El a María si no, no habría hecho eso, de llevar a esa gente con ellos, el le dijo a María con todo su descaro yo les escribía. Les mandé a decir lo que tenían que hacer, pero que bueno que no los dejaron en mi casa verdad como lo hiciste en Argentina, escuchaste que yo pedí que te llevaran con ellos, aquí no mandas tu. Te diste cuenta, Él. Decía a María. si yo quiero hacer algo lo hago y no tengo porque decirle a nadie, entonces, porque no metiste a esa gentuza en mi casa o través, además esta casa no es de nosotros como puedes tu ofrecer algo que no es tuyo tu por lo que se ve nunca te han importado tus hijos. Fue otra mantira tuya cuando nos mandaste a buscar a Chile, que avías cambiado, de ropa no lo niego pero cambiar tu personalidad jamás lo has hecho eres malo siempre lo has sido y seguirás siendo.

Malo hasta que te mueras, porque eres así de malo con nosotros si somos tu familia no deberías haber hecho una familia si no tenías corazón. Para ellos para dejarlos botados, Yo no cuento para ti, pero respeta a tus hijos, tampoco te ha gustado la tranquilidad en nuestra casa, pero dejemos las cosas al tiempo. El arregla todo, que lástima, pero no creas que toda la vida va hacer así yo pienso que tú eres enfermo igual que tu tía algún día cambiaran las cosas para todos, yo te lo digo, no te das cuenta lo que hemos sufrido, por tu culpa. Yo pensé que ahora que estamos lejos. De nuestra familia y de nuestra tierra íbamos a estar mas unido, entonces, porque nos mandaste a buscar a Chile. Diciendo que habías cambiado si eres el mismo perro de siempre que nos echabas mucho de menos Hasta mi mami creyó en tu carta de cinismo que mandabas, tú sigues siendo el mismo eres un enfermo mental y peor que eso no te has arreglado para nada, nunca has tenido conciencia. Roberto no se hacía problemas que María hablara nomas.

Yo creo que ni le escuchaba a María esa gente estuvieron viviendo una semana en un hotel. Antes que salieran de ahí, le hicieron la vida imposible a María, pasaban todos los días llamando a la casa. Y después que llegaba Roberto del trabajo, ellos dos tenían muchos problemas. El sinvergüenza es llamaba María no los dejaba hablar le metía bulla. Oh lo retaba un día María le dijo a Roberto si ese hombre no deja de molestar voy a ir hablar con el representante del gobierno para que los eché de aquí si es posible a Chile. Y a ti también con ellos, para que hablen con gana Roberto se asustó, le dijo a María. Para otra vez. Que llame díganle que yo no he llegado y díselo tú, así no habrá más problemas, cuando llamó el hombre de nuevo atendió el niño mas grande, el hombre le dijo. Esta tu papi, no, ha llegado todavía, pero El no le creyó, si El esta ahí dame con Él así era esa gente infeliz Que gente tan desgraciada, María se paró agarró el teléfono y le dijo no le escuchaste al niño El no ha llegado y le cortó. Pero mas tarde volvió a llamar hasta que Roberto contestó.

María se puso al lado de Roberto y le decía, dile a esa gente maldita y desgraciados que dejen de molestar, El le decía cállate que te van a escuchar eso es lo que quiero que me escuchen esos malditos infelice, y no me voy a callar hasta que se vallan de aquí, por fin se los llevaron ese fin de semana y muy lejos. María le dijo a Roberto. Mañana voy a ir al gobierno a pedir que te saque de esta casa porque esto no es vida para mí y mis hijos estar siempre en problema. María decía como va hacer tanta mi desgracia venirnos tan lejos y llegar esta gente aquí también. Había gente que realmente necesitaban salir de nuestro país y no podían. Estos que servían solo para molestar, si salían. Todos estos problemas eran gracias a Roberto. Se habían terminado los problemas por ahora quizás que mas nos espera decía María siguieron viviendo tranquilos. Por un tiempo. Un día Roberto recibió una carta María le dijo ¿de quien es esa carta? Es de mi hermana o no dijo María o través decía esto es increíble ahora esto. Se nos viene encima, esta es peor todavía de toda junta de las cosas que nos han pasado esta es una de las peores esta es una víbora parada en dos patas Ella había estudiado tenía su profesión no se para que, según Roberto.

Ella quería venirse con él, como si él hubiera sido solo, María dijo que olvidadiza la sinvergüenza esa no. Él le decía que Ella lo echaba mucho de menos, menos de que pero si tú nunca viviste con ella, tantos años de cuando eran chicas porque te echa tanto de menos, fíjate que cariño tan grande. Ahora que estamos aquí. Si tú eres el único de tu familia que estas afuera del país, que ridícula la mujer de que se siente sola ahora tenía la oportunidad de salir de Chile a un país mejor, allá esta su hermana su tía y toda la familia porque no dices la verdad que tu la mandaste a buscar.

Se me había olvidado dijo María que tú eres olvidadizo también le decía ella, pero no te reocupes ya estoy acostumbrada a tu mala memoria, por eso es que no te acuerdas de nosotros que somos tu familia. La otra es solo tu media hermana. Por lo menos piensa un poquito en nosotros, por tu culpa los problemas siempre van a estar aquí. No los dejan descansar además Ella no se refiere nada a mi en su carta, tu no eres solo. Si, ella se viene va hacer para nosotros una carga. Y más problemas, tú sabes que nosotras nunca nos hemos llevado bien. Después de haberla criado, de haberla sacado de la pudrición donde la encontré Ya se habrá dado cuenta que estamos un poquito mejor porque tu se lo mandaste a decir, y quiere venir arruinar lo poco que hemos adelantado porque es muy poco lo que hemos adelantado. No crees tú que ya está bien. Con todo lo que hemos tenido y ahora otro problema mas, yo de todas maneras. No voy a tener a esa mujer en mi casa, por favor termina con eso y acuérdate de tus hijos si sigues así voy air hablar con el señor del gobierno que me busque una casa para mí y mis hijos, o que te eche a ti de esta casa y te mande a otro lugar, se lo volvía a repetir, y déjame tranquila. María esperaba que sus hijos crecieran un poco mas para darle su merecido, una gran sorpresa, que se va a llevar en ese momento el no contestó la carta pero seguían llegando. Que al abrirlas caían las lágrimas de la sinvergüenza de tanta tristeza Él le decía a María, Ella ya es grande y tiene su profesión ya no va hacer lo mismo, claro que no va hacer lo mismo, ahora ya viene con su profesión como le llamas tú ya viene preparada.

Y va a poder abrir mejor el hocico verdad, si lo hacía antes que no tenía profesión, mejor ahora ya te dije te vas con ella aquí no la quiero en mi casa. Ese hombre molestaba tanto a María con su media hermana que los tenia enfermo a todo el día era un calvario para María pensaba si yo tuviera mis hijos mas grande ahora mismo me iría de la casa no es de nosotros. Pero sus hijos estaban chicos todavía no podía hacer nada. Además María nunca pudo aprender bien el inglés. Otro día, le llegó otra carta de la maldita esa, El dijo voy aplicar por Ella pero Roberto. Justo había quedado sin trabajo, le dijeron en el gobierno con que va alimentar a su hermana, y con que le va a pagar el curso de inglés. Y con que le va comprar el pasaje, Roberto no les contesto se fue a la casa con Mabel ella hablaba mejor que el le dijo a María me dijeron allá si tu podías ir a firmar los papeles por ahora porque estás trabajando porque yo no puedo estoy sin trabajo por ahora que sinvergüenza el hombre desgraciado igual a la media hermana, descarado.

Infelices los dos María le dijo, olvídate de mi no cuentes conmigo para nada, menos para tu media hermana, y se fue al dormitorio a llorar ya no podía más que podía ser. No podía creer tantas cosas que le estaban pasando. Tenía miedo de enfermarse por tanta presión Mabel la siguió le dijo mami porque no va a firmar esos papeles para que mi papi el deje tranquila, yo me doy cuenta como la molesta mi papi se daba cuenta ella una niña todavía.

Lo que su madre estaba sufriendo y no se daba cuenta el desgraciado de su padre que tenia de los problemas, tal vez ni la dejan salir de allá le decía la niña. Estos sinvergüenzas tienen tanta suerte que la van a dejar salir le decía María, no, yo no voy air, así pasó el día y el otro día, Roberto no dejó tranquila a María por Dios déjame tranquila le decía ella. María pensaba que se iba a enfermar con tanta presión que tenía ese hombre estaba enfermo no se daba cuenta de nada, él le decía porque no vas a firmar esos papeles si te cobran algo yo doy el dinero, no voy, ya te lo dije, que hombre más desgraciado.

Y cargante, María le dijo si quieres traer a tu media hermana tráela como tu puedas, pero en primer lugar no llega a mi casa. Entre más lejos estamos mucho mejor, Él se callaba. Por un rato y seguía de nuevo, para donde María iba el la seguía si a Ella le va bien estaría aquí por unos días por mientras que encuentra donde irse le decía El ella le estaba diciendo que no la tendría en la casa. Pero no entendía le decía ella estaría un tiempo aquí en casa no le escuchaba lo que María le decía. Tú no entiendes con palabras

Le decía María no voy a ir a firmar esos papeles me oyes estas enfermo o que te pasa. Fue tanto, tanto que Roberto molestó a Katy que no la dejaba hacer las cosas de casa hasta que la gano por cansancio ella pensó que se iba a enfermar con tanta presión lo que sentía eran sus hijos, y fue a firmar esos malditos papeles, al otro día, El le dijo si me va bien. Bien o si no bien también, yo nunca entendí si este hombre era tan inteligente con sus dos buenos diploma que tenía dibujante técnico y mecánico tornero podía ser que no pensaba bien que tenía su mente extraviada, así pasó el tiempo y un día llegó la respuesta del gobierno que su hermana estaba aceptada maldita seas dijo María. Estos sinvergüenza tienen suerte Roberto estaba feliz, le contestó de inmediato. A Su media hermana dándole la buena noticia y diciéndole que Ella hiciera los demás tramites allá, semanas después le llegó carta de la hermana. Diciéndole que había salido aceptada allá, que Ella lo iba a llamar.

Para decirle que día salía, y si el le podía pagar el pasaje él estaba sin trabajo en ese momento imagínese como eran de sinvergüenza los dos cuando ella trabajara se lo devolvía ni eso le había mandado a decir que él estaba sin trabajo. Un día sonó el teléfono era la hermana que llamaba para decirle que había recibido el pasaje María se quedó de una pieza de donde saco plata para pagarle el pasaje y para decirle el día que salía de allá. El día que iba a llegar, Roberto invitó a unos amigos a la comida, le arregló la pieza puso a los dos niños grande Juntos le puso una televisión y le compro ropa de invierno, María le decía para que arreglas tanto si ella va a estar unos días nomás dijiste tu, bueno, llegó el día.

Más feliz para Roberto no cabía de felicidad pero no savia lo que le esperaba, espérate le dijo María lo que te va a pasar con ella y ahí te vas acordar lo que te digo. La llegada de su media hermana, la fueron a esperar, llegaron los amigos, el presentó a su hermana se sentía muy contento y orgulloso con ella se sentaron a la mesa, empezó la empleada. Que era María a servir la comida todos estaban conversando y riéndose. En esto la hermana. Le dijo a Roberto yo no necesito amigos latinos. Yo necesito amigos canadienses. Porque Tengo que aprender luego el inglés para traer a mi novio lo antes posible, María dijo toma ahí las pagaste te serraron el hocico, tengo que trabajar en lo que sea para pagarle el pasaje bueno y el pasaje que su hermano le mando no se acuerda de pagarlo todos lo quedaron mirando nadie dijo nada. María miro a Roberto como una burla en su cara diciéndole estas pagado con todo el daño que nos has hecho ahí tienes el agradecimiento de tu media hermana, María en esa mirada le dijo todo. El agachó la cabeza tampoco dijo nada, a Ella no le gustaron los amigos de su hermano.

Ni las gracias le dio por haberla traído. María pensó esto estuvo muy bueno para Roberto, pues ahora se dará cuenta lo que yo le decía, ella solo quería. salir de allá, lo demás no le importaba, son igualito los dos, los favores los toman por obligación, a la semana después Roberto la llevó a una escuela para que aprendiera el inglés, y fuera conociendo la vida de Canadá, que no es tan fácil como Ella pensaba, empezó a estudiar y muy luego empezó a poner aplicaciones para trabajo haciendo aseo. Era lo único que podía hacer de primera nada de profesión si no hablaba inglés.

Su profesión aquí no le servía hasta que aprendiera el Ingles un día la llamaron para que fuera a recibir un trabajo después de la escuela y tenía que trabajar sábado y domingo, ella decía mejor así ganaba más dinero y poder pagarle el tique a su novio. Así eran los dos para el dinero no pensaban en otra cosa que no fuera dinero. Ella comía y dormía en la casa. Y no ayudaba en nada ni siquiera cuidar al niño cuando estaba en casa, María trabajaba en las tardes. Aurelia llegaba primero en la noche, llegaba comía y se acostaba. Dejaba la loza en el lava plato para que María la lavara cuando ella llegara. María llegaba cerca de las once de la noche a esa hora tenía que llegar a darle comida a los niños y llevarlos acostar, muchas veces. Los encontraba durmiendo a los tres en el sillón sin comer. Roberto no le decía a su hermana que los atendiera, porque ella tenía que descansar también le había dicho a su hermana que no diera dinero en la casa para que así mas luego trajera a su novio, ya él había empezado a trabaja de nuevo a Roberto le habían cambiado el turno desde las tres de la tarde hasta las once de la noche los niños quedaban solos hasta que María llegara, y ella durmiendo tranquilamente no atendía a los niños ellos quedaban. Solos hasta que María llegara, cuando Roberto estaba los cuidaba el, en los días sábado y domingo Roberto se levantaba más tarde pero después la hermana le pidió que la fuera a dejar al trabajo en la mañana. María le decía porque no te vas en el bus pasa aquí al frente, pero Ella igual a las siete de la mañana les golpeaba la puerta. Y le decía ya estoy lista, Él se levantaba y la iba a dejar, de vuelta se acostaba, así pasaban los días. Un día Roberto no se acostó después de ir a dejar a la hermana. María dijo y que le pasó a Roberto que no vino acostarse. Ella se quedó en la cama hasta mas tarde, después se levantó fue a ver a Roberto que estaba afuera limpiando el auto. María le dijo porque no te fuiste acostar.

No tenía sueño, a dijo Ella se entró a preparar el desayuno. Cuando estaba listo lo fue a buscar. El dijo no tengo hambre, que, qué te pasa le dijo María, nada dijo Roberto, como que nada si tu nunca te pierdes una comida, que te pasa o mejor dicho le dijo ella que te dijo tu media hermanita. Querida. Porque por algo tu estas así con esa cara, María le dijo, es mejor que me digas que te dijo esa, perra porque ese es tu problema, o si no lo vamos arreglar de otra manera. Si dijo El mi hermana me dijo que tu le quitabas a los niños que le digan tía, que tía, si no es tía, a eso era le dijo ella, yo pensé que te había dicho que ella llegaba del trabajo. Y tenía que cuidar los niños y darles la comida en la noche mientras llego yo del trabajo. Y también que me dejaba la loza limpia la que ella ocupaba, antes de irse a la cama.

Y mas que se iba ir de la casa, como sabe ella que los niños no la quieren se da cuenta verdad el cariño se gana. Si ni siquiera se preocupa de ellos, cuando yo llego en la noche los niños están durmiendo en el sillón los tres sin comer, y Ella muy echada y llena que te parece, esta se esta aprovechando de mi otra vez. Pero se acabó cuando llegue voy arreglar esto lo antes posible, si los niños no la quieren por algo será no crees tu. El cariño se gana, Roberto le dijo no le digas nada, a si, esperate que no le voy a decir nada, para eso trajiste a esta sinvergüenza para que siguieran los problemas entre nosotros, igual como en Chile, eso es para que te des cuenta yo ni siquiera había pensado decirle nada a los niños. No se me había ocurrido pero de ahora para delante si le voy a decir a los niños que no la quieran a esa sinvergüenza porque no tía de ellos, por mala y no es tía, ya va a llegar para hablar con ella. Esa si que puede abrir el hocico en mi casa y yo no, ya veras cuando llegue, cuando llegó paso derecho a su pieza no salió a comer nada. María le dijo a Roberto las llamas tú o la llamo yo.

El le dijo al niño mas grande vaya a buscar a su tía tengo que hablar con Ella. El niño fue y volvió le dijo papi ella esta acostada, valla a buscarla dígale que quiero hablar con Ella.

Y salió ella le dijo me llamabas, si le dijo Roberto. Llamó a los niños a los dos más grande y le dijo cuantas veces les ha dicho su mamá que no le digan tía a ella. Los niños lo quedaron miraron y le dijeron mi mami nunca nos ha dicho nada, él les volvió a pregunta díganme la verdad yo no les voy hacer nada. Pobre de ti le dijo María que me toques el niño por culpa de esta de perra sinvergüenza. Nunca papi. La hermana le dijo, los niños no te van a contestar por delante de la madre, se paró María la tomó del cuello la tiró contra la pared y le dijo.

Dime tu, cual de ellos te dijo eso, levantó el brazo para darle un puñetazo en el hocico, pero Roberto le tomó el brazo le dijo no te hagas problemas con esta. María le dijo ahora te fue mal, tu dijiste me voy con mi hermano. Echamos a María a la calle otra vez con esos guachos como lo decían en Chile y vivo con El sola y feliz verdad.

Esa era tu intención, pero la que se va y ahora mismo eres tu. Sal de mi casa y te llevas lo que trajiste, lo demás me lo dejas ahí, para dárselos a personas que realmente necesitan, o echarlo a la basura. Te voy a decir algo le dijo María a Roberto ahora que está está presente. Estas dos a sí le decían en chile a los niños los guachos María le dijo a Roberto. No te lo había dicho porque se que no me ibas a creer, ahora te digo por delante de ella, y que lo nieguen las verdaderas guachas son ellas porque así las conocí yo. Además decían que les daba asco de verlos porque andaban todos sucios desde la cabeza hasta los pies, igualito como yo las conocí a ellas verdad todas sucias llenas de piojos en la cabeza.

Hasta la punta del pelo tenían sucio, tú también los viste sucio a los niños verdad todas las tardes cuando los ibas a ver, además estas me tenían un novio amigos de ellas.

Imagínate que clase de novio me tenían si era amigo de ellas me decían que anduviera con el que no fuera tonta. Que tú también lo hacías, Roberto no le dijo nada a su hermana cuando María le dijo que se fuera esa misma noche. El dejo que se fuera María.

Se fue al baño a llorar otra vez ya era mucho para ella. Decía, porque señor tantos problemas cuando será el día que viva tranquila con mis hijos. La mujer salió esa misma noche de la casa. Ya hacían tres meces que estaba instalada ahí no quería irse claro si estaba bien no pagaba comida ni arriendo.

Y eso que era solo por unos días. Un día Roberto le dijo a María. Sabes me quiero irme de aquí. A buscar trabajo a otro lado lejos de aquí, bueno le dijo María si quieres irte anda nomás y que te valla bien. Y no te olvides de nosotros Roberto se fue a buscar trabajo a otra provincia. En la misma semana. Encontró en una fábrica, a las dos semanas después. Se fue a buscar a su familia. Ya hacían tres años que vivían ahí, llegaron a Alberta Canadá dejaron Sk arrendaron un departamento, El siguió trabajando y los niños a la escuela. Más adelante el gobierno les dio una casa para que vivieran estaban muy bien sin problemas por ahora decía María. Alberta es una provincia muy bonita muy grande todos los lugares que han recorrido. Son muy hermosos. Lagos, y sobre todo las Montañas quedan muy cerca de casa esas si son hermosas y paisaje hermosos lugares para salir a conocer todo muy bonito.

Las montañas. Están a 45 minutos de Calgary. Roberto seguía trabajando y los niños en la escuela. Con el tiempo supieron que la hermanita de corazón de Roberto había traído a su novio se había casado con el ni siquiera se acordó de su hermano. Para invitarlo al casamiento, para que se den cuenta como son bueno así son ellos se tienen tanto amor entre sí y cariño. Diez, años después Roberto María y sus hijos fueron a visitar a unos amigos. Que habían dejado en ese lugar, los niños de María ya estaban grandes, la hermana supo que ellos andaban allá (de quien iba a saber) solo de su medio hermano y llegó con sus dos hijos que tenía, donde estaba María para saludarlos. María no salió fuera de casa de su amiga Ella lloraba de ver los hijos de María tan grande. María sus lágrimas no se las creyó. Porque ellas nunca quisieron a los niños de María nunca pensaron que los niños iban a crecer María sentada en la cocina de la casa de su amiga no salió a saludarla. María le decía a su amiga lo que esta siente es remordimiento, ella nunca pensó que los niños de María iban a crecer y se iban haber verdad, déjala le dijo su amiga ya las va a pagar. Tu sabes todo se paga aquí en la Tierra, los hijos de María son muy buenos hijos no son rencorosos quieren a toda persona, María no fue a saludarla, Ellos siguen. Viviendo en su mundo de egoísmo, no sienten amor por nadie, ni por su propia familia. La amiga le decía aquí nadie los quiere le tienen prometido que le van a pegar. Después de conversar un rato los invito a todos almorzar al otro día a su casa, Roberto aceptó. María no quería ir le dijo a El anda tu solo y si los niños quieren ir que vayan con tigo, o si no que no vallan. Yo no los voy a obligar se fue adentro, la familia donde estaban. Le dijo no seas tonta anda nosotros los acompañamos, al otro día salieron todos. Aurelia los atendió muy bien, pero en ningún momento dejó a su esposo solo para que conversara con su cuñado que era Roberto y que se estaban conociendo. Sim los veía conversando lo llamaba, le metía al niño que lo fuera a cambiar. O lo mandaba. A cualquier cosa pero nunca los dejo solo, María sentada con su amiga debajo de unos árboles, empezó la comida hasta ahí todo marchaba muy bien. Pero de repente Ella se acordó del pasado. María no decía nada porque si se metía a la conversación nadie la iba a parar. Ella se estaba lavando las manos por delante del marido el marido tendría. Que saber muchas cosas de la mujer si es que María hablaba, y también lo hizo para ver que hacía Roberto. Si es que iba a defender a María o Aurelia decía que cuando chica Ella con su hermana, nadie de su familia hizo nada por ellas. María pensaba esta lo hizo adrede de invitarnos. Decía que ellas solas habían salido adelante, increíble verdad porque ellas eran chicas cuando María las conoció. Una tenía cuatro años, y los otros cinco años cuando María las conoció y le dio una pena tan grande al verlas. La verdad era que su familia. No hizo nada por ellas, pero una tía por parte del padre si se preocupaba de ellas las iba a ver a la casa de María, y su hermano. Que dejaba cualquier cosa por ellas para ir a verlas los fines de semana, María ya no aguantaba mas le dijo a su amiga vámonos pero no se metió a la conversación. Que ella tenía Ella se limpió ante su marido, total el marido no savia nada de ella se pararon todos y se fueron. Aurelia decía porque se van. María ya estaba en el auto. Roberto. Los invitó para el otro año a su casa que tenían en Calgary, María decía vamos a ver si se va a poder que esta entren a mi casa. Llegaron a la casa de la amiga. María llamó a Roberto a una pieza le dijo escuchaste a tu hermana si y porque no le dijiste nada, cuando empezó abrir el hocico, como quedaste por delante de un cuñado que estabas conociendo, como el malo de la película verdad que bueno para ti, que le iba a decir dijo El, ah para ella no tenías palabras pero para mi y tus hijos te sobran, siendo tu su único medio hermano, y no hiciste nada por ellas cuando eran chicas que mal hermano no. Siendo que tú trabajabas y las dejaste botadas no puede ser, ellas tan chiquitas pobrecitas se mantuvieron solas mala agradecida las guachas. Si tú fuiste que las sacaste de la pudrición en la que vivían, y yo me sacrifiqué para criarlas y ponerlas a la escuela.

hacerles la ropa lavarles y hacerle comida, si yo no soy nada de ellas yo no tenía nada que ver con ellas solo lo hacía por ti y tu como me has pagado. Igual que ellas verdad Y la tía Jimena que iba a nuestra casa a verla y la hermana de su padre que iba a verlas a nuestra casa no vale eso verdad tampoco habló de ella. Que mala agradecida las vaca esas pero la va a pagar Dios es muy justo, Pero todo se paga aquí, en la tierra nada de ir al cielo Roberto le dijo a María ellas se tienen que acordarse de eso y que, no claro que no se acuerda, Ella tenía. Que haber dicho si no fuera por mi hermano que nos sacó de esa pobreza que nos metió mi padre y nunca más nos fue a ver solo iba mi hermano y su señora a vernos a esa escuela vieja para que el marido supiera. Quizás que habría sido de nosotros, o si no hubiera sido por mi hermano no habría estado en Canadá para que su esposo supiera, quien las saco de la pudrición que estaban fuiste tu le dijo María, pero no dijo nada del hermano y la tía que iba a verlas a la casa de nosotros que paso con ella, son malas las vacas igual que tú no agradeces nada.

Que diría el marido de Ella que ni siquiera se conocían. Que, hermano esta verdad que no se preocupó de las hermanas siendo ellas tan chicas. Bueno tú los invitaste para nuestra casa verdad para el verano siguiente, si dijo el, pues bien mientras yo viva esos jamás entran a mi casa. El dijo, es mi casa también. Ahí sí que contestas de inmediato. Lo siento pero esos no entran a mi casa nunca pero le dijo María el día que tu defiendas a tu familia tu esposa y tus hijos. De una víbora como esta. Entonces esos entraran a mi casa mientras no, la amiga de María le dijo no te amargues la vida con esa gente aquí nadie los quiere, porque son malo, mira que bien, que buenos amigos son con la gente, al año siguiente llamaron a Roberto en el verano para que los fuera a buscar por ahí donde habían llegado. El salió pero más tarde llegó solo los fue a dejar a casa de unos amigos, el solo iba allá a verlos hasta que se fueron de vuelta a su maldita casa.

María decía ahora que tengo mis hijos grandes no me voy a dejar abusar como lo hacían antes, todavía no entiendo como he vivido tanto tiempo al lado de este hombre tan desgraciado.

Y malo por tanto tiempo. Sus hijos se daban cuenta como su padre trataba a su madre. Mabel le decía ¿mami porque usted le aguanta tantas cosas a mi papi?. María se acordaba que Ella le decía lo mismo a su madre. Los niños decían nosotros nunca hemos. Escuchado una palabra de cariño de mi papá para usted, tampoco nunca le da un presente un regalo nada oh una flor que es lo mínimo. Y, no le da lo que usted necesita para la casa ni tampoco con nosotros, usted tiene que trabajar cuando le daba la plata de la semana, no se la pasaba a usted nosotros nos damos cuenta.

Se la tiraba en la mesa. Tampoco nunca la acompañaba a comprar, ni que usted estuviera enferma, lo niño de María empezaron a trabajar medio tiempo, en la mañana se iban a la escuela y en la tarde se iban a su trabajo. María quedaba sola con Miguel. Un día María dijo voy a salir a buscar trabajo. Limpiando oficinas. Por las tardes por que no tenia dinero para nada, hablo con una amiga, ella la llevo a su trabajo y en verdad la tomaron.

María no podía estar mas contenta porque ya tenía un trabajo, e iba a salir todos los días de la casa, auque fuera un rato en la tarde. Miguel ya estaba más grande. María ayudaba a sus padres con lo que sus hijos le daban. Ahora dijo ya voy a estar mejor. Sus padres eran mayores y pasaban enfermo necesitaban mucho el dinerito que Ella les mandaba mensualmente, compraban sus remedios y les alcanzaba para comer. María decía Roberto lo poco que me da es para la comida y con lo mío y lo que me dan mis hijos ayudo a mis padres en eso Roberto no le importaba. Total el dinero era de Katy de su trabajo y era muy poco lo que ganaba pero los niños la ayudaban para que le mandara a sus abuelitos. Después Roberto para poder salir empezó armar discusiones en la casa esa era la excusa que ponía, trataba muy mal a María con palabras groseras María le dijo un día si quieres salir sale total igual salía todos los días pero no armes lio aquí en casa por delante de los niños. Un, día que se fue. Al trabajo Roberto en la mañana se volvió tan enojado, echando pericos por todos lados. María le dijo que te pasó ahora. Roberto dijo, levántate y anda a dejarme al trabajo porque, estos tal por cual. Me robaron la batería del auto allá atrás anoche.

Estaba tan enojado como si María hubiera tenido la culpa, apurarte le decía el, Ella se levantó. Y lo fue a dejar, en la tarde tuvo que ir a buscarlo llevarlo que fuera a comprarle una batería a su auto, pasó eso.

Mabel y Javier estudiaban y trabajaban asta tarde de la noche al otro día se levantaban temprano para ir a la escuela, Miguel en la escuela, mas adelante en el verano empezaron a jugar a la pelota, (soccer,) Roberto y María se encargaban de llevarlos donde les tocara jugar, algunas veces les tocaba en canchas separadas, ellos dos se repartían en llevarlos. Roberto no hacía ningún problema, porque le gusta el soccer, en el verano era bonito salían fuera de la ciudad, allá iban todos los padres de los niños lo pasaban muy bien, una vez se formó un viaje fuera de Calgary todos los jugadores y sus familias se fueron a montana por una semana durmiendo en diferentes lugares el viaje seguía los niños compitiendo todos muy felices. Bueno en todo ese viaje que se hizo María se dio cuenta que Roberto tenía algo con la madre de un niño que era muy amigo con el chico de María. De primera cuando entraron a Montana habían unos negocios, lo primero que hizo Roberto fue a un negocio a comprar no sé qué cosa. Con esa mujer María andaba afuera gravando en los parquin, los vio salir del negocio quizás que estaban haciendo adentro que el salió muy excitado se le notaba y se dieron cuenta que María los estaba grabando se separaran uno para cada lado pero María ya los había visto y grabado. Esta gente Vivian en la misma ciudad donde vivía María en Calgary esta gente se fueron por su trabajo a otra provincia los pasaba puro llamando para que ellos los fueron a ver allá. Así lo asieron María fueron a verlos allá, pero María no

cachaba bien todavía esto que estaba pasando María
está viendo ahora que fue muy triste para ella porque
ella era la que le grababa cuando su hijo salía jugar,
en eso estaba grabando y por allá lejos de la cancha
habían unos árboles vio una pareja que venía de entre
los arboles de la mano los empezó a gravar y cuando
se acercaron se dio cuenta que era Roberto con esa
mujer que venía con ella la madre del amiguito de
su hijo, eran como las tres de la tarde pleno día todo
mundo los vio y el marido también llegar, nadie
dijo nada pero María tenía todo eso gravado dijo
esto me va a servir mucho cuando valla hablar con
el abogado. Él era el único que sobresalía todos los
demás con sus esposas y sus hijos ahí sentados frente
de la cancha grabando el partido. De los niños era
bonito, pero para María se terminó toda la alegría
no gravo más se dedicó a sentarse en los asientos
de la cancha a mirar a su hijo cuando salía a jugar.
Algunas veces les tocaba de dormir por ahí en carpa
oh cabañas porque el torneo seguía el hijo de María
jugaba de la edad de cinco años con un amiguito
que se había hecho jugando Vivian en la misma
ciudad, los padres de ese amigo se había ido por
trabajo a otra cuidad vivieron por ahí lejos como dos
años y medio. Un día sonó el teléfono. De María.
Roberto atendió en el dormitorio porque parece que
él estaba esperando la llamada, estuvo mucho rato
hablando con la persona que había llamado, al rato
decía Roberto vengase con nosotros, o que se venga
El primero después se viene usted con los niños.

María le decía a los niños, a quien estará invitando a la casa tu papá. No se, al rato salió Roberto muy contento de la pieza riéndose se le veía feliz le dijo a Maria sabes quién me llamo, si tu no lo dices, la señora Dolí. Y que quería, dijo que tuvo un problema con el esposo le había pegado y a los niños también, los niños. Llamaron la policía y se lo llevaron preso. Mira que bien en algo la abra pillado el viejo María le contestó, y no te dijo porque le pego el marido. No, no, me lo dijo, y no te lo va a decir, por sinvergüenza habrá sido le dijo María, Maria había escuchado algunas cosas de Dolí, algo le habrá visto el marido por haya no crees tú, esa fue la mujer que María les gravo en el paseo Que isieron, no lo sé contesto El, y porque tu les ofrecías la casa si ellos tienen familiares aquí, que se vayan donde ellos. Que tenemos que ver nosotros, con ellos ya le ayudaron bastante con pedirles casa al gobierno para ellos, me dio lastima la pobre señora dijo Roberto. Te dio, lastima una mujer ajena, le dijo María, y tu familia que pasa con ella, que nunca tienes tiempo ni lastima para nosotros y te da lástima esa mujer ajena.

De ahí para delante esa gente pasaba llamando. Nunca se dirigieron a María siempre preguntaban por "don" Roberto, Roberto, cuando llegaba del trabajo se iba a la pieza.

Justo sonaba el teléfono. Si atendía Miguel que era el que estaba en la casa o María pedían hablar con Roberto. Un día que llamaron el amigo le dijo a Roberto si se podía venir el primero a nuestra casa. Roberto sin tomarle parecer a María le dijo si vengase cuando usted quiera, el hombre llegó a casa de María, ella estaba tan enojada. Tuvo que hacerle cama en el living, después el hombre salió a trabajar no se iba de casa de María adonde su familia Roberto le dijo no te preocupes por el dinero así juntas y traigas tu familia eso era lo que a él le importaba la mujer. Lo antes posible claro le apuraba a él para que no estén separados.

Roberto era muy consiente, que hombre más bueno decía María por Roberto preocupado por la mujer del amigo, mire quien estaba dando consejos, para que no estén separados. Como si el fuera un hombre tan bueno con su esposa e hijos. Allá donde vivían la policía no los dejaba juntarse. La mujer le llevaba comida a escondida. Y le lavaba la ropa, el hombre en casa de María no compraba ni pan para llevar al otro día al trabajo nada. Estaba bien, Roberto le había dicho que no diera dinero en casa, pero cómprese sus cosas para el de comer en el trabajo eso Roberto no se lo dijo. María todos los días tenía que prepararle. Algo para que comiera El también. El hombre no hacía nada. Por ir a buscar a su familia ni tampoco se iba donde su familia. Pasaban las semanas y los meses, cada quince días iba a verlos, pero no se los traía de vuelta.

María ya sabía lo que pasaba con ellos. Pero no se lo había dicho a Roberto ella quería más pruebas de lo que estaba pasando entre ellos. A una hora determinada Roberto se iba a la pieza. Al rato sonaba el teléfono, era la mujer que llamaba, ya tenían horario para llamarse. María el living no escuchaba nada lo que hablaban. Ella le dijo a Roberto que el esposo no quería llevárselos, que si El con Mabel. Podía ir al gobierno a pedir una casa para ellos era la única manera que podían irse ellos tenían familiares ahí, Roberto le dijo ya le pedimos la casa al gobierno para ustedes fui con Mabel y le dieron un cheque. Para que pagara el camión se lo mande con su esposo, para que pagara el camión que los traería de vuelta, María decía si ese hombre no paga arriendo, ni comida, ni lavado. Que hace con el dinero que gana de su trabajo, Salió el marido a buscarlos, después la mujer le dijo a María que cuando su marido iba a verlos. No llevaba dinero y que Ella tenía que darle para la vuelta. Cuando, fue el marido a buscarlos, le dijo a la mujer, si tienes dinero te vas. O sino te quedas, María le dijo, Roberto le dio el dinero que les dio el Gobierno para que los trajera. Y pagara el camión la mujer dijo yo tuve que pagar el camión. María le dijo no este pensando que nosotros le quitamos el dinero a su marido del trabajo, al contrario el no paga nada ni la comida le dijo Roberto, para que juntara y los fuera a buscar que hace el con el dinero que gana, pero nunca salió a buscarnos bueno le dijo María ya están aquí. Tienen su casa, muy agradecida la mujer, María con lo que ella había gravado lo tenía guardado nadie sabía de eso todavía, María había encontrado un trabajo de todo el día, desde las siete y media asta las cuatro de la tarde.

En un hotel limpiando piezas. Diez y ocho piezas
le daban al día, con eso tenía para mandarle más a
su familia. Su padre pasaba enfermo, y había que
comprarles las medicinas. Un día la familia llamó
a María que su padre se encontraba muy mal que
estaba en el hospital y quería verla, María le dijo a
Roberto si podía ir a ver a su padre, si tienes dinero
vas dijo El, o si no.
    No vas así le contesto y de sencillo para él. María
habló con su jefa. Ella le dijo anda pronto a ver a
tu padre yo te cuido el trabajo. María se fue con
Mabel a pedir un préstamo al banco, le dijo a Mabel
si me va bien me llevo a Miguel para que ustedes no
tengan que cuidarlo y se cuiden ustedes por mientras
y puedan trabajar tranquilos e ir a la escuela. De
tu papa no se preocupen, el se sabe cuidar, y le fue
bien a María Empezó hacer los tramites, se fue con
su hijo chico, Roberto no estaba muy contento, sus
hijos le ayudaron para que le comprara ropa a Miguel
su padre ni un veinte le dio al niño para el bolcillo,
cuando Ella llegó allá, el papá seguía en el hospital,
en el mismo momento de llegar lo fue a ver, solo la
dejaron ver por la ventana, el se sintió feliz cuando
la vio, a los dos días María. Lo saco del hospital le
puso un doctor particular con buenos remedios y se
dedico a cuidarlo, se mejoró muy rápido. Su comida
a sus horas y sus remedios la cama bien calentita en
la noche cuando se iba acostar, su piyama que ella
misma le había llevado se lo ponía calentito. Le hacía
unos masajes con una crema que le llevó de Canadá.

Así lo cuidaba. Un día que su padre se sintió mejor, María les dijo a los dos si querían ir al campo por unos días de donde ellos eran, los dos dijeron que bueno. Y se pusieron muy contentos, Julián desde que había salido del campo nunca más había vuelto, arreglaron el viaje. María se llevó a su mamá y papá a una cuñada que se pego y los niños. Ella y Miguel, En ese entonces Julián usaba bastón pero al llegar al campo lo colgó. Dijo que ya no lo necesitaba, María se veía muy contenta de ver a sus padres felices, se levantaba muy temprano. A Samuel le gustaba, ayudarle a su sobrino a cosechar los tomates que tenía en ese tiempo, el sobrino tenía trabajadores pero a Samuel le gustaba ayudarle, se sentía feliz, María se sentía tan bien.

De ver a su padre contento y a su madre, su madre. Ayudaba en la cocina a coser el pan y ayudando en el almuerzo. Se sentaba con su hermana a tomar mate y a conversar. Muchos años que no se veían, Julián y los trabajadores apartaban los tomates, los grandes, los medianos, y los chicos. Iban del pueblo unos. Camiones a buscarlos. Samuel se sentía todo un trabajador.

María con Olga se iban en la mañana a la huerta a buscar verduras frescas. Eso les encantaba a las dos, llevaban porotos nuevos. Papas cebollas, ají verde, de todo verdura nuevo y fresco. Para hacer el almuerzo. También el postre, sandias, y melones, duraznos y otras frutas. María tiene foto con una sandia en los brazos muy grande apenas se la podía la sobrina los atendió muy bien, todos los días buena comida, pero lo primero era para Samuel, debajo de un parron tenían una meza hecha de madera bruta larga. En una esquina un molinillo y el trigo tostado para la harina al lado una garrafa de vino tinto, y una blanco así se podía trabajar contentos el que quería tomar con harina ahí estaba todo, María estaba muy contenta por estar con sus padres y porque a Ella.

Le encanta el campo, mas había un rió Cerca de la casa. Todos los días, se iban a bañar. También anduvieron a caballo, tomaron leche recién sacada de la vaca, muchos huevos y queso fresco por la mañana, el lugar era muy lindo se llamaba San Carlos, al norte de Chillan. Los sobrinos se llaman Santiago y Leonor.

También recorrieron lugares cercanos en carretela tirada por un caballo. Un día María fue invitada para ir a ver un partido de football, (soccer), fue una experiencia muy bonita y muchos recuerdos para María estar en ese partido de soccer fue algo maravilloso. Le traía muchos recuerdos desde cuando vivía en el campo. Una luz en un palo que los alumbraba a los jugadores, ellos sin uniforme. Sin zapatos, con unas chalas o a patita pelada, la cancha sin pasto puras piedras, fue muy divertida todos felices y mucha gente mirando el partido muy contentos fue un partido amistoso. Al que hacia goles se les aplaudía todos riendo fue muy divertido. María estaba acostumbrada haber canchas con mucho pasto verde, pero volver a la realidad fue muy lindo.

María ni se acordaba que tenía que volver. Nadie se acordaba ni siquiera sus padres. Estaban tan felices y contentos de haber ido al campo, de volver a casa ni se acordaban. El papá era el mas contento, pero les llegó el día de volver a la ciudad, sus padres de buenas ganas se habrían quedado en el campo pero no podían. María tenía que arreglar sus cosas para volver a Canadá, llegaron a Santiago, María arreglar su viaje le daba mucha pena. Dejarlos a sus padres, pero al mismo tiempo contenta. Por su padre que había quedado bien. María tiene toda su familia en Chile. Solo su hermana Mercedes la menor en Argentina. Le llegó la salida a Katy de Chile, llegaron toda su familia para ir a dejarla al aeropuerto. Y amistades a despedirla tuvo que arrendar un bus para que fueran todos, al aeropuerto, fueron Samuel y Olga. Miguel no quería regresar a Canadá. Quería quedarse con su papá como le decía a sus abuelitos. Lloro todo el camino sentado en el ultimo asiento del bus mirando hacia tras, daba mucha pena al verlo llorar pero no se podía quedar allá, fue todo muy alegre y feliz pero llegó la hora de despedida. Eso es lo mas triste, sus padres le decían quizás ya no nos vamos a ver nunca mas, porque no yo voy a venir todas las veces que pueda Contestaba María. Se despidieron en el aeropuerto, todos llorando la gente los miraba tanta gente pensarían que era una familia muy importante la que se estaba despidiendo pues bien era María con Miguel se entraron llorando al avión, María para calmar a Miguel le decía. Te saco una foto y tú me sacas a mí por mientras que nos llevaban al avión. Pero nada lo calmaba, le decía a María mami porque no me dejó con mi papi. Después viene a buscarme. Pobrecito decía María Él estaba chico no sabía de nada. Para Él era muy fácil, decir después me viene a buscar, salió el avión. Miguel dormía y despertaba llorando.

Y le decía porque no lo había dejado. María le decía mijito. Nosotros somos los papás y también están sus hermanos esperándonos, si se, decía el niño. Pero, quería quedarme con ellos, ahí quedaron mis amigos, todo quedó atrás mami, si mijito, mis padres también quedaron atrás le decía María. Al otro día llegaron. A casa por la tarde, sus hijos estaban felices por su llegada. Roberto no se alegraba por nada, hasta pensaba María que no le gusto que hubiera llegado, que lo pasa muy bien solo, por eso no se alegra por mi regreso. Pero ya se sabrá Miguel lloraba, Roberto fue a verlo le decía mijito nosotros somos sus padres. Y ellos son sus hermanos se acuerda, si, se, pero yo me quería quedar allá con mis papás. Y mis amigos mi mami no quiso dejarme. Usted tiene que estar con nosotros y sus hermanos, y además tiene que ir a la escuela. Pero el no entendía nada, quería quedarse allá y nada más. Para María todo siguió igual trabajar para pagar el préstamo que había hecho y deuda, hacer las cosas de casa, todo muy aburrido. Roberto cada día se separaba más de su familia. Javier con Mabel se daban cuenta.

Que sus padres andaban muy mal, le decían papi porque no se van unos días de vacaciones a un lugar bonito, solos ustedes, amanecer en la montaña por allá en un hotel, es muy bonito les hace falta, el aire fresco de la montaña les aria muy bien, nosotros ya estamos grande cuidamos de Miguel y de la casa. La respuesta de El, era no tengo dinero, El tenía su buen trabajo, mecánico tornero, ganaba buen dinero. Cuando recién llegaron a Canadá pasaban saliendo y eso que los niños eran chicos, se iban a la montaña, a la cordillera, lo pasaban muy bien. Todos los fines de semana salían, no tenían ningún problema de dinero, pero después Roberto ya no tenía dinero, pero seguía trabajando todos los días, así pasaron dos años más, y un día su familia la llamaron de nuevo.

A María que su papá estaba hospitalizado muy grave, María habló con su jefa hizo lo mismo y se fue con su hijo menor a ver a su padre. En seguida de llegar lo fue a visitar para que se alegrara un poco. El papá cuando la veía parada en la ventana se ponía muy contento.

Olga le decía tu papi todas las veces que se enferma quiere que te avisemos. El piensa que tú vives cerca, dice que con verte se mejora, para María era algo que la ponía muy feliz escuchar ese cariño de su madre bueno esa vez costó para que saliera del hospital, dos veces por semana lo dejaban ver por la ventana, no se le podía llevar nada para comer ni tampoco ropa. A la semana después lo dieron de alta, María le puso doctor particular empezó a cuidarlo su comida sus remedios a sus horas porque para eso había ido, esa vez no salieron. Para ningún lado además no era buen tiempo. El papá, no se sentía bien, esto fue para finales de Marzo los días helados y con lluvia. María les dijo a sus hermanos ahora que no vamos a salir vamos arreglar la casa un poco mas, la casa estaba igual que cuando la habían comprado años atrás, imagínense como estaría o peor, la llave del agua todavía estaba cerca de la reja de calle, su papa nunca le hizo un arreglo de nada. La mamá era la que mas se sacrificaba sobre todo en invierno, se ponía un palto viejo en la cabeza. Y salía a buscar agua afuera entraba toda mojada y embarrada. Un día el papá ya se sentía mejor para poderlo sacar afuera un rato. María le dijo a sus hermanos vamos a ir a comprar material, todo lo que se necesitaba para arreglar la casa, compraron cementó clavos, arena. Madera y se pusieron arreglar la casa con toda comida trago y cigarro de esa manera podían trabajar. La casa tenía piso de tierra todavía de tanto que mi mami la barría se hacían oyó para sentarse se movía uno para todos lados, con esa ayuda que María les ofreció los ayudantes sobraron los amigos de sus hermanos, le agrandaron la cocina le pusieron living comedor juntos pusieron la llave del agua dentro de la casa María compro un lava plato grande adentro para lavar la losa y pusieron piso se sementó con tierra de color roja, todo quedo muy bonito pintaron la casa por dentro. Y pusieron un tuvo fluorescente. Quedó muy bonita hermosa y clarita, ya su mamá no tenía que salir afuera a buscar agua. Olga estaba feliz con su nueva casita como le decía Ella, María y sus hermanos estaban muy felices también, al otro día llegó Inés. Hermana de María ella encontró muy bonita la casa María le dijo vamos a comprar, bueno le dijo la hermana María hablo a otra media hermana la que le dieron a Olga chiquita, que sacara todas las cositas. Que mi mami tenía dentro que limpiara muy bien todo y barriera, por mientras que ellas llegaban. María salió con su hermana Inés. Le dijo sabes quiero comprarles un comedor completo y living nuevo a mis padres ponerlo dentro que te parece, su hermana se puso muy contenta. Por sus padres yo quiero que ellos se sientan muy felices, ahora que están más viejitos. Inés le dijo de veras que quieres comprarles eso, si dijo María por eso vengo aquí, vamos a una mueblería averiguar precios a esta tienda llegó el vendedor. María le dijo si me hace un precio razonable le llevo este living y este comedor completo, viene con el bife verdad, si le dijo el vendedor, y también. Los van a dejar verdad, si, que bueno el hombre les dio el precio y les dijo que se los iban a dejar, si OK le dijo ella me llevo todo esto, Inés iba tan contenta por sus padres como se Irán a sentir, llegaron a la casa no le habían dicho a nadie a lo que iban llego el camión todos sus hermanos estaban ahí miraban el camión parado no salían a recibir las cosas. María les dijo, que miran vengan a bajar estas cosas, y de quien son esas cosas decían los hermanos, de mi mami y de todos nosotros. De mi mami, salieron todos gritando mami, mami mire lo que le trae María salió Ella a mirar le decía a María de veras son para mí.

Si mami son para usted y mi papi ella les daba las gracias. María le decía no me de las gracias porque yo también las voy a ocupar, mientras este aquí cuídelos mucho.

Y ustedes también les decía a sus hermanos tienen que cuidarlos, empezaron arreglar los muebles. Pusieron el comedor a un lado con el bife y las seis sillas y el liben al otro lado, también pusieron unas plantas que tenía Olga afuera, quedo todo muy bonito, el piso arreglado la casa pintada, todos muy contentos y muy clarita se veía la casa con él tuvo fluorescente. Para el otro fin de semana se pusieron de acuerdo para hacer una comida que iba a servir para despedir a María y celebrar los muebles nuevos, llego el día de la comida, todos ayudaron con lo que pudieron para la comida Fue solo una comida de familia pero la casa estaba llena entre sobrinos. Cuñados, hermanos, y un matrimonio amigo de María y una suegra de uno de sus hermanos, entre todos los que pudieran ayudar que lo hicieran, con lo que fuera mucha comida trago y bebidas y grabación. Fue una noche inolvidable y de amanecida. María les pidió a sus padres que bailaron un baile, para sacarles fotos y repartirla entre sus hermanos, María no podía estar mas contenta feliz de ver a sus padres felices. Pero ella le dolía el alma de dejarlos. Sus hermanos, contando chistes son muy bueno para eso, en esa alegría pasó la noche y llegó el nuevo día. María empezó arreglar su viaje porque le quedaban pocos días para regresar. Un día domingo se fueron a un parque muy bonito. Hacia el sur del centro de Santiago anduvieron en lancha después se fueron al museo, mas tarde se fueron a la casa, empezaron. A preparar él te tenían ya todo servido en la meza. Llegó a la puerta de calle un amigo de Roberto a saludar a María y conocer al niño. Como El niño es argentino. Solo la familia lo conocía, estaban conversando con el amigo Miguel tendría unos siete años, segunda vez que iba a Chile. Cuando de repente vino un tremendo temblor (terremoto), le decían porque fue grado siete. María no pudo andar se quedó en la puerta con el niño, se movía todo tan fuerte nadie podía caminar. Se sentía un ruido muy feo por debajo de la tierra. María gritaba para que sacaran al papá, ya todos lo tenían parado en la puerta de la casa ahí estaban amontonados. María seguía gritando. Porque se quería juntar con los demás pero no podía. Miguel abrazado de la cintura de María llorando. Le decía, mami que es esto porque se mueve la tierra aquí. Ella le decía esto es un temblor muy fuerte. Pero el niño igual no entendía, que era un temblor, fue tan fuerte que los postes de la luz se caían quedaban cruzados unos con otros.

La calle se levantaba y se iba igual que una ola del mar, por debajo parecían que eran piedras que se resbalaban. Tan feo el ruido que se sentía. Esto fue en el año mil novecientos ochenta y cinco, fue terrible.

Pero paro un rato, se junto toda la familia nadie hablaba nada. En esto vino otro tan fuerte también, después de eso María se fue al teléfono para llamar a su familia a Canadá. Roberto atendió, ella alcanzó a decirle del temblor y se cortó la llamada, y también la luz, y vino otro de ahí para delante no dejo de temblar. María le tiene mucho miedo a los temblores porque cuando Ella vivía ahí en el campo pasaba por esto, al otro día María se fue al Aeropuerto a cambiar su ticket de viaje para volver ella y Miguel estaba muy asustado. Pero ya se habían agotado los cambios de ticket andaba mucha gente de Canadá y Estados Unidos esquiando en portillo arriba de la cordillera, ellos fueron los primeros que salieron del país. María se tuvo que quedar. Hasta terminar los días que le quedaban. Miguel lloraba todos los días porque quería irse a su casa, el amigo ese que había ido a saludar a María desapareció no lo vio nunca mas. Un hermano. De María andaba en la playa llegó al amanecer, caminando todos tuvieron que hacerlo del mismo modo, se comentaba. Que los cerros se venían abajo con los temblores, todos salieron a la carretera para que alguna persona los llevara de vuelta a Santiago. Pero no andaban vehículos en las calles, decía que la noche parecía día de tanta gente caminando con sus cosas al hombro.

María nunca había tenido tantos deseos de volver a su casa como en aquella vez. No hallaba la hora de irse. Cuando llegaron a Canadá Mabel y Javier le decía a Miguel para el otro año vamos a ir nosotros a visitar a la abuelita. Miguel les decía no, no vallan a Chile porque allá se mueve la tierra y muy fuerte. Cierto mami, le decía a María. Si mijito decía ella, es verdad. Se caen las casas los a los de luz contaba Miguel. Mabel se reía de ver tan enojado a Miguel y asustado. Porque ellos le decían que iban a ir para el otro año a Chile, los departamentos se caían, se partieron por la mitad, fue terrible. Miguel que antes no quería irse a la casa ahora no hallaba la hora de volver. Con los viajes que hizo María a Chile se dio cuenta que Sandra una de las niñas que le dieron a Margarita. Pasaba todo el día en casa de su mamá. Con su hija, el marido de Ella trabajaba y bien, Ella no se iba hasta en la noche, y mas le llevaba comida al marido. Margarita no tenía porque darles la comida a ellos ni a nadie, porque a Ella nadie la ayudaba. Cuando el marido de Sandra se pagaba se iban a comer afuera. Se iban al teatro, y a su mamá nada le traían ni un pastelito.

Después seguían toda la semana comiendo en casa. María le decía a su mama pero ella porque pasa todo el día aquí, su mama le decía ella es la única que nos cuida.

María le mandaba unos pesitos a su madre no para que le diera de comer a Sandra ni al marido. Además a María no le caía bien Sandra porque trataba muy mal a sus padres. Era sin respeto con ellos, sobre todo con el papá, no lo dejaba ni hablar si el quería decir algo, Ella le decía mejor cállate vos que sabes tú. Así tratas a mis padres le dijo María un día, después que ellos te criaron así les paga tratándolos de esa manera. En presencia mía como será cuando yo no estoy. Un día que lo trató mal. Por delante mío no te va ir muy bien tú no eres nadie. En esta casa para que seas así con ellos porque tú los tratas mal con que derecho lo haces. Nosotros, que somos sus hijos. No lo tratamos mal y lo haces tu que no eres nada solo una allegada, con eso les paga la crianza que te dieron, no quiero escucharte nunca mas que los trates así mientras yo este aquí, tienes todo el derecho de respetarlos porque ellos te criaron y con mucho sacrificio cuando te recibieron venías que ya te morías y así les paga ahora tratándolos mal algún día la vas a pagar por lo que haces con ellos. Es de cariño dijo ella, como va hacer de cariño tratarlos con groserías. Si les dices otra vez te vas a encontrar conmigo y no te va ir muy bien. Me oyes, deberías de tenerle mucho respeto y cariño por la crianza que te dieron. O Ya se te olvidó yo te lo voy a recordar, si ellos te criaron por si se te olvida porque creciste bien, mientras yo esté aquí ni tu ni nadie les faltara el respeto me oyeron todos. Y al que no le guste se va de aquí dijo María salió afuera decía como será esta mujer con mis padres cuando esta sola con ellos, Sandra se fue a su casa. Y los Hermanos ahí calladitos. María les dijo y ustedes no hacen nada no cuidan a sus padres de esta mujer. No le dicen nada como ella trata a nuestros padres de esa manera les gusta a ustedes no lo puedo creer ellos contestaron si no entiende siempre lo hace bueno para eso están ustedes para que los cuiden para que esta mujer no los trate mal. María salió a la calle a casa de su amiga Margarita ella le dijo a María no le digas nada a Sandra porque Ella es la única que los cuida cuando ellos están enfermo, o cualquiera de ellos que le pase algo Ella los lleva al hospital, está bien dijo María que lo haga par eso la criaron no, María le dijo Ella tiene la obligación de hacerlo y debe cumplir con su deber para eso la criaron, pues ella sabe muy bien que fueron mis padres que la criaron, y tiene que ayudarlos como hija verdadera. El sacrificio que ellos. Se llevaron por cuidarla. Usted sabe le dijo María ellos no tiene ninguna hija cerca para que los cuiden pero no por eso esta se va aprovechar y tratarlos mal con groserías. y entender que come todo el día en casa y su hija, además lleva comida al marido en la noche que más quiere, María le decía a su mamá usted no tiene ninguna obligación.

De darle la comida todo el día, cuando el marido se paga no le traen ni un dulce, están pagados con lo que se comen y no tendría que darle usted nada. Y más encima. Les falta el respeto, esos se están aprovechando de lo poco que usted tiene, a María le dio rabia por lo que vio porque ella los ayudaba mensual mente les manda su dinero, pero no para esa sinvergüenza. María tenía hermanos viviendo con sus padres pero más inútil no podía ser, ni siquiera se preparaban. Algo para comer ellos mismo, que iban atender a sus padres de esa que los trataba mal.

Con todo eso llegó el día a María de volver a
su casa, esa vez no pudieron ir sus padres a dejarla
porque el no se sentía bien y su mamá no fue para
no dejarlo solo. Ahí quedó El sentado en su sillón
llorando le dijo ahora si que ya no la voy haber mas.
María le dijo no diga eso porque yo voy a venir de
nuevo, tienen que cuidarse mucho para cuando yo
venga estén bien los dos y vamos al campo de nuevo
María se despidió de ellos muy triste no lloró para que
ellos quedaran tranquilos. María sabía que su padre
había quedado mal, no se había recuperado como la
otra vez. También sabía que en cualquier momento
la iban a llamar para darle una malas noticias, seguían
pasando los días los meses. María seguía trabajando y
para pagando el préstamo que hacía cuando iba a ver
a sus padres, a ella no le importaba eso gracias a Dios
era joven todavía en ese tiempo podía hacer todo lo
que pudiera por sus padres, llego a su casa a lo mismo
del trabajo a la casa atender a la familia lavar, cocinar,
hacer aseo e ir hacer un trabajo que tenia en la tarde
de aseo. Era de Roberto pero el la llevaba para que
le ayudara pero sin pago, le exigía que fuera de ahí
llegaba a las once de la noche, al otro día a las siete y
media en el trabajo, a que hora descansaba, era duro
para Ella todos los días de la semana.

Porque su hija que podía haberle ayudado también
trabajaba, solo cuando estaba en casa si que le ayudaba
hacer las cosas. Un día Roberto se empezó a sentir
mal decía que le dolía el corazón María encontraba
raro que doliera el corazón porque el papa de ella

decía que el corazón no dolía, lo llevaron al doctor le mandaron hacer unos exámenes, después de saber los resultados lo hospitalizaron. Le hicieron un tratamiento bien doloroso, por una pierna le metieron una cámara muy chiquita hasta llegar al corazón al otro día lo mandaron a la casa. Tenían que investigar el examen, que más.

Adelante lo iban a llamar, asían dos días que estaba enfermo en la casa sus hijos fueron llamados para jugar soccer. Invitaron al papá que fueran con ellos. Y mi mami, si no se siente bien se vienen los dos, no les dijo El vayan nomás yo me voy a ir a costar. María. No fue por quedarse con El. Mabel se fue manejando, Javier con Ella a delante y Miguel atrás, no hacían diez minutos que habían salido, llegó una señora a la casa, le dijo a María tú tienes tres hijos si dijo Ella, pues bien ellos tuvieron un accidente allí al pasar la línea del tren. Yo iba tras de ellos, vi cómo fue. Cambiaron la luz, ellos pasaron y venía un auto no miró la luz que había cambiado y los chocó, tus hijos no quedaron muy bien, yo los ayude a sacar del auto y me dieron tu dirección. Vamos le dijo la señora yo te llevo María se fue con Ella. No le aviso a Roberto para no preocuparlo. Roberto había quedado enfermo en casa se había acostado, llegaron al lugar. A Mabel y Miguel ya se los habían llevado al hospital María estaba vuelta loca sin saber como estaban sus hijos, cuando María llegó al lugar del accidenté. Vio el auto de los niños doblado por la mitad. Los niños habían quedado apretados con las puertas no los podían sacar. Miguel que iba atrás con los vidrios se cortó su carita. Desde la frente hasta debajo de la pera, trece puntos le pusieron, Mabel. Se le había quedado apretada su pierna.

Izquierda con la puerta no se podía mover. Y el dolor de la espalda no lo aguantaba, Javier quedó apretado con la puerta derecha y el cinturón, el auto se junto para ese lado y con la parte de arriba del auto tenía apretada la cabeza no se podía mover, toda la gente ayudando a sacarlo del auto. A Javier lo habían dejado para que hablara con la policía, El no aguantaba los dolores estaba llorando cuando María llegó. Se fue donde Ella y la abrazo llorando, decía a mis hermanos se los llevaron al hospital. Miguel va sangrando de su carita, y Mabel va muy enferma de la espalda. No se puede mover del dolor y de su pierna. Lloraba mucho yo estaba apretado. Con el asiento de Mabel que se vino a mi lado quebró los cambio y me apretó a mí con la puerta no podía bajarme para ayudarlos la gente nos ayudó a salir del auto antes que llegara la policía. Javier le decía a María yo quería pegarle al hombre que nos choco pero la policía no me dejó, lo metieron al auto de ellos.

Mabel como estaba apretada con el cinturón y la puerta no podían sacarla las personas los que estaba esperando para pasar la calle nos ayudaron, a sacar por mientras que llegaba la ambulancia, a Miguel le ponían las medias. Que llevaban para jugar en la carita porque le salía mucha sangre. Y tu como te vas a ir al hospital le dijo María, la policía me va a llevar, yo me voy al hospital ahora la señora me va a llevar. Allá nos vemos, cuando María llegó al hospital Javier ya estaba en el hospital. Le dijeron, a María en esta sala esta tu hijo chico, en esta Mabel, y en este Javier no era para que María se muriera de pena y dolor. De ver a sus hijos ahí. Katy entró a la sala de Miguel, casi se desmayo al verle que le estaban cociendo su carita Ella pensó lo peor que tal vez el niño había perdido un ojito. No gracias a Dios, salió afuera a llorar, se sentó un rato y después se fue a ver a Mabel, la tenían con una cosa en el cuello y suero. Y otras medicinas no se podían mover para nada. María. Le dijo como te sientes, Ella Cerró los ojos María comprendió que estaba mal, no te preocupes ya van a estar bien cuando lleguemos a la casa les daré sus remedios después se fue a ver a Javier le estaban curando sus heridas, la cara la tenía toda raspada. E hinchada. El brazo hinchado su cabeza, y en el cuerpo en el lado izquierdo todo hinchado.

María salió llorando a fuera o través, pero al mismo tiempo le daba las gracias a Dios por sus hijos que estaban vivos, Ella cuando salió de la casa no le dijo a Roberto. Porque él estaba muy enfermo. También, no estaba bien de la operación que le habían hecho, María se sentó afuera de las salas a llorar y a esperar que salieran los doctores y entrar a ver sus hijos de nuevo. En eso estaba pensando en sus hijos cuando llego Roberto. María se paró le dijo y tu como llegaste aquí, en el auto dijo El, pero tu no puedes manejar. Si puedo dijo, y como supiste que yo esta aquí, yo escuche cuando la señora te dijo del accidente de los niños, cuando llegué al lugar ya no había nada. Yo no te avise porque no estás bien tú lo sabes, antes de venirme aquí le decía Roberto llegó un amigo que le llevaba. A su niño para que Mabel se los llevara a la cancha, ellos me dijeron allí en la esquina hubo un tremendo accidente. Pero ya no había nada cuando pasamos nosotros, yo les dije fueron a mis hijos que los atropellaron No puede ser dijeron ellos.

Ni los imaginamos que podían ser sus hijos. Más atrás llegaron los amigos al hospital también. A saber de los niños, el hombre que los chocó dijo que el había tenido la culpa porque iba mirando una dirección y se le cambió la luz. María y Roberto se quedaron hasta saber de los niños. Si los iban a mandar a la casa o los iban a dejar ahí en el hospital, a las dos de la mañana. Salió el doctor les dijo que se los podían llevar a la casa que ya el peligro había pasado, María les dijo como me los van a dar a la casa si ellos no están bien, sobre todo la niña no está bien, el doctor les dijo el peligro ya pasó señora. Si y como los voy a cuidar. Le voy a dar unos calmantes para los dolores dijo el doctor, y usted le dijo a María tiene que verlos cada dos horas, hablarles, si no la conocen me los trae de inmediato esa fue la respuesta que le dio el doctor imagínese como estaba. María de nervio que ya no daba más y no dejaba de llorar. Así tan grave se los dieron para la casa a sus tres hijos enfermos y su marido María se fue a su casa manejando. María no durmió nada esa noche preocupada pasaba de una pieza a la otra.

Mirando y cuidando a sus hijos llegó el otro día amanecieron tan mal los tres, sobre todo Mabel, mas enferma que los niños, tenía miedo de estar en su pieza. Tuvieron que sacarla al living la acostaron en el sillón le dolía todo su cuerpo.

Más tarde tuvieron que llamar la ambulancia. Para que se la llevaran al hospital no podía estar en casa estaba sufriendo mucho del dolor de la espalda, y dándole los remedios María estaba muy preocupada por Ella, el paramédico le toco un dedo del pie a Mabel y le dolió todo el cuerpo Le dijeron que tenían que llevarla al hospital lo antes posible. Roberto les dijo para eso los llame a ustedes para que se la lleven, pero no la quisieron llevar tenían que ir ellos a dejarla. No supieron porque no se la llevaron si para eso se habían llamado se fue María con ella y Roberto dejo a los demás en casa, la dejaron hospitalizada de inmediato Roberto se quedó con ella. Mabel Tenía mucho dolor de espalda al rato. María le dijo voy. A la casa a ver los niños darles sus remedios y regreso. Miguel tenía toda su carita hinchada no veía nada y mas con tantos puntos que tenía en su carita. María tuvo que llevarlo al living, mas atrás salió Javier tampoco veía nada su cara sus ojos hinchados, su brazo su pierna no los podía mover, le preguntaron a María los niños a donde esta Mabel quedo en el hospital la dejaron hospitalizada tu papá se quedó con Ella. Por mientras que yo vuelvo. Miguel se sentó en el sillón le pidió todos sus monitos que tenía a la mamá, para estar con ellos. Se conformaba con tocarlos porque no los veía estaba acostumbrado con ellos dormía con todos ellos y a cada uno le tenía su nombre. Miguel siempre había querido tener un perrito de esos arrugados.

Pero con el papá enfermo no habían podido comprárselo.

Un amiguito de la escuela lo fue haber le prestó uno por mientras porque el tenía dos. Esto fue algo terrible que les paso a los niños María después de prepararles algo de comer a los niños darles los remedios regresaba al hospital, para saber de su hija, Ella tenía que haber estado al lado de los niños porque tenía miedo estar solos no la veían. María les decía estén tranquilo yo estoy aquí no están solo, yo tengo que ir a preparar una sopa para darles los remedios. Y más tarde ir a ver a Mabel pero ustedes estén tranquilos, y no le abran la puerta a nadie María atendía a los enfermo en la casa y se iba al hospital a estar con Mabel, ella sentía que se estaba enfermando con tantos problemas, no tenia deseos de comer los días seguían pasando muy triste.

Para María y toda su familia no tenía descanso para nada. Con todos enfermo en la casa, lloraba mucho pero que no la vieran los niños, poco a poco se fueron recuperando, Roberto con los días salio a trabajar, a Mabel la tuvieron once días en el hospital. Le hicieron muchos examen gracias a Dios en la espalda no tenía nada solo dolores esos no se le iban a quitar tan rápido, tenía que cuidarse mucho. María siguió cuidándolos hasta que se recuperaron todos. Gracias a Dios, fue algo que nunca lo iban a olvidar. Esto si fue un sufrimiento muy grande para María y su familia después, Miguel no quería ir a la escuela para que no le vieran su carita y se burlaran de El. Tuvieron que ir a dejarlo y hablar. Con director todo lo que había pasado y por que no quería ir a la escuela. Miguel el director les dijo nadie se va a burlar de El. Porque esto fue un accidente. Si un niño se ríe de El yo hablare con el, y con sus padres gracias a Dios no le quedo marcada la carita. Mabel quedó muy mal de la espalda, no pudo seguir jugando soccer, ni los niños tampoco hasta que dejaran pasar un buen tiempo Roberto salieron a trabajar. No se sentía muy bien pero tuvo que hacerlo. Ya habían pasado cerca de seis meces de todo esto. Roberto se empezó a sentir mal otra vez. Con fuertes dolores al estomago. De primera no le hacía mucho caso se empezó a privar de algunas comidas, pero los dolores cada día eran mas fuertes, fue a ver un doctor que da remedios de yerbas naturales botellas de liquido que le daban tenía que tomárselos pero tampoco le hicieron nada. Gasto mucho dinero en eso, después ya no podía estar parado. Acostado, ni sentado. Caminaba de un lado a otro sobándose el estomago pero nada, en la noche le venían más fuerte los dolores. Había que llevarlo a emergencia, a la ora que fuera, allá le hacían los exámenes le ponían unas inyecciones para los dolores y lo mandaban a la casa el seguía trabajando como podía. Cuando le venían los dolores María tenía que ir a buscarlo y llevarlo al hospital allá lo mismo. De siempre le ponía una inyección para el dolor y para la casa otra vez. No lo dejaban para hacerle los exámenes mas profundo por que este dolor no era normal. Roberto siguió más grave. Ya no podía salir a trabajar y no comía nada todo lo vomitaba. Un día después de las doce del día estaba acostado, María fue a ver se había dormido un rato, El decía no me siento bien. Porque no me encuentran nada este dolor de estomago ya no lo aguanto, María le decía no sé porque no te dejan hospitalizado, con este tremendo dolor que tienes lo miraba y lo encontró amarillo, salió afuera le dijo a Javier. Anda a ver a tu papi yo lo encuentro amarillo, pero no le digas nada a Él, Javier fue estuvo hablando con El. No le encontró nada de amarillo. Javier le dijo papi levántese un ratito y vamos a dar una vuelta en el auto. Porque no hallaban que hacer con él. Para que tome aire. No, me puedo levantar le dijo me siento muy mal, trate le decía Javier y vamos, estaba tan flaco que no podía mantenerse en pie. Javier le decía ya papi trate, como pudo se levantó, y salió con Javier, en eso sonó el teléfono en casa. Era el doctor del hospital que llamaba a Roberto que se fuera de inmediato a emergencia, María le dijo El no esta en este momento. Salió con su hijo hadar una vuelta. Por qué los dolores ya no los aguanta. Cuando llegue dígale. Que yo lo estoy esperando en emergencia que se venga lo antes posible. María decía, quizás que le encontraron ahora, dejaron todo para ultima hora. Javier lo trajo rápido porque no se sentía bien. Con el movimiento del auto fue peor, llegaron a casa. María le dijo vamos al hospital te llamó el doctor te esta esperando en emergencia que te fueras lo antes posible. Llegaron a emergencia el doctor.

Lo entró a una sala, María y sus hijos quedaron esperando afuera, al rato salió el doctor les dijo que Roberto se tenía que quedar.

Porque lo vamos a preparar para la operación. De mañana temprano que operación preguntaron ellos, que le pasa y porque lo van a operar, si lo dejamos un día mas es peligroso se le estaba reventando la vesícula, la vesícula le dijeron si usted no le encontraba nada. Vengan mañana a saber de Él. Y se tuvieron que ir. Al. Otro día ahí estaba María y sus hijos esperando que saliera el doctor. Como quedo mi papi le dijo Javier El doctor les dijo que se le había reventado la vesícula pero había quedado bien de la operación. Muy delicado si pero se iba a recuperar, María le dijo y porque ustedes no le encontraban nada, porque no le salía muy claro en los exámenes contesto el, pero no se preocupen se recuperará. El doctor les dijo vallan a la casa vuelvan a la tarde porque ahora no van a poderlo verlo. Se fueron bien preocupados no sabían exactamente como había quedado, volvieron en la tarde el doctor les dijo ya pueden verlo pero no le hablen.

Él se veía muy mal estuvieron un buen rato con el pero no abrió los ojos, se fueron. Pero en eso iban llegando esos amigos Dolí y su marido, Ella muy preocupada por Roberto. María le dijo como supieron que estábamos aquí, dijo Ella llamamos a su casa y nadie contesto y pensamos que tal vez estaban aquí con don Roberto. María le dijo ya lo operaron ayer a estado bien gracias a Dios, y se fueron, al otro día ahí estaba María y su familia parados en la puerta de la sala de Roberto. Muy poquita la mejoría que tenía. Todavía, no abría los ojos. María ahí con sus hijos esperando que El abriera los ojos, María se acercó y le preguntó cómo te sientes. Mal dijo me duele mucho mi cuerpo, tranquilo le dijo Ella ya te vas a recuperar lo peor ya pasó te operaron ayer, la enfermera les dijo ya pueden irse tranquilos, al otro día estaba mucho mejor. La operación que le habían hecho era bien grande. María tenía que ir todos los días a verlo levantarlo hacerlo caminar un rato. Con un almohadón en el estomago y llevarlo al baño después llevarlo a la cama de vuelta porque caminaba muy poco se cansaba, María tenía que ir a la casa, Miguel llegaba almorzar y los dos niños grandes tenían que ir a trabajar entraba a las tres de la tarde, en la tarde cuando llegaba Miguel. De la escuela se iba con María al hospital, allá hacía sus tareas. María sacaba a caminar a Roberto un ratito. Un día que María llegó a otra hora al hospital Roberto ya estaba un poco mejor Dolí estaba con El sola. Le tenía una mano tomada y sentada al lado de El en la almohada, cuando María apareció le soltó la mano se bajó de la cama se fue de inmediato.

Que pasa le dijo María con ella, yo nunca me siento ahí para eso había una silla, ella no es nadie para que se siente en la cama.

Y te tome la mano. María le dijo dile que espere que te mejores primero para el romance, ya van a tener mucho tiempo después que salgas de aquí, ella se sintió muy mal se le vinieron muchas cosas a la cabeza pero no dijo nada más en ese momento como que no había visto, pensó a estos dos los voy a espiar cuando salga Roberto del hospital algo pasa entre ellos, ya me entro la espina, esta sería mi oportunidad para sacarlo de la casa a Roberto, mis hijos ya están grande, dijo ella Roberto estuvo doce. Días en el hospital. Lo, dieron de alta con muchos remedios. Cualquier cosa o dolor o algo tenía que volver de inmediato al hospital, María se dedicó a cuidarlo dijo no de buenas ganas porque ya tenía la espina lo voy a cuidar hasta que se mejore bien, después que se vaya si quiere voy a empezar con mis tramites, muy pronto se recuperó. Pero María ya tenía ese pensamiento dentro de Ella más con la grabación ya tenía pruebas Roberto nunca hablo de eso con María nunca le dijo que pasaba con esa mujer pero María si lo sabía y se lo conto a sus hijos. Ya hacía una semana que Roberto había salido del hospital. María con todos los problemas que había tenido, y después ver a Dolí con Roberto de la mano en el hospital fue peor para ella, empezó con muchos dolores al estómago igual que Roberto. Y Mas por lo que había visto no estaba tranquila. Mabel la llevó a ver el mismo doctor. De Roberto el doctor ordeno los exámenes le dijo a Mabel no puede ser que tu mami tenga lo mismo de tu papa. Y tenga que operarla también, por ahora la vamos a dejar hospitalizada. Para hacerle muy bien los exámenes tal vez no sea lo mismo de tu papá. Pueden ser solo nervios por lo que han pasado, le hicieron tantos exámenes. Que cuando llegó a la sala. Iba mareada y le dijo a Mabel parece que me voy a desmayar. Tengo sabor a sangre en mi boca, de repente se puso a vomitar. Mabel se asustó mucho corrió a buscar la enfermera porque María vomitaba poquito de sangre, la enfermera tomo lo que había votado para examinarlo le pusieron suero y otras maquinas cuatro días sin comer nada, volvió la enfermera. Con, el resultado del examen, le dijo a Mabel que no era nada de gravedad, lo que María tenía era pura tensión nerviosa.

Muchas cosas le habían pasado en muy poco tiempo que su cuerpo no daba más. Después de los cuatro días le sacaron el suero. Y le pusieron comida liviana. María se fue recuperando. Pero lo de Roberto. Y dolí no lo podía olvidar Roberto con Miguel se iban todos los días a ver a María al hospital, fue algo terrible como un tornado que había pasado por ellos, fue una locura lo que les paso.

Terrible en poco tiempo a los nueve días la dieron de alta. Mabel se llevaba todo el peso de la casa cuidar a su madre y tenía que ir a trabajar hacer aseo y cocinar, con los meces se empezó a normalizar todo despúes María se sentía mejor. Roberto salió a trabajar. Ya había pasado como dos meses de todo de la enfermedad de María. Un día estaba María mirando televisión. Y sonó el teléfono. Atendió era su hermana Inés que la llamaba de Chile Maria dijo ahora que habrá pasado porque de haya no se podía llamar salía muy caro ya había pasado dos años de la última vez que María había ido a ver a su familia, su hermana Inés la llamaba para darle una mala noticia para peor dijo María. Su padre Julián había fallecido. Ese mismo día en la mañana, esa fue otra noticia que les cayó encima tremenda para María, no tenía dinero para ir a verlo por última vez. He ir a dejarlo al cementerio. Y más que ella venía saliendo del hospital le salió verdad lo que le dijo a Ella que ya no se iban a ver más. En ese momento María estaba enojada con Roberto como siempre no le dijo a Roberto que su padre había fallecido, al otro día los niños le dijeron, que su abuelito había fallecido. El no dijo nada, total. A él no le importaba la familia ya se había mejorado bien, María no quería que Roberto supiera, le pasó un dinero a Mabel para que se la diera a María Como si con eso iba arreglar todo.

María tomo el dinero y se la mando a su hermana Inés para que le sirviera en algo. Samuel había sufrido mucho más de seis años enfermos, tenía cirrosis y se le había secado la medula de los huesos Y los pulmones. María decía es triste por que no fui haber a mi padre por última vez. No tuvo dinero, es triste cuando se muere un ser querido y uno no puede ir a estar con ellos por última vez. Por estar tan lejos de su familia, se muere alguien no es tan fácil decir voy. Sobre todo cuando son sus padres, sus dos hijos grandes no habían visto a su abuelito desde que eran chicos y salieron del país, ya no se podía hacer nada. Solo conformarse, y seguir adelante y María se tenía que cuidar para estar bien. Así seguía el tiempo y la vida de María muy triste para Ella. Solo sus hijos le daban alegría y conformidad cuando ellos estaban en casa le conversaban y se reían. Un día fue otro golpe terrible para ellos. Javier les dijo a María. Y a su hermana que no veía bien que las cosas se le deformaban. Algunas, veces las veía largas y otras veces cuadradas, no puede ser le dijeron porque no habías dicho antes, esto es muy delicado. Mabel pidió hora para el doctor lo antes posible. Le dieron para el otro día en la mañana, porque tenía que verlo rápido. Al otro día el oculista lo examinó y le dijo que tenía que operarlo. Lo antes posible, porque se le estaba separando la retina de los dos ojitos. Les dijo que era muy delicado lo que le estaba pasando, esto ya era increíble, el mismo doctor le pidió hora para el hospital en esa misma.

Semana Javier estaba operado de sus dos ojitos. Todos estuvieron muy preocupados porque no sabían que iba a pasar cuando le sacaran las vendas, a los días después después el doctor los llamo que le iba a sacar las vendas a Javier para que fueran. Todos estaban pendientes para cuando el abriera los ojitos, gracias a Dios quedo bien veía todo un poco nublado de primera.

Pero se iba a recuperar les dijo el doctor. A los tres días después lo dieron de alta con unos parches plásticos en cada ojito. Todas las noches María tenía que ponerle unas gotitas en cada ojo y taparle con los plásticos que le dieron, más unos remedios que tenía que tomarse, El se levantaba en el día pero había que tener mucho cuidado. Que no se fuera a golpear no veía nada con los parches. Cuando María le sacaba los parches para ponerle las gotas el le decía mami, yo la veo bien a usted, que bueno le decía Ella que te estas recuperando bien y rápido tenemos que dar gracias a Dios que quedaste bien, menos mal que dijiste a tiempo como dijo el doctor eso es muy delicado. De todas maneras, tienes que tener mucho cuidado no salir al frió porque tu sabes que la vista es muy delicada. Tenía que seguir con las gotas hasta que se terminaran le había dicho el doctor. Y ponerse esos parches. De ahí para delante tiene que usar lentes. A los tres meses lo dieron de alta que ya podía salir a trabajar, pero no manejar. Su trabajo era liviano pero no podía seguir jugando a la pelota, no podía golpearse la cabeza. En ese tiempo. A Mabel le habían cambiado el turno de su trabajo para la mañana. Entraba a las seis y salía a las tres de la tarde. Javier entraba a las tres y salía a las doce de la noche María tenía que ir a dejar a Mabel en la mañana ir a dejar a Javier en la tarde y traer a Mabel, y en la noche tenía que ir a buscar a Javier. Él no podía manejar hasta que el doctor le dijera, ella con gusto lo hacía porque ya no estaba trabajando. Ellos pensaron que tal vez con el accidente que tuvieron los niños le pasó eso a Javier le dijeron al doctor, pero el doctor les dijo que no. Bueno le dijo María Lo principal, Javier había quedado bien ya paso eso pero tenía que usar lentes.

Un día estaban todos en casa en la noche y sintieron sonar la alarma del auto de Javier como él no lo ocupaba lo tenía aparcado atrás al lado del garach, todos se pararon a mirar por la ventana hacía atrás, pero ya no había nadie.

Fue en tiempo de invierno, se vistieron y salieron a mirar lo único. Que encontraron fueron unas pisadas de unos tremendos bototos. Que venían del lado izquierdo se habían metido debajo del garaje quisieron abrir la puerta del auto nunca se imaginaron que tenía alarma, pero no fue susto el que se llevaron porque quisieron arrancar pero se caían con la nieve ahí estaban los rastros y las marcas quedaron en la nieve. María Con Mabel siguieron las pisadas en el otro auto habían atravesado la calle principal todavía se veía que se caían arrancando. Ellas decían no les van a quedado ganas de volver por el auto, era un auto bien bonito un deportivo solo para dos personas rojo que tenía Javier, como no se usaba por la enfermedad de Javier. Ahí pasaba debajo del garaje llamaron, la policía para que viniera a investigar. La policía les dijo que tal vez tratarían de nuevo que estuvieran pendientes, y así paso eso también, un día María salió a comprar. Con Mabel en el auto de Ella, se sentó y miró hacía tras por el espejo, lo que vio la dejó sin habla le dijo a María mami mire para tras. O dijo Ella no, no puede ser que pasó, le habían quebrado el vidrio de atrás. Al auto de Mabel, se bajaron fueron a mirar. Ahí estaba una tremenda piedra en el suelo con la que habían quebrado el vidrio. Mabel llamó a la policía otra vez ellos anotaron todo le dijeron tienes que llamar a tu seguro para que te lo arreglen ellos, hicieron el parte para que fueran al seguro, la policía les dijo saben tal día en la noche. Se robaron un auto. Al otro lado de la calle principal por aquí si por aquí cerca. Mabel les dijo ese mismo día en la noche se vinieron a robar el auto de mi hermano, pero no pudieron porque les sonó la alarma, no fue susto el que se llevaron, porque se caían y se paraban al arrancar, bueno después Mabel llamó a su seguro y le arreglaron el auto. Eso fue pura maldad lo que hicieron porque quebrarle el vidrio de atrás del auto a Mabel. Si en el iban a trabajar además ella nunca dejaba nada en el auto como no pudieron robar el auto de Javier pensaban ellos se desquitaron.

Con el auto de Mabel, bueno cosas así les sucedía, de ahí para adelante anduvieron con mas cuidado, muy seguido les pasaban cosas, no los dejaban respirar nunca entendieron porque. Les pasaban eso Ellos no eran malos vecinos vivieron veinticinco años ahí y nunca tuvieron problemas con nadie Un día le llegó una carta a María de su mamá diciéndole que quería venir a su casa, todos se pusieron muy felices y contentos por la carta de su mama no lo podían creer. Es cierto mami le decían sus hijos que mi abuelita quiere venir a vernos claro que si aquí está la carta, que bueno tantos años que no la vemos. Por fin decía María tantas veces que la hemos mandado a buscar desde que mi papi estaba vivo para que vinieran los dos. A conocer. Estos lugares tan lindos pero nunca quisieron. Ella, les contestaba ustedes viven en otro mundo no es el mismo mío. Maria le contestó diciéndole que viniera cuando quisiera, que iban a mandar la carta de invitación porque se la iban a pedir allá, le empezaron hacer los tramites. Olga no pasaba bien de salud pueden que no la dejen salir, pensaba María quizás le den la visa o no.

Pero había que tratar la mandó a buscar con Sandra porque era la que vivía más cerca de ella. Y pasaba con Ella y también la hija chica porque el marido trabajaba. Sus hermanas vivían lejos de su madre, y tenían su familia Sandra sabía que podía comer su madre para que no se fuera a enfermar y también para que no viniera sola. La mamá de Maria nunca le mandaba a decir problemas siempre que todo estaba bien. Un día Sandra llamó a María para pedirle dinero. Para sacar unos papeles, María le mando el dinero, otra vez que dinero para pagar los pasaporte, más dinero para sacar otros papeles. Que antes se lo habían negado, en fin esto era dinero para todo y todos los días llamaba. Casi todas las semanas y todo el dinero lo pedía Sandra al nombre de Margarita, madre de María que ella le decía Maria no se podía negar, con eso Sandra le sacó mucho dinero a Maria. Tal vez Ella pensaba que Maria nunca lo iba a saber, pero resulta que en casa de Olga. Nadie sabía que Sandra le pedía dinero a Maria, porque en casa de la mama no había teléfono, Sandra se iba donde unas amigas a llamar a Maria. Esa amiga era hermana de una cuñada de María. Ella se prestó para esto, le ayudaban a Sandra. Lo que tenía que decirle a Maria, entre todas se comían el dinero y se la tomaban y Sandra compró de todo nuevo para su casa pero como todo se sabe en esta vida ella se había comprado desde la televisión para arriba una vez que Maria fue tiempo atrás a su casa la televisión que tenía. Sandra la tenía que cambiar de canal con un alicate de vieja que era, había comprado lavadora, cama, para ellos y para la niña. De todo nuevo un día la volvió a llamar antes de salir. De Chile. Ya le faltaba cerca de dos días para salir de chile Diciéndole que ya le daba vergüenza de decirle, que su mamá estaba muy preocupada porque no tenía dinero para dejarle a Carmen hija mayor de Margarita por que Ella le iba a cuidar la casa.

Cocinarles a sus hermanos que trabajaban y lavarle. Maria le dijo dile a mi mami. Que no se preocupe que yo le voy a mandar el dinero en un maní orden al nombre de Carmen porque pensó que el dinero llegaría después que ella saliera de Chile un Money orden certificado. Un día María llamó para decirles que ya les había mandado la carta de invitación para las tres y un seguro para margarita por si se enfermaba aquí. En Canadá, llego el día de la llegada de Olga todo eso sale muy caro aquí pero Maria no sentía ese dinero porque era para su madre. Olga vino a cumplir sus setenta y tres años en casa de María. Le hicieron una comida y con regalos, esto fue en mil novecientos noventa y uno. Todos estaban felices con la abuelita en casa también la familia de Chile todos contentos porque su madre se había atrevido a salir tan lejos de su casa, el día de llegada se fueron todos al aeropuerto a esperarla un amigo de Javier se ofreció para grabar toda la llegada de Olga para donde fueran con ella el gravaba todo, le hicieron un video desde el momento que llegó por donde anduvieron y en la casa hasta el día que se fue le gravaron el avión cuando salió. Anduvieron en la nieve. Para que la conociera y la pisara ella se sentía feliz, toda la familia pendiente de la abuelita conoció varios lugares muy lindo. La montaña y otros lugares muy bonitos que ahí en Alberta, bueno todo marchaba muy bien hasta ese momento. La abuelita feliz sobre todo sus nietos estaban felices con ella en casa, hasta que un día Inés llamó a María para saber de su madre.

Margarita no quiso tomar el teléfono yo nunca he hablado por teléfono dijo ella. Maria dijo a Inés mi mami se ha sentido muy bien, hemos salido para muchos lugares con ella se siente muy bien y contenta feliz come de todo y a la ora que sea, nada le hace mal. Y sé queda a esperar a los chiquillos hasta que llegan en la noche del trabajo y también come a esa hora. Inés se alegró mucho por su madre que estaba bien, Inés le dijo a Maria sabes.

Tengo que hablar contigo contarte algo que pasó aquí. Maria le dijo no me asustes de que se trata, sabes que el marido de Sandra le dijo a Carmen si le podía ir a limpiar la casa. Y le lavara una ropa, que El le pagaba, le dejó la llave de la casa para que entrara ellos Vivian cerca de la casa de Margarita. Carmen se puso a limpiarle la casa. Y en esto debajo de la televisión. Avía un sobre con su nombre, Carmen encontró la carta del Money orden que María le había mandado para que le cuidara la casa a su madre. Le decía que todos los meses le iba a mandar el dinero que le mandaba a su madre se lo iba a mandar a ella para que tuviera bien y cuidara la casa. La carta había llegado el día antes que ellas salieran de Chile, Carmen se puso a llorar y se fue a casa. En eso venía llegando yo le decía Inés. Le dije que te pasa porque estas llorando. Ella me dijo mira esta carta la encontré en la casa de Sandra, que hacía esta carta tuya allá le pregunte en casa de Sandra, Maria me mandó este dinero a mí y Sandra se la robó, y se la gastó con sus amigas, borrachas que tiene igual a ella a Maria le dio mucha rabia y pena también cuando Inés le contó. María le dijo a Inés. Que quieres que haga yo ahora si ya está aquí la sinvergüenza. Además yo nunca he sabido como es Ella allá con mis padres porque nadie me dice nada cuando yo fui me di cuenta que Sandra trataba muy mal a mis padres. Pero nada más porque no me dijeron antes que esta tenía malas costumbres de ser ladrona no la habría traído a mi casa. Mi mami jamás me mandaba a decir nada problemas de ella ni de nadie siempre estaban todos bien si tu sabias porque no me mandaste a decir que esta era ladrona. Imagínate bueno nosotros no sabíamos tampoco dijo Inés mi mami nunca nos decía nada, María le dijo ahora ya es tarde.

Ella está aquí, ahora como se lo digo a mi mami para que no se sienta mal le dijo María, terminaron de hablar. Olga le dijo que quería Inés, quería saber de usted si se sentía bien y si podía comer bien. O se había enfermado, yo le dije que nada de eso, que estaba muy bien, que comía de todo y a toda hora. Maria no hallaba como decirle a su madre lo que Inés le había dicho. Tenía miedo que le pasara algo Le daba pena por ella se iba a sentir muy mal talvez se. Iba a querer ir Sandra estaba ahí era mejor. Después Maria le dijo, sabe mami tengo que decirle algo. Que me dijo Inés, pero no se valla a sentir mal porque no es culpa suya es de esta vaca sinvergüenza nada tiene que ver con usted Resulta que el marido de esta monstruo que está aquí señalo a Sandra con el dedo le dijo a Carmen que le fuera a limpiar la casa que le iba a pagar Carmen fue estaba limpiando, y debajo del trapo que tenia en la televisión le encontró la carta que yo le mande con un Money orden a Carmen que esta me pidió al nombre suyo para Carmen porque usted estaba muy preocupada no tenía dinero para dejarle para que le cuidara la casa, pero esta sinvergüenza agarró la carta que llego antes que ustedes salieran de allá.

Saco el maní orden que iba en la carta lo cambió se la gasto con sus amigas sinvergüenza que tiene. Borrachas igual que ella. Mami yo sé que usted no sabe nada esta se iba a la casa de la nena a llamarme por teléfono y pedirme plata que dinero dijo Olga, mami yo sé ahora porque Inés me dijo que usted no sabe nada de todo esto que le voy a contar. El dinero que esta sinvergüenza me pidió en su nombre para Carmen yo se lo mande yo no te he pedido nada aparte de lo que tu me mandas dijo Olga Yo se mami que usted nunca me pide nada soy yo la que le mando.

Pero fue esta sinvergüenza que me lo pidió yo se lo mande Inés me lo dijo, el marido de esta sinvergüenza le pidió a Carmen que le fuera a limpiar la casa y le lavara una ropa Carmen fue y encontró la carta. Que yo le mande a ella en casa de este monstruo, y se fue llorando a la casa Inés venia llegando y le pregunto qué le pasaba porque lloras. Carmen le paso la carta a Inés le dijo que asía esta carta tuya allá en casa de Sandra la encontró, yo le mandé le dijo María a su madre una carta a Carmen con un Money orden para que le cuidara la casa a usted porque esta me pidió por mientras que los chiquillos se pagaban y le dieran a Carmen, Margarita dijo dos días antes llegó una carta para. Carmen tuya yo la recibí la deje encima de la mesa hasta cuando Carmen llegara, que iba ser en la tarde de ese mismo día. Llegó Sandra antes y dijo esta carta es para mi, yo le dije no es tuya es para Carmen. Si dijo Sandra la carta será para Ella pero lo que viene adentro es para mí. Como que va hacer para ti si dice Carmen y se la llevó eran dólares americanos que yo le mande a Carmen le dijo Maria para que le cuidara la casa.

Sandra escuchaba no decía nada, nunca se imaginó que se iba a saber y tan rápido, pero ya estaba aquí, además le dijo Maria a su mami me pidió cualquier dinero antes de salir ustedes de allá.

Todo lo hacía al nombre suyo. Que usted necesitaba para pagar papeles para pagar pasaporte en fin cualquier dinero todo lo pedía al nombre suyo como me iba a negar.

La nena y mi cuñadita le decían lo que esta sinvergüenza dijera y ahora me dice Inés que allá no se paga por los papeles. Que uno pide para viajar. Pero a todo esto la niña les había contado a Maria que su mamá le había comprado cama nueva. Se había comprado televisión cocina y muchas cosas más, si dijo Olga Sandra me decía. Que, el marido le estaba comprando.

Todas Las cosas nuevas para cuando le saliera la casa, yo le decía que bueno. Que te están comprando tus cositas, pero no tenían ideas de donde salía el dinero como el marido de esta trabaja yo pensé que El se las estaba comprando dijo su mami que le iba a comprar si ese es otro sinvergüenza igual. Maria le decía que bueno cuando la niña le conversaba, que su mama le había comprado de todo cuando te den tú casa verdad, como se reiría la sinvergüenza de Maria. Olga le dijo eso era lo que iba dentro de la carta de Carmen. Si le dijo Maria eso era lo que iba dentro de la carta. Dinero para Carmen y esta sabía porque Ella misma me lo pidió al nombre suyo, además le dijo Olga yo le deje dinero a Carmen por mientras que los chiquillos le dan.

Sandra dijo que mentira más grande te dijo Inés cállate mejor ante que te de un combo en el hocico y se reía la sinvergüenza. Maria le iba a pegar pero después se arrepintió por su mama dijo tú crees que son mentiras claro que son mentira dijo la vaca. Mira le dijo Maria. Te voy a mostrar todo el dinero que me pediste para que mi mami sepa al nombre de mi mami, cuando te he pedido dinero seguía diciendo la sinvergüenza nunca te pedido dinero al nombre de mi mami, que descarada la mujer le dijo Maria.

Que sinvergüenza eres con tu familia que te criaron ni roja te pones, lo que pasa dijo Sandra que Inés esta enojada porque yo vine y no Ella te dije que te callaras, fíjate le dijo María que me habría salido mas barato traerla a Ella que a ti con tu hija. Con mi mami. Maria se paró se fue adentro trajo todos los recibos que tenía de los Money orden que Sandra había pedido se los tiro encima de la mesa, y le dijo a Olga. Mire mami esto recibos son del dinero que esta sinvergüenza me pidió a su nombre, Olga no entendía nada, que vergüenza Sandra por Dios le dijo. Decía, nunca me imaginé esto.

Esta lo pedía de casa de su amiga yo no savia de esto yo se mami usted no tiene porque sentirse mal siendo para usted yo no lo siento, fue esta desgraciada descarada sinvergüenza, con la nena y Marta pero esta no conoce la vergüenza mami por Dios, todavía tiene cara de contestar, cuando te he pedido. Dinero aquí están los recibos y la fecha para que no digas sinvergüenza que son mentira de dinero al nombre de mi mami estos son los recibos míralos léelo de la casa nena me llamaban mami dijo Maria, viera usted como se reían todas cuando Sandra llamaba. Yo escuchaba las risas de ellas pero no savia porque se reían, sacaban la cuenta con tenedor, una botella para ti otra para mi decían pienso, y en eso estaba metida mi cuñada Marta porque son hermanas y sinvergüenza igual, pero nunca pensaste que se iba a saber la verdad y tan pronto verdad. Que rápido y todo fue porque tu marido le dijo a Carmen que fuera a limpiarle la casa, si no, no se habría sabido nunca nada, que rápido se pillan a los ladrones yo no podía negarme si era para usted mami. Le decía Maria a su madre yo le decía a Sandra que le dijera a usted que no se hiciera problemas que yo teniendo nunca me voy a negar se imagina como se reirían todas estas sinvergüenza de mí. Imagínese y usted ni savia nada, mi cuñada Marta también andaba metida con esta pero todo esto se paga y aquí en la tierra no va hacer ahora ni mañana, pero se paga Sandra te aprovechaste de mi, pero lo vas a pagar y te vas acordar de mi todo los días de tu vida. Y si tienes conciencia no te va a dejar tranquila, le dijo Maria que marido mas bueno le había salido de repente porque no le había comprado. Las cosas antes si siempre ha trabajado ese sinvergüenza igual a esta se juntaron los dos. Como se reirían estos dos que habían encontrado a una tonta que les estaba comprando todo solo con una llamada de teléfono, si hubiera sido para mis hermanos estaba bien, pero no para esta sinvergüenza. Que no es nada de nosotros pero se te terminó la mina que habías encontrado, no importa dirás tu porque ya me compre mis cosas verdad no quiero saber nada nunca mas de ti, me pesa tanto de haberte traído. Yo tenía razón de no querer nunca a esta mujer.

Desde el día que usted la tomó y la metió en la casa de nosotros. Nadie la quiso no me gusto savia que era mala, Sandra callada nada decía, no te imaginaste que yo tenía todos los recibos de los cheques que me pediste verdad tan inteligente que te crees. Tampoco hiciste pedazo la carta, la guardaste de recuerdo, así como se pillan a estos sinvergüenzas. Ladrones, bueno en castigo Maria no salió más a ninguna parte con ella la dejaba en casa. Solo lo hacía con su madre. La llevaba a comer a tomar desayuno le compro ropa, zapatos, a Sandra nada. Sandra más adelante se hizo de unos amigos. Un día se fueron a una tienda se llevo la niña. Maria se quedó con su mamá en todo el día Sandra no llamó ni llego. Maria estaba preocupada porque Ella no conocía aquí y no hablaba el inglés, en la noche llamó la hija. De los

amigos diciendo que fueran a buscar la niña porque
Ella tenía que acostarse, tenia clase al otro día, Maria
le dijo la niña, si dijo la chica, y Sandra no está, no sé
dónde abra ido no ha llegado en todo el día.

María le dijo a su madre mami voy a ir a buscar la
niña de Sandra, la chica no sabe dónde está su madre.
Bueno le dijo su mama. Anda a buscarla, mami le
dijo María no le habrá la puerta a nadie. Si le tocan
el timbre, mis hijos tienen llave pero nunca llegan a
esta hora OK, salió Maria a buscar la niña, Maria le
dijo dónde está tu madre no sé dónde está que raro
que o estuviera con la niña ya era tarde de la noche.

Fuimos a un negocio grande contaba la niña bien
grande y cuando íbamos saliendo llegó un hombre
y le dijo que tenía que hablar con ella. Y se la llevó
adentro con su amiga, y tú porque. No entraste con
ella Maria le dijo tu mami no conoce a nadie aquí.

Quien tendría que hablar con ella, porque no fuiste
con Ella adentro, a mí me dejaron afuera, y como
llegaste. A la casa de tu amiguita. Yo me acordaba
del teléfono de ella la llame de donde sacaste moneda
para llamar, yo tenía y llame vinieron a buscarme,
ya no quedaba nadie afuera cerraron las puertas y
mi mami no salía. Ana era una visita no sabía inglés
y era chica, de seis años. Maria nunca comprendió
porque no se la llevaron junta con la mamá adentro.
O que se la hubiera llevado la amiga. Fue, muy facial
para que se la hubieran robado.

Afuera del mall gracias a Dios no pasó así. Maria
nunca supo cómo fue todo esto, llegaron a la casa

Maria llevaba un presentimiento. Le dijo a su madre me tinca que a Sandra se la llevaron presa la han pillado robando. Porque tiene esa mala costumbre, si le roba a la familia qué más da robarle a los extraños, pero la amiga porque no llama, en eso sonó el teléfono. Era la amiga de Sandra, le dijo sabe necesito el numero del pasaporte y del carnéts de Sandra. Para que lo quieres. Le dijo Ella, la voy a inscribir para que le den unas cosas, pero a esta hora donde te van atender, sobre todo a ella si la van atender pero necesitan prueba. Que anda paseando, dijo la amiga otra sinvergüenza dijo Maria después. Maria le pidió los papeles a su madre y le dio los números que quería. María le dijo a su madre nosotros hemos salido para todos lados. Aquí y nunca nos han dado cosas y menos a esta hora de la noche adonde la van atender las oficinas están serradas y nunca. Nos han pedido los papeles pasaporte o algo así, solo cuando uno sale fuera del país se pide, o cuando los toman preso a las personas le pide los papeles.

Esta debe estar presa. Mire la hora que es y no llega ni llaman. En eso sonó el teléfono otra vez, era la amiga de Sandra, le preguntó a Maria a qué hora salían sus hijos del trabajo, le dijo Maria a la una de la mañana. A todo esto eran ya las tres y media de la mañana y nadie llegaba. Después, llegaron todos juntos con Sandra, pero los hijos de María venían tan enojados. Se entraron derecho a su pieza a cambiarse de ropa. Maria todavía estaba ahí sentada esperando, Maria les dijo a sus hijos. Qué pasó? Mabel le dijo pregúntele a Sandra. María le dijo. Y tu porque bienes llegando a esta hora que te crees que no vas a respetar esta casa. Ella no contestó. María le dijo te tomaron presa verdad te pillaron Robando que costumbre más bonita has aprendido. Tu dijiste este negocio es tan grande que no me van a ver si tomo esto, fíjate le dijo María que aquí no usan uniforme los trabajadores y son muchos los que tienen, no se distinguen con la gente. Sandra le dijo de donde sacaste eso, de ti se espera cualquier cosa asta de robar en el Mal. Contesto María, si me robaste a mí siendo medio familiar, que más se espera de ti. Y además. Aquí solo piden los papeles cuando los toman preso a las personas, o cuando uno sale fuera del país que te iban a inscribir para que te dieran cosas a esta hora estás loca otra mentira te habría salido mejor, quien te crees que eres una princesa si tú fueras la reina no te iban atender a esta hora tampoco. Que te creías yo fíjate no le creí nada a tu amiga, no sea tonta, en que comisaría te tenían. Sandra miro a su madre como le decía a Olga, le dijo mami María que es pesada lo que se le ocurre. Todavía negando la sinvergüenza. Olga ni la miró no le dijo nada. Mabel salió de la pieza le dijo la tenían en la camisería del centro ya lista con esos overoles naranja que les ponen para mandarla mañana de vuelta a Chile. No te decía yo que estabas presa sinvergüenza sus amigos nos fueron a buscar al trabajo decían los hijos de María. Para que la fuéramos a sacarla de la cárcel, porque no creían que andaba paseando, María y Olga le dijeron para

que la fueran a sacar porque no la dejaron que la
mandaran de vuelta para que sus amigas borrachas
que tiene la fueran a sacar allá y el marido, por usted
lo hicimos abuelita no le dijo la abuelita.

Tenían que haber llamado aquí primero Le
dijeron ellos para que no se sintiera mal, No mijito le
dijo Ella deberían de haber llamado primero antes de
ir a sacarla. Los hijos de María estaban tan enojados.
Por la vergüenza que tuvieron que pasar para irla
a sacar a la linda. María le dijo te das cuenta como
lo pagaste el daño que me hiciste, pero nunca me
imagine que iba a ser tan rápido y aquí mismo otra
vez. María le dijo a Sandra mis hijos nunca han
tenido problemas con policía gracias a Dios. Y ahora
vienes tu infeliz hacerles pasar esta vergüenza, me
pesa tanto de haberte traído toda mi vida me va
a pesar, de veras siento el dinero que he perdido
por tu culpa, pero no importa el dinero se repone,
deberían de haberte mandado de vuelta para que se
te quite de andar tomando cosas que no son tuyas.
Mabel le dijo mami y como llegó la niña aquí esta
yegua sinvergüenza la dejo afuera del mol ni siquiera
se acordó de la niña la dejaron botada afuera en
la noche todavía, cualquier persona se la hubiera
robado. Mabel le dijo, con quien la dejó. Sola afuera,
y ya era tarde cuando la amiguita de ella me llamo
aquí como y de dónde. De su casa ella se acordaba del
teléfono a su amiga le dijo más o menos donde estaba
el hermano de la amiguita la fueron a buscar. Ahí
había quedado sola afuera ya eran mas de las doce

de la noche. No quedaba nadie, Te imagina que se la hubieran robado ahí si que no le habría ido muy bien. Con el sinvergüenza del marido. Tal vez así se le habría quitado la mala costumbre de robar, o tal vez esta se habría sentido feliz sin responsabilidad de hijo, Olga le dijo por mi nadie sabrá en Chile. Lo que hiciste aquí, si tuvieras un poco de vergüenza no lo dices tu, pasaron los días y un día Olga le dijo a María que se quería ir, que le dijo María porque quiere irse todavía, no a terminado de conocer, y el pasaje está por seis meses para que esté con nosotros, que se vaya Sandra a sinvergüenza a robar otro lado le vamos a ir a cambiar el pasaje. Para que se vaya, pero usted no todavía, no dijo Ella yo quiero irme. Usted no tiene culpa de nada, pero está bien le dijo María si la entiendo mami porque quiere irse, viste lo que hiciste putilla sinvergüenza le dijo María echaste a perder todo por tu mala costumbre que tienes.

Le dijo a Sandra. Pero no es su culpa mami no se vaya. María le había sacado el pasaje por Argentina para que pasara a ver a Mercedes. De vuelta María le decía no se vaya todavía después va uno de los niños a dejarla, o voy yo a dejarla, no le decía ella me quiero ir Ahora. Está bien le vamos a ir a cambiar la fecha de salida, a Olga le quedaban tres hijos solteros en casa eran grande si pero muy inútil ya mayores no eran niños. Pero, estaba Carmen con ellos. Fue lo que le paso con la linda aquí sintió vergüenza propia, María le dijo tu maldita sea para toda tu vida, solo alcanzaron a estar siete semanas. María y sus hijos quedaron muy tristes, los hijos de Olga en Chile se enojaron mucho cuando la vieron llegar. Porque no se quedó con María un tiempo más le decía, aquí solo pasa enferma, allá no le paso nada y viene más gordita y bonita. María atendió. Muy bien a su madre cuando la tuvo a su lado. Ella comía muy bien a la hora que fuera nada le hacía mal, María le decía si quiere comer algo saque nomas de la heladera no tiene que pedir nada, en la noche se quedaba hasta tarde a esperar los hijos de María Ellos llegaban a la una y media de la noche, a ella le gustaba ver los colores de la televisión, le arrendaban películas en español para ella, pasaron los días después que se fue su mama María recibió una carta de su hermana Inés esta venía bien pesada. No pesada que traía cosas era lo que decía así como había llevado a Sandra a su casa. Porque no llevó a uno de sus hermanos o sobrinos, que sus padres están separados y así muchas cosas más como obligando a María. A María le dio mucha rabia y pena por la carta, mas por lo que había pasado con Sandra y ahora esto, la carta de Inés, ellas son comadres y hermanas. Inés no tenía porque mandarle a decir eso a María, Ella tenía que haber mandado a decir como era Sandra que era una ladrona y una sinvergüenza que vino a robar eso tenía que haber dicho. Pero María con la rabia que había pasado le contestó bien pesado también, y le dijo pregúntale a Sandra porque vino a robar aquí y la tomaron presa la iban a deportar tuvieron que ir mis hijos a sacarla de la cárcel si tuviste problemas allá con Sandra más bien tenías que habérmelo dicho, que era una ladrona María también le dijo si mi hermano esta separado o divorciado no es mi problema los niños son mis. Sobrinos si pero le decía que se acordara cuando Ella estuvo separada con sus dos hijos y sola más de seis años en Chile nadie me ayudó con nada, nadie fue a decirme toma aquí tienes un pan para tus hijos ahora me vienes tu con eso, ahora ellos que se las arreglen como puedan tal como lo hice yo en ese tiempo.

Todo se paga aquí solo mi madre de vez en cuando podía ir a verme. Y me tuvo de lastima en su casa cuando me separe, María se las tenía que arreglar como darle comida a sus dos hijitos. Y ahora tú me vienes con eso, también le contestó bien fuerte. Tú crees porque yo vivo aquí tengo el dinero de sobra te equivocas. Aquí eh tenido que limpiar baños para poder salir adelante con mis hijos, ni en Chile lo hice nunca. María tiene una amiga de nombre Olga igual que su madre en Chile, ella era la única que la ayudaba. Y mucho, a Ella y a sus hijos le agradeció hasta que María salió del país le ayudo, bueno Inés no se sintió muy bien cuando recibió la carta de María.

Además, le mandó a decir que Ella no había traído a nadie de visita, solo su madre era la visita, solo trajo a la persona. Que creía que era conveniente para que le dijera lo que su madre podía comer, o como cuidarla que no se fuera a enfermar porque para Ella primero este Dios después sus padres y después la familia, María sabía que era Sandra la que los cuidaba a los dos allá si se equivocó con ella pero eso ella no lo savia. Era la que le comía lo poco que su madre tenía si era verdad. Si se equivocó no fue culpa de ella, si no de sus hermanos que no le dijeron que esta era ladrona y sinvergüenza y eso que se había criado con ellos tal vez la sangre de la familia de ella eran así ladrones. Yo les dijo María estoy muy lejos para saber las cosas que pasan allá, al tiempo le contestó Inés, le dijo que la perdonara porque por lo que le había mandado a decir la familia le preguntaron porque tu me había mandado esa carta. Yo les tuve que decir que yo te había mandado primero una carta por eso tu me contestaste esto. Inés no lo pasó muy bien con la familia. Por haber mandado esa carta que no debería de haberla mandado, al año siguiente en mil novecientos noventa y dos.

Fueron los tres hijos de María a Chile. Y fueron a la casa de su tía Inés lo pasaron muy bien la tía los atendió muy bien, Mabel y Javier hacían diez y siete años que no veían a su familia, desde que habían salido a la Argentina. En mil novecientos setenta y cinco. Estaban muy chicos cuando salieron de Chile, Roberto se enojó porque los niños iban a Chile. Les decía para que van a ir a gastar ese dinero, mejor que me la den a mí para pagar las cosas descarado el hombre infeliz así sin arrugarse les pidió el dinero. María les dijo no, si ustedes quieren ir vayan. Para eso trabajan todo el año y ayudan a pagar las cosas de la casa. Eso le toca a tu papa de pagar si ustedes quieren ayudar está bien pero es problema de él. María tuvo uno de los tantos problemas grandes con Roberto por el viaje de los niños, el nunca pudo ir a Chile pero ese era su problema porque el trabaja y gana buen dinero y daba muy poco para la casa, ¿que hacía el con el dinero? Buena pregunta verdad) Sus hijos fueron y lo pasaron muy bien con toda su familia, que años no se veían incluso no querían venirse, todos los fines de semana tenía fiesta y comida en casa de su tía Inés allá fueron a parar. Ellos ya no se conocían porque estaban todos chicos cuando se separaron. Ahí les llevaron el video a su abuelita del viaje a Canadá y la despedida de Ella del avión cuando salió, los niños estuvieron dos meses en Chile no querían volver después a Canadá. Inés se le pasó el enojo con María la llamaba para que le dejara los niños hasta cuando ellos quisieran estar allá, que no era ningún problema para Ella. Si Miguel quería ir a la escuela que fuera, y si los dos más grande. Quería trabajar que lo hicieran. Pero que se los dejara. María le decía te doy las gracias que te hubieran gustado a mis hijos y gracias por habérmelos cuidado bien a mis hijos y que le hubieran gustado. Pero se tenían que venirse, Ella no podía quedar sola los echaría mucho de meno. Porque con Roberto. Tenemos muchos problemas y nos vamos a divorciar le decía María andaban muy mal las cosas entre nosotros. Inés le decía si para el otro año pueden venir que vengan a mi casa. Gracias Decía María pero ahora que se vengan, yo te agradezco mucho y me siento muy contenta que te hubieran gustado mis hijos, pero se tienen que venir, dijeron ellos para otra vez será.

Se hicieron de muchos amigos. Se fueron al sur de Chile a conocer otros familiares quedaron encantados de conocer Chile y tanta familia. Anduvieron a caballo se iban a bañar a los ríos con sus primos como lo hacía María cuando era chica. María se siente feliz de sus hijos porque son muy buenos muy cariñosos con todos, y muy seguros de ellos mismo y muy respetuosos. No son atrevido con nadie toda la gente los quieren eso fue lo que les gustó a la familia. Que son respetuosos, allá los niños eran mas tímidos. En ese tiempo, cuando iban de vuelta del campo a la ciudad se fueron en tren. Dijeron a su tía Inés si podían ir a la maquina del tren a gravar a los señores que manejaban el tren. Su tía les dijo que no, porque no, las cosas que se les ocurre a ustedes los maquinistas no lo van a permitir. Además se pueden caer del tren. Al, pasar de un carro a otro, no nos pasara nada vamos le dijeron a su prima, no dijo Ella vallan ustedes, se fueron los tres grabando en los carros, toda la gente los miraba hasta que llegaron a la máquina. Les dijeron a los maquinistas que andaban paseando de Canadá si les podía hacer unas preguntas y gravar la máquina.

Ellos dijeron que estaba bien, conversaron con los señores después le dijeron a los niños si querían manejar el tren está bien, se sentaron uno primero y el otro gravaba, los maquinistas le dijeron.

Mira toma esta cuerda y tala, con eso les sonaba el pito del tren, así lo hicieron los tres estaban felices, se despidieron de los señores se fueron a sus asientos. Su tía no les podía creer, manejamos el tren y tocábamos el pito, grabamos todo ya van a ver cuando lleguemos a la casa, su tía les decían ustedes que son atrevidos. Mira donde se fueron a meter. Pero tía le decía si uno no sabe algo ahí que preguntar, llegaron a la casa la tía le dijo a su esposo. Ya vas a ver en el video lo que hicieron tus sobrinos, pusieron el video y vieron todo lo que habían hecho en el campo andar a caballo en carreta encerrar los terneros en la tarde, y después llegaron a la parte del tren. El tío, no podía creer lo que estaba viendo y esto les dijo, lo grabamos en el tren cuando veníamos, la tía le decía estos son tus sobrinos, mira adonde se fueron a meter. Me gusta dijo El que sean así si no saben algo vayan y pregunten.

Nada se pierde, pero eso de manejar el tren y se reían todos eso ya es más grande, el maquinista nos dijo y nos enseñó lo que teníamos que hacer. Pero ellos iban ahí también con nosotros, pobre los que iban en el tren les dijo el tío. No sabían en que manos iban, nosotros íbamos despacio. Quizás que pensaban la gente cuando sentían tocar el pito, tal vez pensaban que había algo en la línea, y así pasó eso, después se fueron a la playa. Entre diez y ocho personas arrendaron una cabaña. Solo tenía dos camarotes, era muy chica se metían a dormir por tiempo en la noche se tiraban en el suelo en saco

de dormir no había lugar para nada. Y para nadie
mas pero lo pasaron inolvidable por eso no querían
volver, pero no toda la vida iba ser así les decía María
jugaron a la pelota se bañaban en el mar fue algo
maravilloso para ellos estar con su familia y amigos.
Y así se les acercó la fecha de volver a Canadá que
tristeza traían esos niños. Cuando llegaron Fue muy
triste la despedida para todos le contaba a su mama,
fue toda la familia a dejarlos al Aeropuerto porque no
querían irse temían que se fueran a volver. Ellos en
Canadá no tienen ningún familiar. Solo sus padres
trataron de llevar a algún, familiar antes pero nunca
pudieron, al otro día llegaron a su casa muy triste,
le contaban a María como lo habían pasado y lo
que hicieron allá, pasaban puro llorando, María los
conformaba, para el otro año van de nuevo. Les
decía para que sufren tanto, trabajen, junten dinero
y se van de vacaciones otra vez, se levantaban en la
mañana se miraban y se ponían a llorar.

De verdad no querían volver, se fueron a trabajar
y Miguel a la escuela, las cosas entre Roberto y
María seguían peor, el los dejó solos, se preocupaba
solo de sus amigos, y se alegraba cuando María
salían sola con sus hijos Ella decía está bien. Un
día quedaron todos de ir donde unos amigos que
viven muy lejos de ellos Roberto el día antes en la
noche les dijeron que Él no podía ir porque lo habían
llamado a trabajar. María lo quedó mirando y le dijo
está bien te van abrir las puertas de la fábrica solo a
ti porque es sábado porque al otro día era sábado

verdad se te olvido la mentira. Le dijo esta bien yo voy con los niños, Él les dijo está bien pueden ir. No, le dijo María no te estoy pidiendo permiso, voy a ir con los niños a él se le olvido yo pienso que al otro día era feriado.

María les dijo a sus hijos si Roberto anda en algo raro lo voy a saber, a pesar que ya lo savia, esto ya hacía mucho tiempo.

Que estaba pasando. De primera María no pensaba mal de Roberto. Pero esto ya se empezó a ver mas claro por las acciones de Él, cuando llegaba casa se cambiaba ropa y salía.

María decía si ahora, como dije antes esto sería mi salvación. De sacar a Roberto de aquí tener una prueba mas no está nunca de más. Cuando María y sus hijos llegaron donde los amigos llamaron a Roberto pero no estaba, mañana llamo de nuevo dijo María. todo lo que se hace se paga, y este me ha hecho muchas, sus hijos ya eran grandes estudiaban y trabajaban, María ya no tenía problemas, ya nunca mas pudieron salir con Roberto ella decía esto le va a pesar todos los días de su vida, algún día tiene que pagarla. Y este sería mi oportunidad para sacarlo de mi vida y de mi casa, un día María le dijo a Mabel, sabes se me esta metiendo una idea en la cabeza. Que idea le dijo Mabel. Tengo que estar bien segura lo que voy hacer, tu papa anda con otra mujer. Es mejor terminar pronto con esto yo tengo derecho a descansar no crees tú. Pero mami como se le puede ocurrir eso dijo Mabel. Que mi papi va a tener otra mujer, si la tiene porque siempre lo ha hecho porque ahora no, mira antes tu papá llegaba comía y se acostaba. Porque según el venía muy cansado del trabajo. Ahora llega se baña se cambia ropa come y sale.

Es mucho el cambio se compró ropa nueva que antes no lo hacía. Llegaba a dar vergüenza salir con El, no tenía ropa presentable tu sabes era dejado. Pero ahora ha cambiado mucho, si es verdad decía Mabel. Pero no creo que tenga otra mujer, muy pronto lo vamos a saber, Porque lo voy a seguir. Después, del trabajo y después que salga de la casa. Mabel nunca le creyó a su mamá que su papá tuviera haciendo eso, después empezó a llegar mas tarde del trabajo, decía que lo habían dejado trabajando pero el dinero no se le veía. María le decía no te estoy preguntando nada tu hace lo que quieras no me interesas, pero decía María después empezó a llegar más tarde. Le decía a María que andaba mirando un auto. O cualquier otra mentira. María lo dejaba nomás no te agás problema le decía. Ella en ese tiempo no estaba trabajando por enfermedad.

Y justamente habló con su amiga Dolí para que se quedara en su lugar de trabajo, su supervisora le había dicho que buscara a una amiga. Y le enseñara el trabajo. Dolí había llegado sin trabajo de otro lugar donde se habían ido.

María habló con su jefa que ya le tenía una persona para su lugar. Esta bien le dijo Ella tu misma enséñale el trabajo, así fue como lo hizo María.

330 MARIA TORRES LAGOS

Entró a trabajar a Dolí en el lugar de ella era en una lavandería de un hotel. María con el cambio de Roberto más o menos tenia ideas quien podía ser pero quería tener más información un día María tuvo un presentimiento como antes, dice Ella, es la verdad lo que les digo, me voy a ir al trabajo de Dolí a la salida me meto entre los autos con el mío, pero estaba ahí, siguiendo el presentimiento. María se metió bien para abajo en su asiento en el momento de salida de los trabajadores. Ella no se movía para nada, pendiente mirando hacia la puerta de salida. Dolí salió a la puerta y se entraba de nuevo, como que estaba esperando a alguien volvió a salir en eso llegó Roberto a buscarla. Ella se subió al auto y se fueron. A ha dijo María con esto me basta Dios mío dijo María no podía creer lo que vi, seria casualidad que el vino a buscarla, el presentimiento le salió verdad Parece, se quedó un rato ahí para recuperase de la terrible sorpresa. Que se llevó, las piernas le temblaban. No podía seguir manejando, decía como va hacer casualidad que yo vine hoy y el la vino a buscar, por un lado María se sentía triste no podía creer que su marido le estuviera haciendo esto con su amiga. Y los hijos de ella que va a pasar, y los míos también irán a creer o no porque son amigos pero por otro lado ella estaba contenta, porque si era así iba a poder sacar a Roberto de la casa pero necesitaba prueba para eso. Será que todos los días lo hace pensaban María en el parking, después salió y se fue a su casa pero sus piernas no la acompañaban mucho para manejar le tiritaban de los nervios no supo como llegó a la casa, este tiene que ser el cambio tiempo atrás los había visto pero no pensó mal de ellos porque éramos amigos y Roberto decía María. Que lo dejaban trabajando o salía a mirar auto y cualquier otra mentira, María decía si somos amigos de muchos años no puede ser.

Que van a pensar nuestros hijos. Cuando sepan y los hijos de Ella los hijos de ella a María la tenía sin cuidado. También, porqué ella me hace esto, lo niños son amigos desde chiquito y jugaban soccer juntos, María ya había empezado esto. Y no iba a parar ya tenía muchas pruebas, no se podía conformar que su amiga anduviera con Roberto, decía sería casualidad que vino el a buscarla. Pero ella tenía su auto porque no se iba en el pero de todas manera no tenia porque hacerlo Roberto es muy amigo del marido de Ella, según María pero después decía Roberto esta acostumbrado a quitarle las mujeres a sus amigos María empezó a pensar Dolí nos invita dos o tres, Veces por semanas a comer. No en su casa era en restaurantes. Ahora no están esos tiempos para darse esos lujos. María de que vio a Roberto buscar a Dolí no quedo tranquila, este tiene que ser el cambio. Adema cuando los vio tomados de la mano en el hospital dijo cuándo Dolí nos invite otra vez le voy a decir que no puedo ir, a ver que me va a decir. Un día los invitó de nuevo María le dijo no puedo ir yo...... Quieren seguir leyendo lo que Ella le contesto a María siendo amigas.

No importa si tú no puedes ir, que vaya don Roberto. Cuando llego Roberto del trabajo María le dijo de la invitación de Dolí, el ni siquiera le dijo a Ella y tu no vas a ir nada antes siempre iban juntos. Nada se arregló y se fue, María dijo estos dos andan enredados ya no fue nunca más a casa de Dolí. Se dedico a espiar a Roberto, porque ella estaba pensando de pedir el divorcio y tenia que estar segura, ahora con esta ya no le perdonaba ninguna más y tenía que estar bien segura, de lo que quería hacer. Quería sacarlo de la casa y no hallaba la oportunidad pero ahora la tengo y decía no se va a reír de mí nunca más ahora que tengo mis hijos grandes nunca más, lo prometo, que esto si le va a pesar, otro día María se fue al trabajo de Dolí y de nuevo llego Roberto a buscarla esto ya no es casualidad. Dijo María no hizo nada de nuevo, pero se imaginan ustedes queridos lectores como se sentía María en ese momento se sentía morir. Pero al mismo tiempo contenta porque se iba a deshacer de él. Se fue a casa mas tarde llegó Roberto, María le dijo te quedaste trabajando.

No le dijo el fui a ver auto, o le dijo María nada más, porque Ella ya los había visto, después llegaba de cuatro a cinco de la mañana, los días sábado nunca lo había hecho antes, eceptó los días que tenía reunión en el club, pero Ella sabía que el estaba ahí y ahora piensa. Que ciertamente no estaba ahí él no llegaba bebido borracho nada. María estaba planeando muy bien lo que tenía que hacer, desde que habían llegado a Canadá Roberto no le había hecho nada según ella. Porque nunca había sabido nada pero se estaba aguantando María salió de su escondite un día. Y se les tiro en cima contra ellos frente a frente cuando iban saliendo Roberto alcanzó a sacarle el quite o si no chocan de frente María los siguió, ellos iban derecho María atrás de ellos. Se dieron la vuelta para la casa de ella pero. Llegaron al semáforo María se puso al lado y les hizo con el dedo gordo que estaba muy bien. Y dobló para su casa Dolí iba riéndose y con la cabeza en el hombro de Roberto. El salió de su lado y siguió a María para la casa, María se aparcó atrás se fue corriendo a dentro. Y le puso pestillo a la puerta Roberto, llegó con Dolí y se puso al lado del auto de María. Al entrar María tiró su cartera lejos y las llaves del auto, les dijo a sus hijos, Ahí los pille de nuevo. Sus hijos se estaban arreglando. Para irse a trabajar entraban a las cinco de la tarde hasta las tres de la mañana. Ellos trabajaban en el aeropuerto, Javier.

No sabía mucho de esto le dijo a quién pilló mami. Mabel le dijo vamonos que vamos a llegar tarde por el camino te cuento. Mi mami. Piensa que mi papi anda con Dolí, en eso Roberto estaba golpeando la puerta. Para entrar, María les dijo a sus hijos miren para atrás por la ventana Javier miró por la ventana y dijo que hace la señora Dolí en el auto de mi papi. Eso, le dijo María que hace Ella. En el auto de tu papi, Mabel le dijo vamonos y se fueron al abrir la puerta entró Roberto, los niños se fueron.

Roberto se fue dónde María. A decirle quizás que mentira. Porque el no sabía que los había visto antes pensaba que era la primera vez, María se fue encima de El le dio unos puñetazos en el pecho y se fue al dormitorio. Ya lo tenía preparado para que no entrara El salió y se fue con Dolí, no se hizo ningún problema.

Ella lo estaba esperando en el auto en la propia casa de María al rato llegó Roberto venía con una rueda. De auto bajo y hacía sonar la rueda como que la estaba arreglando. Para que María pensara que ella tenía el auto malo pero el desgraciado no savia que María los avía visto antes, engañando a su propia esposa en el bizman de su casa. Por la sinvergüenza esa decía María porque no la arreglo en casa de ella si también tenía bizman. El al rato salió con la rueda, que descarado el hombre y se fue a la casa de Dolí, que vergüenza haciendo eso para engañar a su esposa María tenía preparada su pieza el no iba a poder entrar cuando llegara en la noche ninguno de los dos se dijo nada cuando él llegó.

María se fue a su pieza. Cuando lo sintió llegar cerró por dentro. Roberto no pudo entrar golpeaba le decía que le diera la casaca la necesitaba, María no le contestaba, él seguía golpeando, después se fue a la pieza de los niños a dormir un día Roberto le dijo a María que le habían cambiado el turno. No me interesa tu cambio de turno le dijo María total para lo que das a la casa además le dijo no es a mí a quien tienes que decirle tu cambio de turno porque no es a mí a quién vas a buscar. Después del trabajo se fue al living, El seguía hablándole ahora tengo que entrar a las cuatro. Hasta las doce de la noche, por favor no me digas nada no me interesa, pesado le va a salir a ella para verte verdad, a las nueve de la noche le daban la hora de comer.

Un día María estaba mirando televisión con Miguel de repente dice Ella que sintió una voz que le dijo anda al trabajo de Roberto, ella a esa vos siempre le hacía caso María se paró le dijo al niño tengo que salir pero vuelvo luego. Para, donde va mami le dijo El por ahí le contesto Ella. Y se fue María se sentía muy mal con todo lo que le estaba pasando.

Y humillada de parte de su marido, la mujer no valía nada. Era casada con hijos y tenía otros hombres. Y Roberto lo sabía María iba llorando, al llegar allá lo primero que vio fue el auto de Dolí aparcado afuera de la fábrica María dijo no puede ser que la dejen entrar a esta sinvergüenza a la fábrica o quizás donde estarán metidos. Porque en el auto de Roberto no estaban. El dueño de aquí me conoce a mi deben de estar por ahí metidos en un auto, María se fue a su casa muy triste. Estaba sufriendo mucho con todo esto, decía tengo que empezar. Luego lo que voy hacer. Para que estoy sufriendo más y conversar con alguien para que me ayude que tengo que hacer. Ella a nadie se lo había dicho porque no le iban a creer porque somos amigos. Solo sus hijos sabían pero muy poco, así pensando María llegó a su casa, Miguel le dijo adonde andaba mami que viene llorando, por ahí dijo Ella no te preocupes, Roberto seguía durmiendo en la pieza de los niños todavía. A las doce y media llegó Roberto ese día. Él no se demoraba ni cinco minutos en llegar a la casa del trabajo.

Al otro día antes de irse al trabajo el desgraciado de Roberto. Le dijo a María sabes le dijeron al dueño de la fábrica. Que anoche vieron a una mujer allá no me digas le dijo María a mí no, no vas a ir tu porque te pueden llevar detenida pueden creer que andas robando herramientas que sinvergüenza el hombre María; le ardía todo por dentro. María le dijo ya terminaste con la mentira a que voy a ir yo a tu trabajo en la noche, porque me dices eso a mí. Porque tengo que ir yo a esa fábrica y menos en la noche, tú sabes muy bien quien es la mujer que se va a meter a tu trabajo díselo a ella. Yo la he visto y me gustaría que se la llevaran presa tu sabes muy bien. El color del auto de esa perra no el mío Ho quieres que vaya a contarle a tu jefe. Quién es la que se va a meter ahí, por la noche. Tal vez ande robando Que sinvergüenza eres descarado. Roberto quiso decirle algo la miró pero se quedo callado y se fue, ya había salido pillado otra vez. Al otro día Mabel no trabajaba. María le dijo me acompañas mañana quiero ir hablar con un abogado, para que quiere hablar con un abogado voy a pedir el divorcio tu papá anda con Dolí, lo he visto muchas veces.

Ahora que está trabajando de noche también va Ella allá, yo fui un día en la noche y ahí estaba Ella que hace Ella en el trabajo de tu papá. No es su marido, Mabel todavía no le creía a su mami que su papá podía andar con esa mujer. Una mujer tan ordinaria y sucia y fea chica guatona, madre de dos hijos, Mabel quería mucho a su papá, le decía a su mamá. Porque, no se saca esa idea de la cabeza. Nunca lo voy hacer hasta que haga lo que tengo que ser, no creo que mi papi ande con ella mami esa mujer es horrible.

Pero así son los gustos le decía María, además le decía Mabel ustedes son amigas éramos amigas. Que es diferente, de muchos años como no se van a dar cuenta ella el daño que le harían a sus hijos y a todos nosotros después que éramos amigos, pero así es le dijo María ya me vas a creer y me vas a dar la razón, le dijo tu piensas así pero ellos no, que va a decir el marido de Ella. Le decía Mabel, que va a decir ese si es otro sinvergüenza que no trabaja y con la mujer tiene de todo comida auto a la puerta y trago y cigarro. Yo conozco a tu papá siempre a tenido eso de quitarle las mujeres a sus amigos.

Y tener estomago de chancho, yo se que tu quieres mucho a tu papi pero es la verdad lo que te digo y algún día lo vas a comprender, mami piense en nosotros. Mi papi no nos haría una cosa así, muchas veces la a echo porque pienso en ustedes. Lo voy hacer porque mira la vida que llevamos. O que hemos tenido siempre al lado de Él, humillaciones, mal trato groserías, y lo peor los trata muy mal a ustedes. Eso no es de padre, ustedes ya crecieron, El se tiene que irse de esta casa es lo que yo voy a pedir y el divorcio.

Él les obligó a pagar a ustedes las utilidades que son la más cara, y el que paga la morgue que es poco y ustedes que ganan poco dinero. Les obligo para que le quede más plata a él para pasarlo con las mujeres y amigo pero esto hasta aquí llego se terminó el sufrimiento si no tenemos para comer nos arreglamos como sea pero ya no aguanto más. Pero mami mire la edad que tienen ustedes ahora se van a divorciar no importa la edad, lo que importa es lo que hemos sufrido todos con este desgraciado, nunca hemos tenido un buen tiempo con el vamos a descansar de los problemas y las humillaciones, tanto tiempo que llevan casados, y cuanto tiempo llevamos separados más de la mitad de lo que llevamos casados.

Por eso yo quiero descansar antes que me llegue el día de partir por lo mismo, tener una vida tranquila, sin humillaciones y groserías, bueno le dijo María me vas acompañar mañana o no.

O hablo con otra persona que me acompañe, yo voy con usted se fueron al otro día las dos. Temprano, les tocó una mujer de abogado muy buena y más hablaba español feliz estaba María, era comprensiva y muy buena. Ella le hizo todas las preguntas a María en español, no podía estar más contenta porque así podía decirle todo lo que ella sentía, después le dijo la abogada voy a estudiar el caso más adelante la llamo. Mabel salió afuera le dijo a la abogada que mi mami le diga todo lo que hemos pasado. María le conto todo lo que hemos pasado y todas las humillaciones tanto a ella como a sus hijo nunca nos ha respetado y nos trata súper mal a todos. María le dijo de todas las veces que los había visto si quería una foto de ellos también se la podía llevar. Incluso le dijo que Roberto había llegado a la casa con Ella. La había dejado en el auto Y que sus hijos la habían visto. Cuando él llega del trabajo come y se va a la casa de Ella porque yo los he seguido muchas veces. Un día la abogada llamó a Maria que fuera hablar con ella, le dijo que ya había leído todo su caso, que quería que Ella hiciera ahora. Yo quiero el divorcio le dijo María no es la primera vez que él me ha humillado y me hace esto lo a echo siempre desde el día que nos casamos. Antes me aguantaba porque estaban los niños chicos, pero ahora basta, mis hijos ya crecieron. El me ha humillado mucho toda la vida de que me case con El, yo he aguantado por los niños yo no pude aprender el Inglés se muy poco, yo quiero el divorcio lo antes posible. Para, que salga ese hombre de mi casa, antes que yo valla a cometer una locura que mas tarde me valla a repetir yo tengo tres hijos ellos serían los que más sufrirían porque deseo no me faltan él no se preocupa de ellos, yo lo quise mucho pero también he sufrido mucho. Ahora ya tengo mis hijos grandes y no quiero seguir humillándome más.

Él duerme en la pieza de los niños, ahora. Le pidió la pieza a Mabel. Para tener más privacidad cuando habla por teléfono con la mujer yo no lo almito en mi dormitorio. La abogada le dijo es una lastima por lo que esta pasando, ya con hijos grandes. Váyase tranquila yo voy hacer todo lo que pueda para ayudarla María salió muy contenta porque le conto todo a la abogada. Roberto y Dolí ya no se ocultaban salían para todos lados no les importaba que la gente los viera, se iban a bailar, antes nunca lo había hecho de ir a baila, al marido de ella no le importaba de donde llegara el dinero estaba acostumbrado pasaba todo el día borracho.

Katy no supo si Roberto se enamoró de la mujer o le pasó algo. Sucio que ella le dio. Porque se olvidó por completo que tenía una familia. Incluso hasta la casa se la tenía ofrecida a ella, eso no se iba a poder. Un día sábado la mujer lo llamó. A las doce del día a la casa de María él se desesperó no hallaba que hacer, pero salió igual con Ella no llegó hasta las cinco de la mañana del día domingo, cuando llegó María le dijo. No, deberías de haberte molestado en venirte, porque no te quedaste para siempre con Ella y el marido juntos los tres. Qué bonito trio verdad, Roberto le dijo pero Ella me llamó, que sinvergüenza eres desgraciado pero esto fue ayer.

Le dijo María es que había un baile y ella quería ir conmigo le dijo el descarado a su propia esposa. María le dijo que suerte la de Ella porque yo también quería ir a es baile. Se dan cuenta como habla Te estaba esperando para que fuéramos, lo hizo por verlo que decía, yo le dije a Ella contesto Roberto por Dios, pero no quiso que te llamara, así que pensabas ir con las dos, tal vez por eso María pensaba que Roberto no estaba en sus cabales, como se le puede ocurrir de decirle eso a María. Si es su esposa. María le dijo, que piensas tú, quien soy yo, tu madre o tu amiga. O tu hermana, escúchame bien no soy ninguna de las tres cosas, soy tu esposa con la que estás hablando. Y te casaste y tienes tres hijos te acuerdas de ellos o no. El la miraba no le decía nada, lo único que yo te digo que no te valla a pesar mas adelante, lo que te va a pasar, cuando se te quite esto que tienes, y te des cuenta que estas solo, perdiste a tus hijos tu casa y tu esposa, esto te pasa por meterte con mujeres sucias. El miraba a María. Parece que no entendía lo que Ella le estaba diciendo. Todo, esto que me has hecho del día que me case con tigo lo vas a pagar bien caro. María dejó de atenderlo Ella cocinaba pero no le servía cuando llegaba. Se tenía que lavarse su ropa, María le decía así como te gusta tener otra mujer pues bien hace tu cosa o llévasela a Ella. Que te la lave, yo no te Hago nada mas nunca. María le dijo yo puse un abogado y pedí el divorcio, pero el no le decía nada parece que no le escuchaba, de todo esto el que mas estaba sufriendo era Miguel él era el menor.

Roberto andaba con el para todos lados antes pero ahora no se acordaba de el e incluso lo retaba, y el no sabía por qué.

Los días sábado cuando le tocaba de jugar andaba con le y también con el hijo de la mujer. Ellos dos eran muy amigos. los andaba trayendo juntos a los dos como si hubieran sido dos hijos, Roberto nunca pensó en el daño que estaba haciendo, tanto a sus hijos como a los hijos de esa perra, ellos quería mucho a los hijos de María pobrecitos ellos no se daban cuenta parece.

Miguel ya sabía lo que estaba pasando en la casa. Un día se porto mal en la escuela, Él no era así era muy bueno muy tranquilo las preocupaciones lo tenían así. Lo expulsaron por cinco días, el era muy buen compañero muy obediente le gustaba mucho jugar a la pelota en la escuela sus profesores lo quería mucho, le gustaba la gimnasia. Y los profesores lo querían mucho porque era muy respetuoso con sus profesores. Por eso fue que ellos no entendían que era lo que le estaba pasando, ese día llamaron a la casa de María para que lo fueran a buscar. Javier fue a buscarlo. El director le dijo a Javier. No entiendo que le pasa a Miguel, siempre ha sido muy buen niño y respetuoso no sé qué le pasa ahora, se había portado mal y lo mandaron a la casa por cinco días. Miguel llegó llorando. María le dijo que te pasó, que hiciste. Miguel lloraba. Después le dijo que quiere que haga me siento mal con lo que les está pasando a ustedes. Yo no quiero que se separen tú ya eres grande le dijo María te das cuenta muy bien quien es el culpable de Todo esto, ustedes ya están grande y yo todavía sufriendo desde que ustedes eran chico yo sufriendo Mucho con tu Padre. Si ustedes les dijo María se quieren ir con El pues bien se van con El, no crees que tengo derecho a descansar y sentirme tranquila y sin problema. Y si quieren quedarse conmigo se quedan yo estaría feliz. O no dijo Miguel, yo se que es mi papi el culpable. El nos faltó como padre y también como esposo, si él tiene que irse que se valla, yo los quiero mucho a los dos dijo Miguel pero el fue el que falló. Pasaron los cinco días María con Mabel fueron a dejar a Miguel a la escuela. Mabel habló con el director le contó todo lo que estaba pasando en su casa con sus padres, el director dijo Miguel no me ha dicho nada, o si no yo lo habría ayudado.

El director les dijo vengan por El en la tarde a buscarlo que sea por un tiempo, yo lo voy ayudar voy hablar con Él. Voy a comer con El para que no este solo. Cuando llegaba Miguel iba contento decía que el director se portaba muy bien con El. Le conversaba decía que El era muy bueno para jugar a la pelota. Y que era muy buen compañero que lo quería mucho. Miguel salía muy contento de la escuela todos los días, de esto le dijeron a Roberto como padre para que no dijera que no lo tomaban en cuenta, porque así era se ponía el parche ante de la herida. El ni miro y no dijo nada no le importo que a Miguel lo hubieran expulsado.

Ni siquiera pregunto por qué, pues pareces que ni escuchó. Así pasaron los días. Un día Roberto le dijo a María de veras que pusiste un abogado, porque no me lo habías dicho María lo quedo mirando después le dijo te lo dije pero tú no me pusiste atención, y también no tengo porque decírtelo. Acaso tú me dices lo que haces con esa perra. Él dijo a mí no me a llegado nada, no te preocupes que ya te van a llegar unos papeles no te preocupes si ya vas a quedar libre de problemas con nosotros. El se reía de María, que vas a poner abogado tú. Si eres una entupida ignórate le dijo, no hablas él ingles no tienes dinero, para pagar un abogado pero lo voy a sacar de por ahí, bueno no le creyó. Pero Él no sabía. Que le había tocado una abogada que hablaba español. Además, él no sabía que el tenía que pagar el abogado de María también. Ella no iba a pagar nada, El todavía seguía en la otra pieza, había puesto una línea de teléfono y hablaba con la mujer estando toda su familia ahí en casa, después quería volver a la pieza de matrimonio María le dijo nunca mas volverás a mi cama, desde la pieza de Mabel. Se cambió a la pieza de los niños otra vez porque dijo que la cama de Mabel era muy chica. Javier trabajaba, llegaba tarde de la noche él se molestaba porque Javier prendía la luz quería que se sacara el uniforme. Con la luz apagada que lo despertaba que el tenía que salir a trabajar al otro día. Ponía puros problemas y peleas con Javier, María le dijo un día. Vente a mi pieza yo me voy a la de los niños. Para que no molestes a Javier, total te queda poco tiempo para estar aquí en la casa, en la pieza de los niños había un sofás y un camarote, ahí dormía María, el estaba feliz porque eso era lo que él quería irse a la pieza del matrimonio pero iba ser por poco tiempo, los hijos le dijeron mami porque se cambió de pieza. Para que tu papi no los moleste cuando llega del trabajo además va hacer por poco tiempo después lo van a sacar de la pieza y de la casa. Roberto cambió la línea de teléfono, subió la televisión que tenían los niños abajo. Mas, feliz no podía estar, cuando estaba en casa salía a buscar algo para comer y después se encerraba a esperar las llamadas de teléfono de la mujer, era un desgraciado sin respeto, la mujer le empezó a dar comida para el trabajo, El llevaba el container a la casa para que María lo lavara María no lo lavaba que lo lavara él. Dos semanas de haberse cambiado de pieza le llegaron los papeles del abogado. María andaba comprando, cuando llegó. Sus hijos le dijeron Mami sabe vino un señor a dejarles unos papeles a mi papi. Javier los recibió se los dio a él cuándo llego. Tomo los papeles y salió, bueno le dijo María el se reía de mi, pues bien que se ría ahora mas tarde llegó con los papeles los dejo en la pieza y salió nada le dijo a María, Ella Leyó los papeles, le decían que tenía que salir tal día de la casa o lo iban a sacar con lo que tenía puesto si no salía, cuando llegó empezó a retar a María.

La trataba tan mal por delante de sus hijos con puras groserías, María le dijo yo te lo dije. Esto me la vas a pagar y bien caro, ahora hace burla de mi y de tus hijos, te dije piensa bien lo que estás haciendo. Que te creías que yo iba a estar para siempre aguantando tus humillaciones, yo esperaba que crecieran mis hijos para esto, y se ofreció la oportunidad que te metiste con esta mujer para sacarte de aquí. Tú eres un hombre viejo con hijos grandes. Y enamorado, no te da vergüenza que te vean tus hijos ni ellos lo hacen. Y lo haces tú, que vergüenza. Esa perra nunca va a dejar el marido por ti no lo creas, además a ese lo tienen de pantalla para que no digan nada ese le aguanta todo, no va a encontrar otro igual jamás. Y le tiene que aguantar porque es un hombre que no trabaja es un flojo sinvergüenza borracho. Tiene comida auto a la puerta, y dinero que mas quiere trago y cigarro y casa. María le decía tu vas hacer el único que va a sufrir, porque vas a quedar solo y botado. Te lo mereces, yo voy a reclamar todos mis derechos que me corresponden, En la miraba como diciendo metí la pata María a veces le daba pena de decirle las cosas porque el no se daba cuenta que le estaban diciendo, y que le estaba pasando, él no era así no dejaba Ni hablar a María antes.

Y era grosero con Ella. Pero le llegó la horma de su zapato y lo amansó con cochinadas o lo que fuera pero lo cambio. Un día Miguel le dijo a su papá si usted no me saca de ese equipo yo no juego más. Porque ahí jugaba el hijo de la mujer también los tenia a los dos junto eran amigos Roberto lo iba a buscar lo juntaba con su hijo, que descaro ellos eran amigos, esa gente no se dieron cuenta del daño que hicieron a todos, Roberto no le hizo ningún problema a su hijo y lo cambió de equipo. Él sabía lo que estaba haciendo. Pasaron, unos días María todavía estaba en cama en la mañana sonó el teléfono levantó, era la mujer que llamaba del trabajo diciéndole a María. Que había sabido que se iba a separar de don Roberto y a ti que te importa le dijo María sinvergüenza, usted le dijo estas mal nosotros somos solo amigos, si le dijo María eso pensaba yo, pero mi marido nunca antes se había preocupado tanto por una mujer de otro hombre. Ir a buscarla al trabajo. Todos los días e ir a dejarla a la casa llevarla a bailar los fines de semana que nunca lo hizo conmigo. Y sacarte de paseo para diferentes partes para que no te aburras eso fue lo que él me dijo que tu marido le había dicho. No crees tú que eso es ser muy buen amigo, y que su esposa se parta en casa por mientras que el anda ayudando a la mujer de su amigo. No encuentras raro todo eso perra descarada cochina sinvergüenza.

Antes te acuerdas salíamos todos juntos de repente te cambiaste solo a El o no alborcillo de el Roberto piensa que tú lo quieres por el, pero no, a ti te interesa el dinero de El, la sinvergüenza le dijo, es mi marido que le dice a don Roberto que me valla a cuidar.

Cuando el no esta, porque a mí me da miedo cuando estoy sola. Como haciendo burla de María, para que tienes a tus hijos. Que no están con Tigo cuando estás sola.

Y los necesitas como los míos le contesto María. Pero mira sinvergüenza por mientras, Que mi marido esta cuidándote a ti quien me cuida a mí y a mis hijos. Perra, sucia cochina y cortó, Mabel le dijo con quien estaba hablando, mami, esa perra me llamo que no me separara de don Roberto que ellos solo son amigos. Que le importaba el divorcio de nosotros a ella, que sinvergüenza la mujer se juntaron los dos iguales descarados Cuando Roberto llegó del trabajo María le dijo te fue mal con la ayuda de tu amante. Vas a tener que irte igual de la casa, y dile que no lo haga nunca más de llamarme. Porque yo la voy a denunciar a la policía. Que me esta molestando en mi casa.

Y a ti también te voy a denunciar por decirle que me llame. Roberto no le contestó nada. María tenía una amiga muy amiga, le daban deseos de decirle lo que le estaba pasando, pero no sabía si le iba a creer o no porque ellas eran amigas también, al final decidió no decirle nada voy arreglar sola mi problema María dice. Un día hasta en el trabajo de mis hijos le dijeron los amigos porque no fueron a la fiesta del sábado. Que fiesta le dijeron ellos.

Pero como no iban a saber si tú papa andaba allá con una mujer, que no era tu mami. Imagínense la vergüenza para mis hijos Ellos no se ocultan para nada, todo eso es normal. Roberto ha sido siempre así conmigo porque yo nunca decía nada todo lo encuentran muy buena persona a él ahora todos van a saber que don Roberto no era como ellos pensaban, buena persona, una visitadora le dijo a María tu basa a luchar contra la corriente. Porque ellos son tres. Y tu sola, yo le dije no importa yo quiero sacarme esto que tengo dentro por delante de usted, decírselo a ellos tres, al marido de ella y a mi marido, yo le dije todo. Lo que había hecho. Que los había seguido muchas veces. Ellos me vieron se reían de mí.

El viejo marido de la mujer dijo a la visitadora que el quería mucho a mi marido como hermano y dijeron que yo estaba enferma. Que, por eso hablaba tantas cosas, la visitadora le dijo si yo también escuche eso. Pero María esta lo más bien de salud, cuando el viejo dijo que él quería a mi esposo como hermano María le dijo como no lo vas a querer como hermano si duermen en la misma cama los tres la visitadora se reía eso le dijiste.

Si el viejo se enojó conmigo dijo que me iba a llevar a la corte que le estaba levantando una calumnia a su mujer, yo le dije llevadme cuando tu quieras no te tengo miedo, acuérdate que yo te tengo video gravado, el viejo no hizo nada, la visitadora le dijo a los sinvergüenza que se fueran, y tu te quedas le dijo a Roberto y tu también me dijo, la visitadora le dijo a Roberto. Que piensas de todo esto. No se dijo el que me de otra oportunidad si te ha dado muchas oportunidades, mire que descarado el hombre y sinvergüenza que te de otra oportunidad no es para la risa le dijo la visitadora. No hallaba que decir, ahora. Le dijo María a la visitadora ya tengo mis hijos grandes no me hago problemas.

Ya he pasado muchas humillaciones por este ahora me toca a mí vivir no cree usted, además pasa hablando con ella estando nosotros ahí, como si fueran jóvenes, todos los fines de semana se van a diferente lado, yo no le lavo una pieza de ropa más. Le dije si te gusta tener otra mujer pues bien lávate tu ropa oh que ella te la lave. Y por ahora todavía estoy haciéndote comida por mis hijos. Pero no por mucho tiempo más.

Asta cuando el salga de la casa, El le dijo a la visitadora que yo no lo dejaba tranquilo, la visitadora le dijo que quieres que te deje hacer lo que tu quieras, tu eres el esposo de Ella.

El padre de sus hijos, tu no eres un hijo más entiéndelo. El no le contesto nada, bueno nos fuimos ese día de la oficina. Él salió cuando llego María le dijo y ahora de donde bienes es increíble lo que me contesto. Que el había ido hablar con esa gente que no se iban a ver por un tiempo, por mientras que arregla el problema que había en casa. Así me contesto a mi yo le dije que problema si yo te hecho algún. Problema dímelo para acordarme y poder cambiar, después yo me pare me fui al living allá llego tú me crees estúpida oh si deberá que yo estoy enferma no sé lo que hablo le dije que fuiste hablar con esa gente como me lo dices, ya vas a ver cuando estés solo, y me fui a mi pieza, al rato sonó el teléfono y se puso hablar con ella, yo me fui al living me puse a llorar. De pena de rabia como pueden ser tan desgraciados, me daban ganas de hacer tantas cosas, pero pensaba en mis hijos ellos estaban sufriendo tanto como yo.

A la una de la mañana me pare me fui al baño. Me mire en el espejo tenía los ojos tan hinchado de tanto llorar. Mas rabia me dio.

Me fui acostar apagué la luz y me dormí pero antes me había tomado una pastilla para dormir cuando llegaron los niños del trabajo como a las tres de la mañana ora que salían ellos del aeropuerto no había nadie en la casa llego el papa donde está mi mami le preguntaron, Ella está en el hospital contestó muy tranquilo. En el hospital le dijeron. Ellos, que le hizo usted, yo nada, entones porque esta en el hospital, Ella se tomó unas pastillas para dormir pero tranquilo. Yo la encontré, como a las tres de la mañana muy mal, y la lleve al hospital.

Mabel le dijo usted quiere que yo le crea verdad quizás que le hizo, pero téngalo por seguro. Que si a mi mami le pasa algo usted va hacer el culpable porque yo lo voy a denunciar. Ella ha sufrido. Tanto por su culpa, usted ha asido tan malo con Ella y con nosotros también, porque no se va de una buena vez de la casa y nos deja tranquilo y solo estaremos mejor, y se fueron al hospital. Los dos, María despertó todavía muy mal pero ya había pasado el peligro.

Ella dice que veía a sus hijos pero se iban de nuevo, María pensaba que estaba soñando, después ya no recordaba nada más. Como a las once y media se despertó de nuevo, su visitadora estaba con Ella. María le dijo dónde estoy, en emergencia dijo la visitadora, y que estoy haciendo aquí, anoche te tomaste unas pastillas para dormir, Roberto te trajo muy mal. Ahora dime porque lo hiciste. María se puso a llorar de pena no este pensando que me quería matar. Solo quería dormir descansar un rato porque no eh dormido nada.

Por tantas cosas que me están pasando. Si hubiera querido morir me tomo todas las pastillas. Solo quería descansar, hace mucho que no duermo bien. Anoche lloré tanto, cuando nos vinimos de su oficina Roberto se fue a casa de esa gente no llegó hasta las diez de la noche, dijo que fue. A decirles que no se iban a ver por un tiempo. Quiere decir que se van a seguir viendo con ellos, se imagina usted como se habrán reído de mí pero ya llegara el castigo a los tres. Bueno yo le dije a usted que El no le va a cumplir su promesa, no la puede dejar. Ella lo pasa llamando a la casa a toda hora ya no tiene respeto por nosotros. Yo hablé con El pero me mira no me entiende lo que yo le digo, la visitadora le dijo entonces si no cumplió mi promesa no va a cambiar nunca, yo lo conozco. Y no entiendo como todavía estoy a su lado, yo también tengo derecho a vivir feliz con mis hijos y descansar, no cree usted, como supo usted que yo estaba aquí, le pregunte tus hijos me llamaron en la mañana, ellos se vinieron anoche después del trabajo y me dijeron lo que había pasado, yo le dije que se fueran a dormir, yo me quedaba contigo hasta que despertaras. Yo le agradezco todo lo que ha hecho por mí. Mucho lo que usted hace por nosotros, a las dos de la tarde la dieron de alta. Pero antes fue una sicóloga hablar con ella la visitadora le dijo yo puedo hablar con usted soy su visitadora social. Y se todo lo que pasa con ella, le contó todo lo que le estaba pasando con el marido, después de eso la visitadora la llevó a casa, los hijos estaban esperándola no muy contentos con ella por lo que había hecho. Ella les dije solo quería descansar, dormir, olvidarme de los problemas, pero no pensé que me iban Hacer tan mal. Las pastillas, pero mami dijo Mabel usted sabe que tiene que tomarse la mitad de una pastilla no una entera. Ya no lo hago nunca mas, la visitadora les dijo a los niños lo que había pasado en su oficina. El día antes, que el papá había negado todo y dijo que tu mami estaba enferma, que por eso hablaba tantas cosas, y que ella no lo dejaba tranquilo, mas tarde se fue la visitadora y los niños al trabajo. Llegó Miguel de la escuela y Roberto no llegaba de su trabajo, el salía a las cuatro eran las cinco y media y no llegaba. Después cuando llego le dijo a María.

Como estas me pare y me fui adentro, él no se hizo problemas. Comió y salió, después María Salió de la pieza a darle comida a Miguel tarde de la noche llegó Roberto ya iba comido solo se lavó y se acostó, en la mañana. Se tenía que levantar muy temprano porque tenía que ir a buscarla e ir a dejarla al trabajo a la mujer después ir a buscarla en la tarde. Marido andaba fuera de la ciudad, según ellos María le dijo a Miguel llama la policía, tu papá esta en casa de esa mujer, el abogado le había dicho que cuando. Roberto estuviera ahí que llamara la policía para que no lo dejaran entrar.

A la casa. Miguel estaba hablando con la policía, cuando llegó Roberto, Miguel dijo a la policía ya llegó mi papa, ella le dijo a miguel que te dijo la policía para que Roberto escuchara, dijeron que ya mi papi había llegado no podían hacer nada. Le dije y ahora que te pasó que llegaste tarde, fui a ver auto. O le dije así se llama esa perra ahora auto, fíjate le dije le viene el nombre.

Auto verdad porque ahí se mete cualquiera. O lo vas a negar, o si dijo María verdad. Yo sigo enferma no sé lo que hablo. Miguel le dijo mi mami viene llegando por eso era que yo estaba hablando con la policía porque cuando lo vean ahí mas luego lo van a sacar de aquí el no decía nada y se metía a la pieza. Ya te vas a repentir de lo que estas haciendo, el ni caso le hacía a María se cambió de ropa y salió de nuevo. Roberto tiene que salir de esta casa muy luego. Le decía María a una amiga en estos días, si no sale lo van a sacar con lo que tiene puesto ya le llegaron los papeles del abogado. Cielo, santo decía Rosa pobre don Roberto en lo que se metió ahora le va acostar para salir de ahí, porque pobre.

Si el solito se metió en esto, nadie lo empujó, el esta acostumbrado de hacerlo de quitarle las mujeres a su amigo. Sabe que para navidad el andaba desesperado buscando una casaca de cuero café. Porque me lo dijo el mismo Pero él no sabía que Dolí me lo había dicho mucho antes que quería comprar una casaca de cuero café que como fuera la iba a tener. Y se lo dije a Roberto y tu se la andas buscando verdad, todavía me crees enferma, llegó el año nuevo llegaron unos amigos a la casa de María de muy lejos.

Ellos y sus tres hijos estábamos comiendo y formando viaje para ir todos a un baile de fin de año en esto sonó el teléfono, era el marido de esa perra que llamaba. Diciéndole a Roberto que ellos ya estaban allá en el baile que lo estaban esperando yo escuche por el otro teléfono. Se da cuenta el nuca de fierro llamando a mi marido ya no tendría dinero para tragar y comer era el mismo baile. Que queríamos ir todos nosotros, Roberto le decía para callado no puedo ir tenemos visita ¿Porque él le decía que no podía ir? si íbamos a ir todo al baile. Si no había nada entre ellos porque no le decía allá nos juntamos, si eran amigos todos para disimular por delante de las visitas las visitas también los conocían, a ella después de la comida todos nos empezamos arreglar. Menos Roberto. Él se hizo el enfermo, no se arreglaba el no se paraba de la meza, los amigos le decía parate anda arreglarte o piensas ir así, no voy a poder ir me duele mucho la cabeza, se paró se tomó una pastilla para el dolor según él, y para que le creyeran, se sentó de nuevo, ya estábamos todos listos. Las visitas y los hijos de María se fueron no María ni Roberto él estaba muy enfermo muy mal bueno, los amigos decían eso no puede ser que se hubiera enfermado justo ahora que íbamos a salir, yo le dijo María Si sé que fue ese viejo seco que te llamó. Yo escuche lo que el te decía, ya no tendrá dinero para tragar para que tu vayas a darles a cambio verdad de la vieja, mientras la perra se manosea con todos los hombre y le saca dinero y así El toma gratis, el viejo asqueroso. Cuando llegaron Mabel me dijo mami porque no fueron. Que les pasó nada solo que tu papa se enfermó de gravedad y no pudimos salir. Por poco no lo llevo a emergencia. Qué. Emergencia ni que ocho cuarto, ve y pregúntale a El si es que ya se siente mejor. La perra andaba allá verdad, si, Ella fue la que llamó cuando estábamos comiendo. Yo le escuche la conversación por el otro teléfono. Si dijo Mabel allá andaba, y nos miraba cuando íbamos entrando pero no llegó El que Ella quería, él estaba muy enfermo aquí en la casa pues anda a verlo si es que ya está mejor o si no va a ver que llevarlo a emergencia. Esa gente destruyeron mi hogar y a mis hijos a todos y también a los hijos de ellos, así pasaron unos días María no estaba en casa, cuando volvió, Roberto estaba sacando sus cosas de la casa, ya tenía todo lo de El en el vehículo, cuando entro María le dijo el desgraciado sinvergüenza con todo su descaro, me puedo llevar la cama ella le dije si tu no te la llevas yo la pongo en la basura, el savia que la cama era de María. Ella la había comprado en su trabajo, porque ya no tenían cama y el no hacia ningún empeño de comprar otra nueva, estaban durmiendo en los alambre, además decía que no tenía plata para comprar cama, y se la llevo trabajaba todos los días y ganaba muy bien dinero.

Roberto le dijo a Javier que le ayudara a sacarla afuera, El se reía estaba feliz. Se fue no se arrepintió de nada ni tampoco se despidió de sus hijos. María le dijo Te vas feliz verdad. Eso era lo que tu querías espero te dure, pues bien ya tienes tu libertad, que seas muy feliz, aprovéchala, mientras nosotros quedamos como un barco sin capitán a la deriva, pero no te hagas problemas porque lo vamos a pasar muy bien nosotros sin ti, se terminaron los problemas para nosotros, yo me quedo con mis tres hijos es lo mejor que he tenido en mi vida y vamos Acer muy felices.

Solos sin problemas gracias a Dios, no quiero que algún día estés llamando que quieres volver con nosotros. Por qué no serás bien recibido nunca más, lo vas hacer porque te conozco lo sinvergüenza que eres. El quería llevarse a Miguel. Ya se había dado cuenta María. Se lo había dicho a Mabel pero Mabel le dijo mami no se preocupe Miguel ya es grande sabe lo que ha pasado, no creo que se valla con El, ese día, ante de irse, Roberto llamó a Miguel a la pieza. Le dijo de nuevo que se fuera con Él, Miguel le dijo que no. Que él se quedaba con su mamá y sus hermanos él le dijo si usted me quiere ver me llama y nos juntamos por ahí.

Esta bien dijo el, y salió de su casa dejando atrás su familia que es la única que tiene aquí su casa que les había costado tanto salir adelante con ella no se arrepintió de nada por irse tras de una mujer que nunca fue de Él. Porque Ella no dejó a su esposo e hijos para irse a vivir con Roberto ahí quedó sin casa sin hijos sin esposa y sin su amante. Se fue a vivir a casa de unos amigos por mientras encontraba donde irse cuando supieron por qué lo echaron para afuera de su casa nadie quería tenerlo en su casa, así es el amor de gente vieja es muy fuerte. El perdió a todos sus amigos toda la gente los conocía, y más dejar todo lo que habían construido con tantos años de trabajo, pero María ya estaba acostumbrada no era la primera vez que quedaba sola con sus hijos en ese tiempo ellos eran chico ahora ya están grande, María se empezó a enfermar no pudo seguir trabajando por un tiempo, sus hijos lo hacían, y el tiempo seguía pasando, para María y sus hijos fue.

Muy triste de primera pero se sentían mucho mejor mentalmente porque nadie los llegaba retando. Ni humillando de alguna manera saldremos adelante decía ella. María después siguió en su trabajo haciendo aseo, ella nunca pudo aprender bien el inglés, pero no se avergonzaba haciendo aseo, con mis hijos nunca me sentiré sola, ellos son muy buenos hijos. Bueno cuando fue el divorcio el Abogado le entrego la casa a María. Por sus hijos y por Miguel que todavía era menor de edad, María vivieron veinticinco años en esa casa, con el tiempo María vendió la casa.

Y se compró un lindo departamento y un auto. Sus dos hijos mayores se casaron y Miguel se fue a otra ciudad donde vive su hermana. Ahora, Ella está sola por mientras, mas adelante quiere ir con su hija a vivir cerca de ella ahora salir adelante, sus hijos siguieron trabajando y María en el de ella Roberto los trataba muy mal Ella le decía porque tratas tan mal a tus hijos que culpa tienen ellos de lo que tu hagas. Ni yo tampoco, yo me siento orgullosa de mis hijos porque ellos son buenos. Algún dio te vas a dar cuenta que los necesitas.

Porqué con tus amigos sos tan diferente todos te quieren pero no saben la clase de padre y esposo que eres en casa, pero así fue que cuando salió de la casa quedó botado. De todos sus amigos nadie se lo quiso llevar. No iban hacer tan tontos para que les quitara la mujer Les contaré como son los hijos de María. Más o menos. Mabel no es muy alta cabello negro piel morena. Muy trabajadora y quiere mucho a sus hermanos ella es la mayor y a su madre, Javier es muy cariñoso muy buen hijo alegre y muy bueno para conversar quiere mucho a sus hermanos y a su madre. Miguel él es el menor, le gusta mucho el soccer él tiene su carácter pero es muy buen hijo también y tranquilo, ellos nunca le han faltado el respeto a los mayores. Para ellos todos son tíos. María es alta pelo y ojos negros Son muy simpáticos todos, la familia de María cuando supieron que había quedado sola con sus hijos le decían que se fuera para Chile. Ella les dice que ya esta acostumbrada aquí, y también a las comodidades de aquí, Ella dice ahora ya no soy la mujer joven que salió de allá un tiempo atrás. Que voy hacer allá, si algún día pudiendo ir a pasear lo voy hacer. Pero no a quedarme y menos estar de allegada con nadie ya está acostumbrada a vivir sola. Ya hacía un mes que habían sacado a Roberto. De la casa la llamaron unos amigos que querían ir a pasar un fin de semana con ellos, ella les dijo está bien vengan cuando quieran, el día antes María bajo al bizman a limpiar un poco en la mañana porque tenían unos juegos para los niños, tacataca, una mesa de pampón, y otros y música mucha música. Para, que se entretuvieran en invierno, puso música, en esto sonó el teléfono arriba. Sus hijos habían quedado durmiendo Mabel atendió, después que terminó de hablar sintió música abajo, Javier bajó llorando, mami venga le dijo. María se asustó mucho le dijo que te pasa venga. Y seguía llorando, Mabel le dijo de arriba mami venga y también estaba llorando. María subió corriendo las escaleras. que les pasó les dijo, mami dijo Mabel llamó mi tía Inés que le pasó a Ella, a Ella nada le dijo Mabel, fue mi abuelita, que le pasó a mi mami, mi tía dijo que le dio un ataque al corazón y acaba de fallecer. Que, le dijo Ella. Si mami la abuelita acaba de morir. Hoy en la mañana. No, no puede ser yo recibí carta de ella y esta bien. María no reaccionaba. Mami le dijo Mabel a mi abuelita le dio un ataque hoy en la mañana y falleció. Cuando la llevaba a emergencia ya iba muerta, no, no es verdad. Decía María, mami le dijo Mabel mi tía no puede estar jugando con nosotros con una cosa así, menos con nosotros de esta manera. María les decía y cuando fue hoy en la mañana, no fue broma la que nos dijo mi tía, María empezó a reaccionar. No entendía bien lo que le estaban diciendo, pero vio a sus hijos llorando y dijo, no, no puede ser como va hacer tanta la desgracia de nosotros, y ahora se muere mi madre, no, no es verdad, después vio a sus hijos sentados en el suelo al lado de Ella llorando

Mis hijos me necesitan mucho a su lado. Le daban ganas de salir corriendo le pedía a Dios que no fuera verdad, que se recuperara de su ataque, que mas tarde la llamaran que estaba bien, pero eso no pasó, ese si que fue un sufrimiento y un golpe y un dolor muy grande para ellos, Ella decía porque todo esto señor no entiendo Yo que siempre he querido tanto a mi familia.

A mi madre sobre todo, porque todo esto, después de tanto llorar se calmaron. Mabel le llevó un vaso con agua porque tenían que conversar con Ella. Mabel le dijo mami valla al entierro de mi abuelita, y de donde vamos a sacar dinero si no tenemos nada. Mabel le dijo yo quiero ver sus papeles y el pasaporte. Si es que están bien usted mañana temprano sale a Chile, Mabel vio el pasaporte estaba al día nosotros tenemos una amiga que nos puede prestar dinero. Y, como lo vamos a pagar, se lo vamos pagando de apoco. Mabel llamó a su amiga le dijo lo que les había pasado y si le podía prestar dinero. Para que valla mi mami al entierro de mi abuelita, Ella le dijo ven yo te paso dinero para tu mami, ya tenemos el dinero dijo Mabel a María. Ahora voy a llamar para comprar el ticket. La persona que vende los ticket le dijo dame quince minutos y te llamo de vuelta, después le dijo tengo uno para mañana temprano, es uno el que queremos. Se fueron a buscar el dinero después a comprar el ticket a las cinco de la tarde ya tenían todo arreglado.

María ya podía salir al otro día muy temprano, María llamó a su amiga Rosa para decirle de la muerte de su madre, mas tarde llegaron todas sus amigas a estar con ellos un rato, y le llevaron de regalo dólares americanos. María se los agradeció mucho y lloraba su amiga le decía. Trate de calmarse para que mañana salga bien, y después van a venir días muy buenos para ustedes, Rosa se quedó con ellos toda la noche y todo esto que les esta pasando ahora se va a terminar. Rosa se quedó con ellos. En eso sonó el timbre de la puerta Miguel fue abrir era Roberto que iba a ver a Miguel, entró y vio todos sus amigos que antes eran. Y salió afuera llamó a Miguel le dijo que hacen todos esos ahí ellos vienen acompañarnos un rato, y porque, hoy día falleció mi abuelita en Chile, de un ataque al corazón, cuanto lo siento le dijo y llevale esto a tu mami. Le paso dinero pero no entró a darle el pésame, los amigos le dijeron que le pasa a don Roberto con nosotros que no entró a saludarla, no se preocupen por Él dijo María. Mas tarde Rosa se fue a la pieza de María le arregló dos maletas con ropa que María tenía guardada por si algún día iba a Chile.

Para su familia, más tarde se fueron todos pero Rosa se quedó hasta el otro día y la fue a dejar al aeropuerto. María fue solo por quince días. Sus hijos ellos lloraban mucho por su abuelita y porque iban a quedar solitos unos días, cuando llegaron de vuelta del Aeropuerto llamaron a Chile que fueran. A esperar a su mami a las seis de la mañana del otro día llegaría a Chile su hermana Inés su esposo y una sobrina la estaban esperando. Llegó a la casa ahí estaba su madre en la urna había quedado tan bonita como era.

Fue la última vez que María vio a su madre sentía mucho dolor al verla ahí, se fue al teléfono para llamar a sus hijos que había llegado bien. María sí que sufría mucho por todo lo que les estaba pasando era increíble tantas cosas, el entierro era a las tres de la tarde. A la doce del día llamo Mercedes la que vive en Argentina. Que la fueron a buscar estaba en el Aeropuerto, a la una llamó Carmen. Que la fueran a buscar, a la parada del bus que venia del norte ella vive en Iquique de Chile, gracias a Dios estuvieron todos sus hijos junto a Ella en el ultimo día, después que llegaron todos sus hijos salieron con ella al cementerio.

Fue mucha gente acompañando a la familia, entre familiares y amigos. María decía esta pena si que no se compara con nada La muerte de una madre es muy triste. Sí que es triste, sobre todo para las que viven lejos, es muy difícil formar viaje de repente, no se puede decir si ya voy, María no estaba trabajando por enfermedad, bueno las visitas, que habían llamado a María llegaron en la tarde de ese mismo día, le dijeron a los niños donde esta tu mami, mi mami salió a Chile hoy en la mañana.

Y como no nos dijo nada, bueno ayer en la mañana llamó mi tía Inés que había fallecido mi abuelita. De un ataque al corazón. Que decían ellos murió tu abuelita, si ayer en la mañana, no eso no es verdad Ella anda comprando y ustedes están mintiendo le decían a los niños, ellos se pusieron a llorar, le decían si es verdad tíos, hoy salio mi mami en la mañana temprano. María al otro día llamó en la tarde para decirles que ya habían vuelto del cementerio. Habló con sus tres hijos y también con su amiga, ahí le creyeron que María no estaba en casa, pero como va hacer tanta la desgracia de ustedes le decía ella a los niños.

Le dio el pésame a María y le dijo estés tranquila nosotros nos vamos a quedar unos días con tus hijos para que no estén solos, o gracias les dijo ella te lo agradezco que te quedes con mis hijos, ahora si les creo le dijo la amiga, de que le dijo María. Yo no les creía a los niños dijo la amiga lo de tu mami. No te preocupes ya vendrán cosas buenas. para ustedes y cortaron, de vuelta del cementerio y llegaron a la casa María dijo a todas sus hermanas vamos a sacar la cuenta de toda el dinero que se recibió de familiares y amigos, y clubes donde jugaban sus hermanos. Para pagar el almacén y cosas que mi mami debía. Cuando llegaron del cementerio se habían robado todo entraron a robar en casa. No supieron como se perdieron esas cosas de la casa, habiendo tantas personas ahí, además porque había quedado todo con llave solo la familia tiene llave todos se preguntaban y no entendían como se había perdido todo y nadie vio nada todo lo que se perdió fueron muchas cosas de mercadería que habían llevado la gente para ayudar en algo en el velorio, se le da café y algo de comer porque están toda la noche acompañando a los familiares.

Y era temprano todavía cuando volvieron del cementerio. Después Un hermano dijo yo tengo que ir mañana a mi trabajo. Porque me tienen un dinero que bueno algo que sea verdad, Sandra salto y le dijo al hermano de María yo tengo ese dinero que le dijeron todos si fui ayer al trabajo de Hugo y me lo entregaron, nadie podía creer lo que esta yegua había hecho por dios ir a meterse al trabajo de Hugo a pedir el dinero no eso ya es mucho, y que dijiste haya le dijo Hugo no te dio vergüenza si tu no trabajas ahí, ella dijo fui porsiacaso, por dios que vergüenza más grande esta es una descarada ya no siente vergüenza por nada. María les conto a sus hermanos lo de Sandra cuando fue a Canadá. La pillaron robando en un negocio y se la llevaron presa ya la tenían lista para deportarla al otro día pero llegaron mis hijos y la sacaron no le creían que andaba paseando y no hablaba inglés, aquí nadie supo porque mi mami le dijo que por ella nadie sabrá en chile lo que asiste aquí. Te pasaste para ser sinvergüenza y desgraciada mujer le decía los hermanos de María ponerte a robar allá eso ya es mucho tu sinbergensura le decía ellos Sinvergüenza le dijeron todos descarada.

Todos le dijeron te pasaste para ser cara dura y sinvergüenza, ella se reía como que no se lo estaban diciendo a Ella, sí que es sinvergüenza la mujer esa, Ella miraba para otro lado, Increíble le decían todos, esa familia tan buena, la madre de todos la crió igual que sus hijos, ellos no salieron así, sin mañas y sin malas costumbres, son bueno para tomar. Ellos salieron a su padre si pero nada más y no dejan de trabajar, de la mercadería que se perdió solo Sandra. Ha ha dejado la llave. A alguna persona sinvergüenza amiga de ella para que entrara después que ellos salieran al cementerio. Sandra ha sido la que se llevó todo porque quien más iba hacer. Si todos los hermanos de María viven ahí Después empezaron a conversar que deberían. De comprarle una tumba para sus dos padres y ponerlos juntos, todo los hermanos dijeron que estaba bien. Al otro día, se fueron al cementerio hablar por el terreno, se compraron uno para cuatro personas, para sus dos padres y sus dos primeros hermanos que fallezcan

Van ahí con ellos fijaron una cuota mensual entre todos los hermanos la iban a pagar, Eliana una Hermana menor que María se hizo cargo de recibir el dinero mensual e ir al cementerio a pagarlo no tuvieron ningún problema. María les mandaba el dinero de Canadá ante del año se terminó de pagar Bueno dijeron todas ahora vamos ha echarle una limpiada la casa cambiarles sabanas a las camas porque estaban todas las hermanas ahí. Cuando empezaron a buscar sabanas no encontraron nada solo las que estaban puestas toallas manteles de cocina todo había desaparecido.

No podían creer pues la mamá tenía de todo. Y mas cuando fue a Canadá María le dio de todo otra vez, no pudieron cambiar las camas tuvieron que lavar las que tenían puesta. Y se las pusieron de nuevo y que pasó con las cosas que tenía mi mami. Se preguntaban todas. Donde estaba todo eso en casa de Sandra seguro decían todos, una chaqueta muy bonita que Roberto le había regalado a Margarita cuando fue a su casa no estaba y un cubre cama muy bonito que Katy se lo había regalado tampoco estaba. Mas una chaqueta gruesa que María le había tejido a mano, todo había desaparecido, esto era increíble. Quizás que tiempo la sinberguesa le estaba robando a su madre.

Talvez por eso le vino el ataque porque le pedía las cosas y ella no se las quiso entregar no puede ser decían todas no puede ser que se hubieran perdido todo de la casa. Sandra dijo yo tengo las dos chaquetas. Y porque las tienes tú, mi mami me las había prestado, y tú dijiste, me quedo con ellas. Y nadie me las puede quitar, verdad? Para que las quiere ella verdad, Si te la había prestado por que no se la habías traído y más las dos. Porque estas acostumbrada a robar, vas ahora mismo a buscar todo lo que te llevaste, o vamos todos a tu casa a buscar las cosas, porque todo lo que tú tienes allá era de mi mami y fue a buscarlas entonces dijeron todos ahí estuvo el problema de mi mami el ataque que le dio. Porque Ella. Te pedía las cosas y tú no quisiste traerlas sinvergüenza asquerosa cochina mano larga, que no le dijeron todos Esos hermanos pero ella ahí sentada no se iba y se reía y la mercadería se perdió toda esos hermanos estaban tan enojados con esa mujer. Se pasaron esos hermanos que entre todos no le pagaron, dejo a los hermanos de María sin una sábana. Solo las que estaban puesta ni una toalla para la cara ni un mantel de cocina nada nada.

Todavía quedaban tres hermanos viviendo en la casa que iban hacer. Bueno cuando iban devuelta de Canadá pasaron por Argentina Mercedes le había pedido a Margarita la chaqueta que Roberto le había regalado. Era muy bonita y gruesa para el invierno peludita, Ella le dijo que no. Roberto me la regaló a mí, iba muy contenta con su chaqueta dice Mercedes. Esa chaquete gruesa bonita se la dieron a Mercedes el palto tejido que María le hizo se lo llevo Eliana el cubre cama se lo dieron a. Inés, y todos los vestidos se lo llevo Carmen, no entendían a Sandra porque izo todo eso, y porque le robo todo eso a sus medio hermanos solo porque es mala y ladrona, no le importaba a quien robarle.

En la noche todos los hermanos estuvieron conversando asta tarde.

Todos esos problemas los tenía mi mami en su corazón, que ya no aguanto más y le vino el ataque este yegua tiene la culpa de todo por esta mala agradecida. Desgraciada por haberla criado Ella les devolvió el pago en sufrimiento hasta matarla, los hermanos de María no podían creer lo que ella les contaba. Qué vergüenza decían. Sandra quería irse esa noche no la dejaron que se fuera tú te quedas ahí siéntate, todos tenían que escuchar lo que María estaba diciendo

Hasta que María terminara de conversar se podía ir, más tarde empezaron a buscar los papeles de la casa, no los encontraban por ningún lado, los buscaron en el cajón de Olga donde ella guardaba sus cosas no encontraron nada. Le preguntaba al hermano mayor que había ahí el dijo yo no sé donde guardaba esas cosas mi mami que no te las pasaba a ti.

Para que los guardara Sandra salto otra vez saben que daban gana de matar a esa mujer por descarada, dijo otra vez, yo los tengo, o no podía ser todo la miraron, de nuevo ella, después que habían preguntado tantas veces esos hermanos por los papeles de la casa, y porque tienes esos papeles tu, si esos son de nosotros de esta casa nosotros somos sus hijos no tu, anda a buscarlos inmediatamente, antes que te demos una aquí, oh antes que llamemos a la policía.

Y te metamos presa por robarle a tu familia y matar a su madre, esos hermanos estaban tan enojados con esa mujer asquerosa que ya le pegaban. Cada rabia que pasaban con esa mala agradecida, esa noche era increíble, si no se acuerdan De esos papeles esa tal vez se queda con la casa menos mal que no tenía el apellido de ellos pero se la habría arreglado con alguien, y los entrego así nomás ni vergüenza le dio eso era su intención los fue a buscar y los entregó, pero así tan descaradamente dijo aquí están, mi mami me los había pasado para que yo los guardara. Que tú se los guardara, crees que mi mami te los iba a pasar a ti tal vez tenía miedo que tú se los fuera a robar, y así fue igual nomas se los avías robado si su hijo mayor vivía aquí porque no se los paso al el verdad, ella con tantos hijos aquí te los avías a pasar a ti que se los guardaras, ella me los paso a si fíjate le dijeron todos justamente a ti tenía que pasártelo para que los guardaras y tu con la intención de quedarte. Con la casa verdad, teniéndolo a nosotros sus hijos de todas maneras no abrías podido venderla porque teníamos que firmar nosotros. Aquí tiene a su hijo mayor, y te los iba a pasar a ti, quizás de cuando que tu te los habías robados también y ella te pedía las cosas y tú con tu lindo hocico que temes quizás que le contestaba y más la tenías amenazada por eso ella nunca nos dijo nada que tu tenia esas cosas. Por todo eso a mi mami le dio el ataque eso querías tú. Porque te estaba pidiendo todas estas cosas que tú le habías robado tú la mataste en pago por haberte criado guacha mal agradecida, la mujer no hablaba nada si robo en Canadá y le robo a María y le robo a Carmen lo que María le mando más bien lo ase aquí, Esto es increíble verdad, además Ella dijo después, ¿y que van hacer con la casa? Vete de aquí ahora mismo antes que te pase nada mire todavía preguntaba y a ti que te importa lo que vamos hacer con la casa que también la quieres. A por eso era que tenías los papeles ya y hacías sufrir a mi madre para que muriera luego, la quedaron mirando ándate por favor mira que nos temes hasta la corona y no se iba, nunca había visto alguna persona tan sinvergüenza y descarada como esta ella seguía ahí dando opiniones dijo porque no la venden, A que también quieres una parte de la casa, olvídate de eso, le dijeron que no vez que todavía quedan tres hermanos en la casa quería que los dejaran en la calle para que le dieran una parte a Ella, no esto es increíble, creen ustedes queridos lectores que se paso para ser sinvergüenza la mujer descarada. Bueno cuando se terminó de pagar el terreno en el cementerio. Hicieron los trámites para que cambiaran a sus dos padres y los pusieran juntos. Cuando llego el último cheque que María mandó a su hermana Eliana. Se lo iba a mandar de vuelta, porque ya se había terminado de pagar el terreno. María le dijo que no. Ese dinero está destinado para ellos, que la guardara cuando cambiaran a sus padres si alguna persona va con ellos acompañarlos que les dieran un café o una cerveza. María ayudo a sus padres hasta el último momento de sus vidas tendría que haber ayudado mucho más María iba bien seguido cuando su papa estaba enfermo. Ahí les llevaba las cositas que iba comprando, se pone muy triste cuando se acuerda, pero dice son cosas que tienen que pasar pero es tan difícil de aceptar, el cariño de una madre es incomparable. María decía mis hermanos que vivían con ella si que habrán sufrido la perdida de nuestra madre de primera, pero el tiempo se encarga de hacer olvidar todas las cosas. Bueno después de toda esa rabia que María pasó con esa infeliz por allá. Se le acercó la fecha que tenía que volver. Sus hijos estaban muy contentos la fueron a esperar cuando la vieron llegar estaban felices lloraban de contentos. Solo fue por quince días, la echaban. Mucho de menos. Ahora ya estaban más tranquilos, esa noche se quedaron hasta muy tarde conversando. María le contó todo lo que había pasado, y que se habían encontrado todos sus hermanos. Gracias a Dios pudieron ir a dejar a su madre al cementerio. Todos fue una despedida muy triste. Muy dolorosa perotenían que seguir adelante. La vida seguía y ya todos tenían su familia y preocuparse por ellos, María con el tiempo fue a chile se quedó en casa de Inés ella le dijo sabes que tuve tantos problemas. Con la carta que tu me mandaste aquella vez. Pero María le dijo tú me la mandaste primero. Tu no te imaginas todos los problemas y sufrimientos que estábamos pasando nosotros con mi divorcio allá después me llega tu carta, pero nosotros no sabíamos que ustedes estaban pasando por todo eso, por eso primeramente ahí que hablar con la familia llamarla de vez en cuando para saber de ella no crees tú, de todas maneras dijo Inés no tenías por qué mandarte a decir esas cosas, yo no podía decir nada por el momento que de alguna manera mi mami se podía darse cuenta, y sufrir mucho ella cuando estuvo en mi casa no se dio cuenta de mis problemas tratábamos de llevarnos muy bien por delante de ella, siempre me decía. Porque no se van para chile para estar más cerca. Si les pasa algo algún día nadie de tu familia. Va a poder ir a verlos, por eso fue que no les mande a decir nada. Ya hacía como un año que estábamos separados, ahora divorciados, porque no me dijiste que Sandra era una ladrona y habrías ido tú le dijo María a mi casa pero esto también ya paso le dijo María verdad. A olvidar todo ahora ya quedo en el pasado que se nos murió nuestra madre tenemos que seguir como buenos hermanos y adelante. No crees tu, si esta bien. María seguía conversándoles a sus hijos, también les dijo saben lo que Sandra quería, que se vendiera la casa. Porque Ella tenía que meterse en eso tal vez quería una parte también decían sus hijos, quería que le dieran un poco de dinero a Ella tal vez, y a donde iban a quedar mis tíos, eso fue lo que nosotros le dijimos, tu como no eres hermana y tienes tu casa con tu marido no te importa donde queden nuestros hermanos verdad.

Los hijos de María no podían creer lo que su madre les contaba y otra cosa les decía María al otro día empezamos a limpiar la casa. Y a lavar Las sabanas y toallas porque nos íbamos a quedar todas ahí, no encontramos nada de nada. Sabanas, manteles, toallas, de nada, nadie vio sacarlas, quizás que tiempo las había sacado Sandra y tal vez mi mami de miedo no se las podía quitar Buscábamos el carnet de identidad de nuestros padres, certificado de nacimiento, tampoco encontrábamos nada, en eso salto Sandra y dijo que ella los tenia y quien iba a entrar a robarle las cosas a mi mami solo tú que estabas aquí mismo. Si nosotros no los acordamos de todo esto Tú vendes la casa talvez como eres tan sinvergüenza de alguna manera te las habría arreglado para venderla y dejas a nuestros hermanos

374 MARIA TORRES LAGOS

en la calle le deseamos nosotros, porque ya estabas preparada verdad y ahora le dijo María te vas y la echamos de la casa no quiero verte mientras yo esté a aquí, Bueno así fue como les contó todo a sus hijos, faltó de pegarle tenía muchas ganas, y que decían mis tías, ellas calladas nunca pensaron que esta mujer que fue criada con nuestra madre hubiera salido tan sinvergüenza.

Y tan mala, sus hijos estaban tan asombrados con lo que María les contaba. Bueno el tiempo siguió y también los problemas, para María. Empezaron a llegar las cuentas no había dinero para pagarlas. María se enfermó. No comía nada por tantas cosas que había pasado. Su cuerpo ya no daba más, además Ella en ese tiempo no podía trabajar por una enfermedad que le había dado.

Aplicó para el gobierno y la ayudaron un tiempo con eso pagó lo que debía, morgue. Y todo lo demás, lo que le quedó se compró una camioneta viejita. Porque le hacía mucha falta para movilizarse, se fue un día con sus hijos a mirar una camioneta que estaba en venta usada, pero la vendían para fin de semana, María habló con el hijo del matrimonio que tuvieron viviendo en casa de María él era mecánico si le compraba la camioneta y le dejo el dinero. Porque ellos salían de viaje ese fin de semana, el mecánico les dijo vayan tranquilos yo voy a verla y si le conviene se la compro osino esperamos. El amigo no le compró ninguna de las dos que habían visto le compró otra que llego después, era mas vieja y de feo color y más barata. María. No pudo hacer nada porque ella le había dejado el dinero tenía confianza en él habían vivido en su casa por mucho tiempo y sin pagar nada. Así le pagaron también Él le compró lo que le salió mas barato y nunca dijo lo que costó pero se notaba más vieja, bueno María dijo eso me paso por tonta y confiada pero Ella dice no importa todo lo malo que se hace aquí se paga con el tiempo ella siempre dice esa palabra. Bueno ya estaba comprada y se fueron con el mecánico a sacarle los papeles. El mecánico le dijo cualquier. Cosa que tenga me llama para ir a verla, la camioneta alcanzó ha estar una semana en casa y se puso mala se le había puesto un ruido muy feo en el motor. Ella llamó al mecánico, el le dijo que tenía que llevarla al taller. Así lo hizo se la llevó después pasaban los días y no llamaba para informar de la camioneta si la había arreglado o no. Un día María llamó, ya había pasado un mes Al taller otra vez, la operadora le dijo ese numero esta fuera de servicio temporalmente, llamó a la casa le dijeron no esta, puede decirle por favor que llame a María, y seguían los días y no llamaba. Ella llamó de nuevo a casa y le contestaron mal, bueno María llamo a una amiga le contó lo que pasaba, ya de esto hacía más de un mes y no sabía nada de la camioneta talvez la iba a perder. Ni del mecánico, la amiga le dijo llamemos a la policía, para que no valla a perder su camioneta, llamaron a la policía le contaron todo como había llegado la camioneta al mecánico.

Y no apareció mas, la policía llamó a la casa del mecánico María le dijo allá contestan mal y le contestaron mal también.

La policía le dijo necesito hablar con el mecánico. Donde lo puedo encontrarlo, soy la policía, no sabemos dónde esta le contestaron, pues bien. Le dijo el policía dígale que tiene orden de arresto. Por un presunto robo de una camioneta, y le dijo a María cualquier cosa que le digan me avisa, después de tres días llamó una hermana. Del mecánico diciendo a María. Que la camioneta estaba en su casa Yo la quiero aquí le dijo María, fue su propia hermana a dejársela, y el amigo ese no se vio nunca más. Él se había ido a otra provincia con la camioneta. María los conocía de mucho tiempo a toda la familia, confiaba en El. Incluso vivió en su casa cuando recién llegaron por mucho tiempo, María ya no quería salir de la casa por tantas cosas que les pasaban tenía miedo. A sus hijos siempre les decía tengan mucho cuidado no se confíen de nadie cuídense mucho por experiencia se los digo. Bueno a todo esto. Mabel había estudiado una profesión. Muy bonita que a ella siempre le había gustado. Un día le dijo a María. Sabe mami voy a empezar a mandar currículum para todos los países latinos, y en ingles también. Para ver si encuentro trabajo. Bueno le dijo ella llegaban las respuestas recibimos su carta la vamos a tener en cuenta, pero nunca la llamaban, por mientras Ella encontró otro trabajo cuando me salga el mío lo dejo, decía Mabel. Un día salió un aviso en el diario. Que necesitaba gente para trabajar justo en lo que Mabel quería. Pero era para otro país. Mabel igual mandó el currículum. A los pocos días después. La llamaron por teléfono muy amable la persona que habló con ella. Le hicieron otras preguntas, después le dijeron la vamos a llamar de nuevo. Pasaron los días y la llamaron diciéndoles. Que estaba aceptada porque tenía todos los requisitos que buscaban. Mabel estaba feliz por su trabajo que iba a tener, le llegaron unos papeles que tenía que llenar y mandarlos. De vuelta, que la iban a llamar para una entrevista. Mabel no daba de contenta y María por Ella. Mabel deseaba tanto trabajar en su profesión eso eran sus sueños, otro día la llamaron que tenía que ir tal día a los Estados Unidos que allá le iban hacer la primera entrevista. Que Ella pagaran la mitad del pasaje y todo lo demás corría por ellos, tenía. Que mandar un Money orden. Al nombre que ellos le mandaron y le mandaban el pasaje. Mabel mandó todo lo que le dijeron siempre se comunicaba con ellos Ella estaba feliz por fin decía voy a trabajar en lo que aprendí y me gusta mucho, me ha gustado siempre ese trabajo, pasaban los días y el pasaje no llegaba llegó el ultimo día que le habían dado y no llego el pasaje. Llamo al número. Que ella se comunicaba con esas personas y la operadora le dijo que ese número estaba fuera de servicio que dijo ella. Ella le dio el nombre de las personas y la dirección donde mandaba los papeles, pero tampoco existía esa dirección. Yo hablaba por teléfono con ellos como que no van a existir y mandaba las cartas y ellos a mí, yo no puedo hacer nada. Le decía la operadora, busque por otro lado le contestaron Mabel llamó la policía y le dijo todo lo que le estaba pasando porque en ese momento tenía que salir. Le dio los nombres y la dirección de las personas con quien hablaba.

La policía le dijo nosotros vamos a investigar y la vamos a llamar cuando tengamos alguna noticia. Mabel. Ya estaba llorando le decía a María mami como puede ser. Que hasta en esto tengamos problemas y lloraba, María sufría de verla a ella pobrecita cuanto estaba sufriendo, y cuan ilusionada estaba con su trabajo. María sentada al lado de Ella muy triste, en eso llamó la policía. Le dijo sabe lo siento mucho esa gente y esa dirección no existe, ellos habían hecho todas las averiguaciones y no había nada de dirección ni nombres de esa gente. Y más le dijo la policía ya con usted han llamado más de diez chicas con el mismo problema, y con la misma gente y la misma dirección. Entonces con quien me comunicaba yo y quien me mandaba las cartas de vuelta que yo mandaba. Todo fue una vil estafa muy bien preparada, porque nadie dudó de ellos Maribel sufrió mucho estaba tan ilusionada con su trabajo.

No solo Mabel fueron muchas chicas más todas perdieron su dinero, Había mujeres y hombres metidos en eso.

Mabel sufrió tanto que su madre sabe porque lloraba con Ella de verla sufrir la consolaba pero no era vasto, lloraba y decía mami porque nos han pasado tantas cosas son cosas de la vida le decía ella no se pueden remediar. Nada nos sale bien, porque nos pasa todo esto no entiendo. María le decía tenemos que dar gracias a Dios que no alcanzaste a salir de la casa. Quien sabe que te hubiera pasado por ahí, total el dinero se recupera y no fue tanto solo la mitad trabajando se recupera, pero la vida u otra cosa que te hubiera pasado no se recupera con nada jamás, si tiene toda la razón mami le decía Mabel. María se sentó a su lado y le conversaba para que se fuera tranquilizando. No había otra cosa que hacer solo dar gracias a Dios por no haber salido de la casa, y contentas porque estaba en casa, Le costó mucho a Mabel para reponerse. Ella estaba muy ilusionada. Con su trabajo que iba a tener, con eso no quiso mandar nunca más aviso para nada. María se siente tan mal cuando les pasa algo a sus hijos. Y no puede hacer nada por ellos, solo le da las muchas gracias a Dios. Porque cuidó a su hija en el momento preciso. Se tienen que cuidar y ayudarse mucho. Unos meses después Mabel le dijo a su mami me siento tan aburrida aquí.

No hallo que hacer el trabajo me aburre. Nos han pasado tantas cosas me gustaría irme. Salir cambiar de ambiente y de amistades, de trabajo, de todo lejos de aquí, espero me perdone por lo que digo pero es la verdad. Quiero irme de aquí, María. Si la comprendía muy bien, porque ella siendo una chica joven estaba aburrida que más seria para ella no se vaya a enojar conmigo, no yo no me voy a enojar te comprendo perfectamente y espero si te vas que tengas mucho cuidado y que te salga todo muy bien ten mucha fe en Dios todo te va a salir bien, y si no ya sabes aquí esta tu casa puedes volver cuando quieras. María disimuló para que Mabel no se diera cuenta que estaba muy triste pero fue otro golpe para Ella, se iba su hija nunca habían salido ninguno de la casa. Bueno le dijo María ya están grandes, yo no les voy hacer problemas, y espero que siempre sigan siendo respetuosos. Para que los respeten a ustedes también. Los hijos de María son muy buenos hijos, la gente conocida se los quiere mucho.

Siempre les desearé que les vaya bien, yo ya viví mi vida como hubiera sido. Ahora les toca a ustedes, cuídense mucho que Dios los cuide siempre. María se sentía muy triste. Por la decisión que había tomado su hija, pero también la comprendía todo los problemas que hemos tenido ella es la más grande se daba cuenta muy bien, algún día tenía que ser, María llamó a una amiga que tenía donde se quería ir Mabel Diciéndole. Si la podía tener un tiempo mientras Ella conocía el lugar. Mabel se iba con su trabajo porque había pedido el traslado, la amiga le dijo que. Se venga cuando quiera no hay ningún problema para mí, y así fue a vivir con su tía como le dice a la amiga de María. Se acuerdan de la camioneta que les conté verdad, bueno María la llevó a un chequeo general para ir más segura. Mabel no hacía mucho que se había comprado su auto nuevo para llevárselo. Ella se fue con Miguel el menor y María con Javier.

Mabel tenía una amiga le dijo si se quería irse mas adelante con ella, buscaría un lugar allá y lo pagaban a media. Está bien le dijo la amiga. Bueno salieron un día muy temprano el viaje fue de todo el día y muy bonito lugares que iban pasando, parando, conociendo, y comiendo poniendo gasolina, cerca de las doce atravesaron la cordillera fue hermoso, de arriba se veía un paisaje. Inolvidable la nieve ahí al lado de ellos la montaña muy linda, la carretera con muchas curvas, y cerros todo se veía precioso de arriba empezaron a bajar. Qué bonito se veía con el sol alumbrándoles en pleno día iban sin ningún apuro calmada mente por las curvas que tenía la carretera. Compraron algunas frutas para llevarle a la amiga, que habían muchas para el otro lado, sandias melones. Y muchas frutas más El viaje no les rendía paraban a cada rato, así iban cuando se acercaron a una inmensa fila de autos. Ellos pensaron que era un accidente que había mas adelante, no, no era un accidente. Era la salida de los trabajadores que iban y venían de sus trabajos. Ellos se encontraron llegando justo a esa hora, madre mía dijeron ellos donde se vino a meter Mabel. Son cuadras y cuadras de vehículos y avanzan muy poco, así con esa rapidez llegaron muy tarde a la casa de la amiga. Ella los estaba esperando y estaba muy preocupada que no les hubiese pasado nada, llegaron sin novedad gracias a Dios, conversaron hasta tarde de la noche porque hacía mucho que no se veían, habían llegado junta a Canadá, se pusieron de acuerdo donde iban a ir al otro día a conocer.

Salieron muy temprano a diferentes lugares todos muy bonitos. En la tarde se fueron a la playa se sacaron muchas fotos, se veían los barcos se sentían las bocinas, Muy fuerte, toda la ciudad a sus alrededores es muy hermosa, rodeada de mar y cordillera y muchas flores por todos lados en la tarde se fueron a la casa, al otro día se levantaron. Muy temprano se fueron a tomar un ferry que los llevaría a una Isla, el viaje en el ferry fue inolvidable nunca habían andado en ferry muy hermoso era un barco bien grande también, se subieron al ferry con auto y todo. Dejaron el auto abajo avían personas le les estaba diciendo donde se aparcaran y subieron a la terraza tercer piso a mirar el mar, una hora y media se demoró el barco para llegar a la Isla. El barco se fue por entre Islas chicas que quedaban a la pasada del ferry. Hermoso todo el viaje las aguas del mar se veían muy lindas parecían mármol de un verde claro y blanco hermoso parece que se movían en cámara lenta, llegaron a la Isla, flores por todos lados como la ciudad es húmeda es todo muy lindo. Flores colgando en todos los postes de la luz en las calles, flores en las casas en las plazas y todo muy bien cuidado, les hacía falta algo así para que se olvidaran un poco de sus problemas. Más tarde se fueron a tomar el ferry de vuelta. Llegaron muy cansados solo acostarse porque al otro día volvían de regreso a su casa salían muy temprano, María Javier y Miguel en su camioneta, se fueron muy tristes por

Mabel que se quedaba. Mabel Y la hija de su amiga los fue a dejar a la carretera. Se despidieron y se fueron. Miguel se acostó en el asiento de atrás. Javier se fue con María adelante ella iba manejando, todos iban muy callados triste nadie decía nada. Los tres iban muy triste se iban acordando de Mabel sobre todo Javier la iba a echar mucho de menos porque eran muy buenos amigos y confidente. Trabajaban juntos andaban para todos lados juntos. A María le recordaba cuando ella y se hermano Antonio eran iguales En la iba a echar mucho de menos Igual como era María con su hermano Antonio. Para María era su primera hija que salía de su lado. Sus hijos se llevan muy bien los tres, La carretera igual de autos muchos autos iban y venían la mayoría ya iban de vuelta a sus casas ya llevarían unas cuatro horas de camino. Iban arriba de la cordillera al tomar una bajada de repente un tremendo estampido, salió de la camioneta de primera María no sabía que era ese ruido tan fuerte, y empezó a salir mucho humo María quiso parar pero nada le respondió todo se había parado.

Los frenos el manubrio no daba vuelta para ningún lado los cambio nada trabajaba, la camioneta, seguía bajando y esa carretera llena de vehículos, Javier le dijo trate con esto. Le tiró el cambio para arriba. María. Le dijo si no trabaja nada mas con el humo no veían nada hacía delante. Ella no soltó el manubrio pero de nada le servía porque trataba de ponerla a una orilla del cerro, pero el humo se lo impedía, tenía mucho miedo que fuera a explotar con ellos arriba. Hasta que las ruedas del lado derecho tocaron tierra y se paró. Miguel que iba durmiendo atrás se paro de un salto y dijo mami.

Que pasó, se nos rompió la camioneta contesto Ella, y quedamos botados aquí arriba de la cordillera, ahora que vamos hacer estamos tan lejos de Mabel y mas lejos de nuestra casa, cuando ya estaban en el suelo decían menos mal que no nos pasó nada a nosotros. Ahí estaban sin hallar que hacer María y sus dos hijos y nadie les paraba a prestarles ayuda, y la camioneta seguía humeando, se miraban unos a otros, después Javier y Miguel. Empezaron hacer dedo para que los llevaran a un pueblo más cercano, más de una hora estuvieron ahí. Hasta que un muchacho en una camioneta les paró, les dijo en que los puedo ayudar, ellos le dijeron si los podía llevar a un pueblo más cercano a buscar un towing para arrastrar la camioneta a un mecánico. María se quedó Javier no quería que se quedara sola porque es peligroso en la carretera.

Nadie sabe qué clase de gente pasa por aquí le decía El, Ella les dijo vallan tranquilos yo me meto en la camioneta hasta que ustedes lleguen. Mas tarde llegaron con el camión y arrastraron la camioneta hasta el pueblo. Más cercano buscaron un mecánico. No encontraban nada porque además era feriado estaba todo cerrado, el chofer del camión les dijo yo voy a llamar un amigo que es mecánico. Para que les vea el vehículo llegaron allá pero El señor les dijo que se les había fundido el motor que no se podía arreglar.

Javier le dijo al chofer del camión cuanto me cobra por ir a dejarnos a la casa, El dijo ochocientos dólares, todavía les quedaba como siete horas de camino. Javier le dijo es mucho dinero para nosotros, cuanto nos cobra por ir a dejarnos donde. Había quedado Mabel, cuatrocientos cincuenta dólares. Bueno no les quedaba otra que volver atrás se metieron todos en la cabina del camión con la camioneta colgando se volvieron donde había quedado Mabel, ya había pasado todo el día, cuando los vieron llegar con la camioneta colgando todos salieron asustados afuera. Que les pasó les decían, bueno se nos reventó la camioneta. Arriba de la cordillera esto fue en la mañana cuatro horas después que salimos de aquí, a la hora que venimos llegando buscando un mecánico. No encontramos a nadie todo cerrado, el chofer que nos trajo llamo a un amigo. Nos llevó hasta allá En la vio y dijo que se le fundió el motor porque le habían puesto azúcar, al motor no supieron quien fue y porque lo isieron, talvez querían matarlos a los tres.

Nunca supieron nada la camioneta no se podía arreglar después de eso salió Mabel con Javier arrendar un auto para salir al otro día. Con María y miguel Les salió muy caro el viaje, al otro día salieron bien temprano o través, cuando iban arriba de la cordillera les dijo Javier porque no los vamos por otro camino para que vamos conociendo, esta bien y se fueron por otro lado. Había unos que otros pueblos, y más unos letreros que decían pongan gasolina.

Ahora porque después de tantos kilómetros no va a encontrar nada, eran puras montañas y muchas curvas. Pocos vehículos en la carretera iban muy asustados, además la carretera se les alejaba de donde tenían que ir, les llegó la noche y no llegaban a ninguna parte. No salían de la montaña, quizás por donde se metieron preocupados para nunca más meternos por estos lados decían y de noche llegaron muy tarde de la noche a la casa.

Llamaron a Mabel para que se quedara tranquila. Ella ya estaba muy asustada por ellos y muy preocupada. Esperando la llamada, le dijeron cuál fue el atraso y para nunca más irnos por ahí. Bueno el tiempo siguió Mabel empezó a trabajar estaba todo muy bien, después del mes se arrendó un departamento mando a buscar a su amiga. Para no estar sola, y siguió adelante gracias a Dios. Su amiga entró a trabajar y ninguna de las dos quiso volver atrás.

Todo marchaba muy bien para Ellas. Mabel llama a su familia si se quieren ir con Ella porque es muy bonito por esos lados, y les serviría para que cambien de lugar, bueno mas adelante le decía la familia tal vez. Pero se ven muy seguido, María ha ido muchas veces, y de veras es muy bonito el lugar, hay muchos lugares donde salir a conocer, el viaje es hermoso maravilloso. Atravesar la cordillera en verano es inolvidable. Es algo que nunca se olvida, parece que fuera otro mundo. Siguieron pasando los días los meces dos años después Mabel llamó a María un día

para decirle que había conocido un muchacho que
es muy bueno la quiere mucho la cuida y la respeta,
trabajan juntos ella le dijo me alegro por ti. Que sean
muy felices, y cuídense mucho siempre se quieran
y se respeten. Mara dijo entre si, ahora que Mabel
tiene veinte y ocho años. Tiene novio y lo hacía el
padre. Increíble verdad, que vergüenza. Javier que
es el segundo hijo a los veinte y cuatro años conoció
una chica. También son muy felices. Javier había
sufrido mucho la separación de su hermana la echaba
mucho de menos, nunca se habían separado, siempre
andaban juntos para todos lados.

   Al año siguiente María fue a ver a su hija. Se fue
en avión y conoció al amigo de Mabel se ve muy
buena persona y muy simpático y cariñoso con ella la
ayuda en todo en casa. Pasaron unos días muy lindos
conociendo lugares hermosos, y así le llegó el día de
volver. Mabel le dijo mami porque no se lleva mi
auto, yo no lo necesito pasa en la calle parado no lo
puedo llevar a mi trabajo. Por el parqueen sale muy
caro.

   Tengo miedo que le vallan hacer algo porque
todavía tiene la patente de allá, lléveselo y se va bien
temprano. Para que llegue temprano a la casa, usted
lo necesita más que yo. María no hallaba que decir
porque si se iba en el auto tenía que atravesar la
cordillera sola le daba un poquito miedo. El viaje era
de todo el dia. Mucha gente Mabel le decía. Tiene
todo el día para viajar, cuando pare a echar bencina
y comer algo busque un lugar que este con gente no

está sola y en la carretera se va tranquila nada le va a pasar porque anda mucha gente llegara bien y me llama cuando llegue. El novio de ella le miro el auto y le puso bencina, el auto era nuevo esta bien le dijo María se llevó el auto, salió bien temprano.

Por la mañana para cuando saliera el sol ella ya iría en la arriba en la carretera atravesando la cordillera talvez con la ayuda de Dios, viajó todo el día llegó a la casa a las siete de la tarde el auto era nuevo no tuvo ningún problema. Llamó a Mabel para que estuviera tranquila. Ella se alegró mucho porque ya estaba en casa. Dos años después se fue Javier y Miguel a ver a su hermana, el novio de su hermana se llevó. Muy bien con ellos salieron a muchas partes, la ciudad es muy linda hermosa sobre todo en la noche, las luces de la ciudad se trasluce en el mar. También se iban a comer a lugares muy bonitos cerca de la playa, todo ese lugar está rodeado de mar eh islas lo pasaron muy bien. Sin darse cuenta se les pasó la semana y tuvieron que regresar, llegaron muy contentos conversando por los lugares que habían andado. Decían que habían subido al ferry y se fueron a la Isla. Llegaron encantados del viaje. Un día estaban los tres mirando televisión en casa sonó el teléfono. María atendió para su sorpresa era su ex marido, como estas le dijo El, yo bien, y los chiquillos bien sabes le dijo quiero hablar contigo. Me parece que no tenemos nada de que conversar le dijo María, yo sí dijo El ah le dijo María todavía prepotente te voy a buscar nos vamos a tomar un café para que hablemos.

Estás loco le dijo María que voy a salir con Tigo. Ella iba a cortar la llamada Roberto dijo no cortes, esta bien ven aquí, conversamos, sus hijos le dijeron con quién estaba hablando. Con tu papa, y que quería y porque le dijo que viniera aquí. Dijo que. Quería hablar con migo, ellos le dijeron usted no tiene nada que hablar con él. No debería de haberle dicho que viniera, bueno le dijo ella ya le dije que venga. Al rato llegó Javier le abrió la puerta y le hizo que se sentara, ellos los dos se fueron afuera, Roberto le dijo para donde van los chiquillos. Salieron, y porque. María le dijo dime que querías hablar con migo porque tengo que salir, no encuentro como empezar. Del principio no le dijo María, porque se fue Mabel todavía lo preguntas sería por lo feliz que se sentía aquí verdad. Todo eso te lo agradecemos a ti ella se sentía aburrida, más atrás nos iríamos nosotros. Roberto se puso a llorar mira le dijo. María no vengas hacer teatro aquí porque lo que agás no te vale. Ya no me conmueves con tus lagrimas ni nada, además nunca lloraste delante de nosotros, eran puras groserías y palabrotas, porque eso es mentira dime que querías decirme con tanta urgencia para que te vallas. Tengo que salir te lo dije, no contestaba después dijo como se portan los chiquillos, ellos como siempre muy bien cómo te dije. Pero a ti eso no te importa no te preocupes por ellos vive tu vida tranquilo porque eso era lo que tu querías. Nosotros te molestábamos. No te preocupabas por ellos cuando estaba aquí no lo hacías puras groserías con ellos eso era tu manera de hablar con nosotros y lo haces ahora nosotros vivimos felices nadie nos molesta ni los trata mal. Que ironía no, Roberto conversaba cosas que a María no le interesaba, por favor te puedes ir no entiendo lo que dices ni atención le ponía, le contaba cómo lo estaba pasando que había aprendido a cocinar a lavar. María le dijo ahora es mi culpa que tu hayas aprendido a cocinar. Y a lavar mejor para ti no, si tu solito buscaste eso querías aprender, y por tu culpa nos hiciste sufrir a nosotros pero ya gracias a Dios estamos bien. Sin tu ayuda vamos saliendo adelante, después le dijo si se podía ir a la casa. Que le dijo María dijo venirte aquí estas loco, ya se te terminaron tus vacaciones o te dejaron botado, lo siento por ti pero aquí ya no entras nunca más, y no voy a perder a mis hijos por ti estas loco, tuviste la oportunidad. Cuando murió mi madre estuviste aquí. Dentro y no me diste el pésame, ahí si te necesitábamos Estábamos solos y sufriendo mucho, pero tú orgullo fue más fuerte que nosotros. Ahora ya no te necesitamos y por favor ándate. Tengo que salir, todos nuestros amigos que eran estuvieron con nosotros aquí y tú. Como siempre orgulloso perdiste todo, Él se paró para irse pero antes se fue al asiento de María le tomó una mano la miró a los ojos quería decirle algo pero no y se fue. Ella Tampoco lo iba admitir en su casa. Menos juntarse de nuevo con él por favor, fue mucho el daño que les hizo tanto a sus hijos como a Ella, sufrió con El desde el mismo día que se casaron nunca entendió María porque se casó con ella María se lo preguntaba nunca le dijo el porqué. La humilló la cambió por otras mujeres en su propia cara peor que Ella las veces que quería, para. Roberto cosa que se moviera delante de El eran mujeres las tomaba y no pensaba en María ni en sus hijos era un cochino desgraciado, él no pensaba que era malo lo que estaba haciendo. Estaba creído que era solo i joven todavía y podía hacer lo que quisiera pues bien ahí estaba pidiendo volver a la casa. Bueno ahí quedó solo para que haga lo que quiera. Para María fue su primer hombre en su vida y para ellos fueron veinte. Años de casados aparte de todos los años que estuvieron separados. Ahora ella y sus hijos son felices. María pensaba. Toda mi vida y mi juventud perdida al lado de este hombre, que no supo valorarme. Para María no estaba todo perdido le habían quedado tres lindos hijos y ahora tres hermosos nietos que tiene ya. Ella espera en Dios que los ayude. Para poder seguir adelante. Y a cuidarse ella. Bueno el tiempo se encarga de ir olvidando todo y todo paso al olvido. Un día sonó el teléfono en casa de María eran unos amigos que venían de otra provincia que si se podían ir a quedar a su casa, María les dijo que estaba bien, ellos también tenían hijos grandes para que salieran con los de María. Ella y sus amigos salían solos, Un dia estaban en el living conversando del problema. Que María había tenido con Roberto ellos no podía creer porque también conocían a la mujer esa, en eso sonó el teléfono María atendió era

Roberto o través, algo le quería decir pero María no lo dejo hablar. Dijo te dejo con un amigo. Y le pasó el teléfono, ellos estuvieron hablando Roberto no lo había conocido.

Después se alegró mucho le dijo te voy a buscar para que nos vamos a tomar una cerveza y conversamos, más tarde llegó a buscarlo. María quedó con su amiga tomándose un café, más tarde. Llegó el esposo venia un poco Preocupado, su esposa le dijo que te pasa que te dijo Roberto el estaba muy contento conmigo cuando me vio. Y me dijo que El siempre sabe cuando alguien viene a la casa y nadie lo llama para saludarlo quiere decir que este espía la casa y de que le sirve, nos tomamos una cerveza y conversamos. Del problema que había tenido con María le dijo, María me había pillado con otro talvez, no dijo nada más de lo que habían conversado, pero la señora le dijo a ti te pasa algo mas, si dijo el me da pena Roberto. Bueno que vamos hacer nosotros El solo se buscó esto, si es verdad dijo El nada podemos hacer nosotros. Ahora ya es tarde para El, y se terminó la conversación, ellos estuvieron una semana en casa de María, cuando se fueron se llevaron a María y a Miguel con ellos. Mabel había llegado de visita les dijo valla yo voy el fin de semana a buscarlos, Mabel. Había ido a visitar a su familia por el fin de semana.

Se quedo con Javier, bueno se fueron con los amigos lo pasaron muy bien María con Miguel salían con ellos a todos lados María un tiempo atrás estuvieron viviendo en ese pueblo por eso conocían el lugar. Llegó el fin de semana y también llegó Mabel con una amiga a buscarlos En la noche sus amigos le hicieron una comida de despedida con otros amigos, al otro día. Salían a su casa pero antes de salir le dijo el amigo esposo de su amiga, sabes tengo que decirles algo. Pero quiero que este Mabel también. María llamó a Mabel Ella se estaba despidiendo de sus amigas afuera, Él dijo tengo que decirles algo que me dijo Roberto. Ho ese otra vez le dijo Katy pero quiero que estés tu también, le dijo a Mabel, bueno Roberto me dijo. Que era verdad que andaba con esa mujer, que hacía mucho tiempo que andaba con Ella, no sabe cómo María se dio cuenta, pero dijo que el sabía que nadie le creyó cuando María hablo y para poner un abogado. El amigo dijo, Mabel tu mami esta sola en esto te pido que te pongas de su lado porque tu papa la pasó que estaba enferma. Para que nadie le creyera, y también el marido de la mujer no creyera. Y les dijo que Roberto había dicho que esa señora era muy buena con él lo quería mucho y que lo ayudaba, sabiendo. El que era tu mama. La que lo ayudaba a trabajar sin que él le pagara ni un veinte, cuando salían antes cuando eran todos amigos el tenía que decirle a la mujer que se estuviera quieta porque ella lo pasaba puro abrazando. Para que María no se diera cuenta, y que Ella le decía que se va a dar cuenta esa si es más tonta por tu mama. De esa manera hablaba tu papá de tu mami. Desgraciado el hombre, como puede hablar así de su esposa y la madre de sus hijos ahora lo hace porque esta botado dijo la esposa. Mabel. No le creía a María. Que ellos andaban. Los dos que talvez mi mami había pensado eso, ella estaba afirmada en la pared se fue resbalando hasta que llegó al suelo. Llorando, decía yo nunca le creí a mi mami cuando me dijo que mi papi andaba con ella yo le decía mami no es verdad. Mi papi no anda con ella. Por eso, yo te lo digo dijo el amigo para que tu mami no este sola tenga un apoyo tuyo que eres la más grande. No creas que tu mami esté enferma.

Fue tu papá que dijo eso solo para que el marido de esa mujer sinvergüenza no creyera que ella anda con tu papi, Roberto nunca se imaginó que el amigo. Les iba a contar todo a María con Mabel pobrecita Mabel, cuanto sufrió aquella vez con eso Ella quería mucho a su papá, creía en El, pero bueno así es la vida, se despidieron. Y se fueron, todos iban muy callados durante el viaje, después de eso Mabel se fue a su casa porque ella andaba solo visitando a la familia. Un día llegó una carta a María, la abrió y era el papel del divorcio. Ahora era divorciada, le dio mucha pena tanto por sus hijos como por Ella misma, se había terminado su vida de casada por completo. Ahora a seguir adelante como hasta ahora Su juventud todo se había ido ahí en ese divorcio. Ella nunca pensó que iba ser divorciada cuando conversaban los dos Ella le decía a Roberto cuando tengamos nietos. Vamos a tener que ayudarles a cuidarlos para que nuestros hijos puedan trabajar, si le decía el cínico, vamos a tener que cuidar nietos, bueno así es la vida, ahora tenía que seguir, Ella no fue la culpable y quedo contenta porque sus hijos quedaron con Ella. Y su casa, Ellos son muy buenos hijos muy cariñoso y atentos con su madre la cuidan pasan pendiente de ella llamándola. Un día Katy estaba sola. Tocaron la puerta fue abrir era Roberto otra vez y ahora le dijo ella que quieres, no la dejaba tranquila. La saludo muy amable puedo pasar le dijo tengo que salir dijo ella dime lo que quieres. Porque María lo había dejado parado en la puerta, bueno pasa le dijo y se sentó, a que vienes ahora dijo ella, hasta cuando vas a dejar de molestar Él dijo mira me llegó el papel del divorcio, nunca pensé dijo el descarado que me ibas hacer esto, que descarado el hombre dijo María. Como si María hubiera sido la que cometió el delito le dijo María, yo tampoco nunca pensé que tu me ibas a ser esto en este país y con esa sinvergüenza Le contesto te he dicho cuántas veces que no vengas a molestar sabes me da no sé qué cuando te veo rabia pena asco no sé ándate de. A mi casa no quiero verte no entiendes no te necesito por favor no venga más si no quieres que llame la policía por acoso y con eso te van a llevar preso por favor, después de todo lo que me prometiste cuando nos juntamos de nuevo en Argentina. Te acuerdas o no te acuerdas deberá, después de seis años de separados, porque no me diste otra oportunidad. Dijo Él que le dijo ella todavía estas pidiendo oportunidad, todavía te quedan ganas de reírte de mí no crees que yo también tengo derecho de descansar y vivir mi vida tranquila como lo estoy haciendo con mis hijos, sin tu presencia porque tu presencia me molestaba no te das cuenta, además ya no tendría confianza nunca más en ti esto es lo mejor que nos pudo haber pasada el divorcio tenía que haber sido mucho antes pero nunca es tarde. Yo debería de haber hecho esto mucho tiempo atrás verdad. Acuérdate que yo te dije una vez. Que va hacer de mi tu sabías que yo no podía trabajar por un tiempo por enfermedad no de loca como me hiciste pasar con tus amigos, es por la fibromialgia que me dio y que no hablaba el inglés pero eso a ti no te importó, tu pensaste lo pasó bien un tiempo ago. Lo que quiero con esta y después vuelvo a la casa verdad andar como si fueras solo verdad como lo habías echo muchas veces. Ahora ya no estamos en edad para eso. Sigue tu camino que te valla bien y déjame a mí el mío que yo lo sigo como Pueda. Y no vengas nunca más a molestarme a mi puerta para otra vez llamare la policía por acoso ya lo sabes. Roberto le dijo perdóname no lo hago nunca más te lo prometo. No prometas nada por favor. Ni me pidas perdón por favor esa palabra te queda grande en tu boca yo no soy quien para perdonar solo Dios lo puede hacer. Además que le dirías a esa perra, o no, a la señora que es tan buena con tigo y te quiere mucho, yo no tengo que decirle nada a nadie contesto, eso no te lo crees ni tú mismo. Pero siempre has tenido eso. Primero tú. Después tu, y tercero tu, el le decía tu sabes yo trabajo y que te daría todo mi cheque a ti tu sabrás lo que haces con El, si quieres me puedes ir a dejar y a buscar al trabajo, no fíjate le dijo María antes tenía que haber sido así porque era tu esposa, pero ahora no somos nada. Y además no voy andar cuidándote para poder tenerte a mi lado no seas tonto como voy hacer eso por un hombre estas más loco que una cabra. Y los fines de semana que pasaría. Ahí tendrías que ir a buscarte a los bailes a los dos e ir a dejarla a ella a la casa esperar que se despida y después llevarte conmigo, no me interesa tu oferta ni tu cheque, ni nada así que puedes irte tranquilo. Y guarda tu cheque no para mí. Guárdatelo que te aproveche. Además esa señora como la llamas tu es muy buena señora y yo estoy enferma, para que te sirvo verdad, Roberto se quedó callado. Después le dijo supe que habían tenido un accidente cambio la conversación, en la carretera Dios mío como te gusta meterte en mi vida de los demás, si pero no pasó nada gracias a Dios, y donde quedó la camioneta María decía como sabe este tanto de nosotros. En casa de Lucía, quedo vamos.

A buscarla yo te la mando arreglar, no, no no te preocupes. Si yo tengo dinero la traigo y la mando arreglar, oh si no Mabel que la venda como esta, o la tire yo te ofrezco sin ningún compromiso. Te lo agradezco pero no la voy a traerla me entiendes, Él se despidió le dijo voy a volver, no te preocupes no vuelvas nunca más le dijo María me molesta tu presencia o llamo la policía para otra vez, no quiero verte no te das cuenta, no quiero verte, se fue de primera iba todas las semanas. A buscar a Miguel después empezó cada dos semanas, lo sacaba a comer y le daba dinero después dejo de ir. La última vez que Miguel vio a su padre. Hacía un año. Una vez que Miguel iba a ver a su hermana por ahí se encontró con el padre. Le dijo que iba a ver a Mabel. El le dio su numero de teléfono le dijo llámame cuando vuelvas para saber de Mabel, cuando Miguel volvió lo llamó. El papá había cambiado el número de teléfono de ahí que no se vieron nunca más cuando a Miguel. Le tocaba de jugar a la pelota le decía a María ojalá que mi papa vaya a verme jugar. María iba siempre con el pero el papá no llegaba.

Una noche Miguel se fue a la pieza de María le dijo mami me gustaría ver a mi papi. Hace tanto tiempo que no lo veo le habrá pasado algo. No le dijo María nada le ha pasado ya habríamos sabido. Miguel se puso a llorar mami porque mi papi es así con nosotros. Que culpa tenemos, si fue el que nos falló como padre y como esposo a usted pero eso él nunca lo va a reconocer le dijo María a Miguel. Si pero yo estoy mucho mejor así sola le dijo María no tengo problemas de nada María le dijo si tu quieres ver a tu papi mañana le digo a Javier que lo llame al trabajo, esta bien, al otro día le dijo a Javier llama a tu papá.

Miguel quiere verlo, a los doce Javier lo llamó. Le dijo Miguel quiere verlo. Roberto le dio el numero de teléfono dile que me llame después de las cinco. El teléfono es solo para el, como si Javier no fuera su hijo. Javier le dijo yo no necesito su número de teléfono gracias me siento muy bien así. Cuando llegó Miguel de la escuela María le dijo aquí tienes el numero de teléfono de tu papá que lo llames después de las cinco así lo hizo estuvieron hablando un rato. Después llegó a buscarlo, no hacía ni media hora que habían salido llegó Miguel. María le dijo que te pasó que llegaste tan rápido. Él no contestó, se fue a su pieza a llorar, de ahí nunca mas pidió Miguel hablar con su padre. Quizás que le dijo el padre que a Miguel no le gustó. Es mejor para ellos. Dijo María. Si algún día se vean que sea de casualidad.

Miguel sufrió mucho porque el quería a su padre nunca dijo que había pasado con él, Un día Miguel iba saliendo de la cancha que le había tocado jugar. María andaba con El.

Y llegó el padre con la mujer, le dijo no has tenido tiempo para llamarme, antes que Miguel le contestara. Le dijo yo tampoco, y se fue con la mujer. Miguel no tuvo tiempo ni para contestarle, que el había cambiado el número de teléfono. Yo creo dice que Roberto. no tiene ningún derecho de tratarlo así a su hijo El niño no tiene ninguna culpa fue el que hizo todo separo la familia, solo Él es el culpable de todo lo que pasó, esto es una maldad muy grande que hace Roberto el tratar así a su hijo tanto deseo que tenia de verlo. Miguel no esperaba eso. El quería saludarlo, cuando se fue con María. El iba llorando le dijo a María mami vio a mi papi si lo vi. Pero no te preocupes por el ese está enfermo escuchó lo que me dijo sí pero no te preocupes por él. Para otra ves que te diga algo yo le voy a contestar. Ahora no los dio tiempo iba muy apurado. Pero le dijo María note preocupes, tu sabes cómo es, bueno María no puede trabajar todavía pero anda buscando un trabajo si es que puede. Miguel ya esta por terminar sus clases. Javier esta estudiando y trabajando. Un día llamo Mabel para pedirle los papeles de la camioneta que la quería mandar arreglar.

María le dijo te los voy a mandar pero si es muy caro el arreglo no lo hagas y si puedes venderla como está mejor, o mejor tírala a la basura, otro día la llamó para decirle. Que la había mandado arreglar le dieron plazo para pagar el arreglo. María le dijo cuándo te la den quédate con ella de algo que te sirva. Por cuanto tiempo te dieron garantía. Por seis años mejor todavía déjatela además aquí le dijo María no le va a servir la garantía por ser otra provincia, se quedó con ella María le mando una carta que se la había vendido por 100 dólares para que pudiera sacar los papeles. Bueno María sigue poniendo aplicaciones para trabajo porque se siente muy aburrida, sus hijos la sacan de vez en cuando al teatro o a comer. Ella dice pues bien de ahora para delante ya no me voy a sentir tan aburrida como me puse a escribir con eso me entretengo Y me olvidó de los problemas, y me hace mucho bien, además me gusta porque me trabaja la cabeza pensando. Trabajo mucho con la cabeza pensando que más le pongo. Cuando me pongo a escribir me olvido de todo, hasta del tiempo de la hora no me acuerdo de nada.

Solo pienso en lo que voy a escribir. Un vez Mabel fue a ver a su familia en la noche cuando se fueron acostar le dijo a María que le pusiera crema en la espalda. Porque le picaba mucho, tenía unas ronchas grandes. María Le dijo que te habrá hecho mal, porque tienes todo el cuerpo rasguñado, y con ronchas, le dijo que comiste que te hizo mal y estos rasguños que tienes como te los hiciste. Mabel por dios lo tienes en todo el cuerpo. Que te paso dime. Mabel le dijo una vez fuimos andar por las rocas a la orilla del mar con mi novio y el novio de mi amiga y yo.

Los cuatro nos subimos a unas rocas a mirar el mar. Con mi amiga Vimos una parte muy bonita abajo hermosa, le dije a mi amiga, bajemos allá abajo a meter los pies en el agua que se ve tan linda y tranquila. Mi novio no quería que bajáramos. Pero lo hicimos. El agua era de color verde claro muy bonita. No se movía para nada, los amigos nos decían mejor suban puede ser peligroso, nosotros seguíamos ahí. En eso vino una ola tan grande y nos tiro a las dos dentro del mar, nadie de los que estaban arriba. Vio la ola que venía hacía nosotros.

Para que nos hubieran avisado, fue tan de repente y grande que ellos nos vieron nada solo cuando estábamos dentro del mar, luchando para poder salir, el mar se bajó y nos llevaba a dentro. Después nos traía afuera y nos daba contra las rocas, a mi amiga con el primer golpe que le dio la aturdió, yo la veía suelta con los brazos arriba tenía tanto miedo que se fuera a hundir, las olas le daba contras las rocas. Y yo no podía acercarme a ella, porque estábamos separada, cuando me acercaba a las rocas trataba de tomarme de ellas. Pero eran como dos brazos que me tomaban y me llevaban adentro, me quebré todas las uñas tratando de agarrarme para salvarme y salvar a mi amiga antes que se fuera a hundir, no hubo caso no pude agarrarme, los que andaban con nosotros bajaron corriendo. Y otras personas se tiraron al suelo. Tratando de hacer una cadena humana para que ellos nos tomaran. Cuando las olas nos traían afuera pero estábamos muy abajo, no alcanzabas a tomarnos, mi novio se iba a tirar. Con otros que estaban ahí, pero la gente no los dejó les dijeron ustedes van a correr el mismo peligro. Se empezaron a colgar tomados de los pies. Mi novio me gritaba Mabel tu puedes si tú puedes ellos habían bajado adonde nosotras estábamos sentada, y no nos alcanzaban. Yo le sentía los gritos mas luchaba por salvarme y le decía al mar tu no me la vas a ganar, pero yo ya no podía más estaba muy cansada, así hasta que uno de ellos me tomó y me sacó, después tomaron a mi amiga cuando la trajo la ola a la orilla y la sacaron también. Pero ella venía muy mal, y sin ropa porque el agua se la había sacado. No andábamos con traje de baño andábamos con ropa de calle no íbamos a eso, bueno Y a mí me la hizo pedazo la ropa igual como me hizo pedazo mis uñas, y todo mi cuerpo hasta debajo de los pies teníamos rasguñado, donde nos pegaba con las rocas, la gente que se había juntado nos envolvió en frazadas. Y nos daban café. Caliente, pero mi amiga no podía tomar café tenia la boca serrada. Llamaron la ambulancia, nos llevaron a emergencia esto fue algo terrible, yo no pensaba que íbamos a salir de ahí, Y estábamos muy abajo. María ya estaba llorando escuchando lo que Mabel le contaba y pensando. Esto habría sido Lo último que nos hubiera pasado gracias a Dios salió todo bien. Después de todos los problemas que hemos tenido, en eso llegó. La ambulancia, dijo Mabel se demoró no se cuanto tiempo. Porque se demoraron tanto. Les decía la gente, nosotros teníamos mucho dolor, nos llevaron al hospital, ellos dijeron que andaban dejando a otras personas. Que les había pasado. Lo mismo que a ustedes en ese lugar. María le decía no tienen un aviso para que la gente no se metan ahí que es peligroso, si dijo ella pero el lugar es tan bonito llama para que uno se valla a sentar ahí, el agua se ve tan linda y se ven hasta las rocas abajo y tranquila. Nosotras movíamos los pies tranquilamente conversando, cuando íbamos a pensar que nos iba a pasar eso a nosotras si el agua se veía tranquila, en el hospital con pinzas nos sacaban. Los pedazos de conchas que traíamos incrustados en el cuerpo y en los pies. Ni las plantas de los pies se salvaron hecho pedazo estábamos, nos curaron y nos mandaron a la casa. Estuvimos dos semanas que no nos podíamos ni movernos. Ni tampoco caminar, mi novio nos cuidó a las dos. María lloraba le decía porque no nos llamaste. Para que mami solo para preocuparla. Menos mal que no les pasó algo más grave, te imaginas. Eso si que habría sido terrible para nosotros, gracias a Dios que quedaron bien. María le decía por eso es que yo le tengo tanto miedo al mar, yo te conté lo que me pasó a mi cuando niña verdad el mar es muy traicionero. Fíjate que nadie vio la ola que iba hacia ustedes. Habiendo tanta gente arriba. Para que les hubieran avisado, y también bajarse para que nadie las alcanzara a tomar, yo cuando niña me senté en una roca que estaba a la orilla de la playa cruce los brazos en mis rodillas, y me puse a mirar el mar y la puesta del sol Tan hermosa que había en ese momento. Cuando me iba a bajar me di cuenta que el mar había subido, nadie de la familia me dijo nada Yo había quedado en medio del agua, no podía bajarme de la roca el agua estaba muy alta casi me topaba nosotros nunca aviamos visto el mar éramos del campo andábamos paseando allá vivíamos hacia la cordillera. Me use a gritar como loca a la familia ellos muertos muerto de la risa, un tío mío se tiró nadando me puso a sus espaldas y me sacó. Ellos se reían tanto de mí. Pero a mi no me hacía ninguna Gracia, que ellos se rieran, yo no conocía el mar era la primera vez que estaba a su lado. Nosotros. Vivíamos cerca de la cordillera todo lo contrario, ellos sabían que el mar subía pero no me dijeron, por eso se reían por los gritos que yo daba se dieron cuenta que yo estaba asustada, como me iba a tirar si no se nadar de ahí que yo le tome un miedo al mar y mucho respeto porque es traicionero. María le decía a Mabel. No lo hagas nunca más por favor de ir a meterte a ese lugar, oh no mi novio dijo que no íbamos a ir nunca más a ese lugar. María seguía conversando y poniéndole mentolado en las ronchas y picaduras y rasguño que tenía en todo el cuerpo. Bueno. Así paso eso, un día Javier le dice a María mami sabe ahí un baile. No le gustaría ir con nosotros. Si van ustedes porque no, va mi novia Miguel y yo, esta bien le dijo ella vamos, estuvo bien bonito María conversó con personas. Que hacían mucho que no se veían. En eso llegó un amigo de ellos a sacarla a bailar El decía de veras que esta divorciada, si le dijo María, porque dijo ella, cuanto lo ciento dijo el amigo ustedes se veían una pareja muy bonita y sus hijos son muy lindo y buenos también Todos los quieren y los respetan, gracias dijo ella, si dijo María cuando Hay algo que anda mal y no trabaja para que hacerse más problemas arto aguante además todos sabían menos yo lo que él hacía nadie me dijo nada. No cree usted si pero uno no se puede meter si le entiendo. Tiene razón, terminó de bailar le dijo a sus hijos veámonos que ya era tarde. No quería que la sacaran a bailar de nuevo, los hijos le dijeron que le paso que quiere irse ya. Nada solo quiero irme se fueron, pasaron los días. Un día sonó el teléfono María levantó era el amigo ese que la llamaba para invitarla a tomarse un café. María le dijo que no podía, tenía que hacer algo para otra vez será. Si dijo el María les contó a sus hijos lo que le había pasado con el amigo ese y que ahora la había invitado a tomarse un café, ellos le dijeron y que le dijo usted. Que no podía ir, y porque le dijeron ello y se reían, María les dijo porque se ríen. Ustedes. No de nada dijeron, y porque le dijo que no porque no necesito invitaciones de nadie. Tampoco voy andar con nadie. Que habrá pensado El, no me importa lo que hubiera pensado, no me gusta la gente atrevida, María estaba tan enojada porque uno conversa con ellos ya es para que inviten, no a mí no me gusta la gente así, porque no converso con el tal vez le agradaba, si ya lo conocemos De mucho tiempo. Y no me gusta, no es que yo sea pesada les decía Ella pero no quiero hacerme problemas otra vez, quiero estar sola y tranquila, ellos le dijeron. Si algún día. Se le presenta alguna persona que sea de su agrado. No se haga ningún problema por nosotros. Usted tiene. Todo el derecho de vivir su vida le deseamos que sea muy feliz, se lo merece a sido buena madre y fue buena esposa. María se sintió un poco triste ella no quería eso para sus hijos que quedaran solos, por otro lado se sintió bien. Porque sus hijos no se iban a enojar si algún día encontraba alguna persona, les dio las gracias. Un día llamo Mabel Javier contestó estuvieron hablando después Javier le dijo sabes a mi mami le salió una cita. Mabel se reía pidió hablar con ella, Mabel se alegró también. Le dijo lo mismo que le dijeron sus hijos. Que ella seria muy feliz si encontraba a alguien para que no estuviera sola y tuviera con quien salir un amigo de confianza.

Lo voy a pensar le dijo ella, a veces María se siente sola no tiene con quien salir siempre anda sola, no escucha música porque le trae recuerdo no le gusta mucho la televisión. Ahora se siente mejor se entretiene escribiendo. Y espera que algún día se pudieran publicar sus libros. Que son varios los que tiene escrito. Un día Javier conoció una chica Ella era conocida de la familia salían para todos lados. Todo marchaban muy bien, pero un día Ella se dio cuenta que podía. Manejar a Javier como quería, Javier es muy buen chico muy respetuoso y tranquilo por eso ella lo agarro por ese lado, trabajaba Desde las tres de la tarde hasta la una de la mañana primer turno al otro día a Ella se le ocurría de salir afuera de la ciudad, después El llegaba corriendo a cambiarse ropa irse al trabajo, siempre llegaba atrasado, El decía que tenía que llevar a María al doctor, pero eso eran mentiras, un día esta chica llego a la casa de María le dijo cuando yo me case mi marido me tiene que hacer todas las cosas porque yo trabajo. María le dijo pero si tu marido trabaja como lo vas hacer, y además si no sabe hacer las cosas como te las vas arreglar. Dijo Ella yo le enseño, entonces tu no quieres a un marido quieres un empleado para todo servicio verdad y gratis. Así vas mal porque no lo vas a encontrar en ninguna parte, un día Miguel se iba a la escuela en la mañana.

Cuando venía llegando Javier se fue acostar. María lo dejó que durmiera un rato para después despertarlo y hablar con él. Javier nunca había hecho eso antes llegar a esa hora.

María le encontró que eso era una falta de respeto hacia Ella y un mal ejemplo para su hermano menor, cuando Javier. Se levantó María habló con El, le dijo esa chica te está llevando muy mal me estas faltándome el respeto a mi y dándole mal ejemplo a tu hermano. Mira la hora que vienes llegando no te has dado cuenta. Esa chica, mira solo por ella tu no importa, Ella no trabaja pero tu si hasta la una de la mañana y después tienes que salir con Ella y llegar a esta hora, a mi no me importa que andes con Ella o con cualquiera otra pero se tienen que ponerse de acuerdo para salir y de acuerdo con las horas de trabajo. Cual es el cariño que siente por ti, solo tu estas para su servicio, además le gusta ir a comer a lugares caros y tu trabajo no te da para eso verdad. Te voy a decir algo, no te dejes mandar por Ella por ese lado estas mal tiene que ser en común acuerdo. Esta está abusando de ti eso no está bien si no le gusta. Pues bien todo se termina están recién empezando, tú tienes toda tu vida. Por delante algún día te puede llegar una chica que sea comprensiva contigo y de común acuerdo, y veras que todo va andar muy bien, en el verano. Javier tomo sus vacaciones y se fue de viaje, esta chica se enojó mucho le dijo que era un irresponsable que dejaba a su madre y hermano solos. Javier le dijo a María, Ella le dijo

Anda nomás no te preocupes por esa. Yo te dije que
no te dejaras mandar por ella Nada nos va a pasar a
nosotros además son tus vacaciones aprovéchalas para
eso trabajas todo el año. Javier se fue a la Argentina
a ver a su tía Mercedes, después se iba a Chile. Un
día esta chica llego a casa de María, le dijo sus hijos
son unos irresponsables, porque le dijo Ella. Javier
se fue la dejó sola con Miguel y Mabel también
se fue. Y a ti que te importa la vida de nosotros,
y además quien eres tu para que vengas a decirme
que tengo que hacer yo con mis hijos en mi casa,
cuida tu familia no eres nada de nosotros el que me
mandaba así ya lo saque de mi lado. Y si tú no puedes
salir de tu casa ese es tu problema. Yo no se que
buscas mandarme a mi también, conmigo no puedes
y tampoco lo vas hacer con Javier olvídate de el no
quiero verte. Metida aquí nunca más. Miguel no
la podía ver. Cuando llegó Javier de sus vacaciones
la llamó no quiso ir a saludarlo. María le dijo. No
seas tonto no la llames y olvídate de Ella María le
contó lo que había pasado. Y ese romance se terminó
María estaba contenta. Bueno se acuerdan del auto
que Mabel le pasó a María aquella vez. Que fue a
verla. Le servía muchísimo ya hacía un año que lo
tenía. Miguel había terminado sus clases y decidió
de irse con Mabel para seguir estudiando allá. Un
día se fue a despedir de sus amigos a la escuela y
trajo uno para irlo a dejarlo a su casa. Antes de llegar
en una esquina venía un auto y no paró y le dio a
Miguel medio a medio. Lo tiró, a la otra esquina.

Miguel tenía la pasada porque iba en calle principal. Le pegó tan fuerte que lo dobló por la mitad, en la esquina había un auto parado dándole la pasada a Miguel, tenía dos niños chicos atrás, contra el chocó Miguel, era un auto nuevo, gracias que no les pasó nada a los chicos. Solo lloraban del susto, el auto de María no tuvo arreglo. María estaba esperando el auto porque tenía que salir, en eso sonó el teléfono. Era Miguel estaba llorando María se asustó mucho que te pasa le dijo, mami me pegaron con un auto y no dejaba de llorar. María le dijo Miguel tranquilo háblame donde estas. Aquí en la esquina y le dio la dirección, Ella le dijo ya voy para allá, llamó a una amiga para que la llevara, no podían creer cuando vieron el auto. Doblado por la mitad. María pensó lo peor. al ver el auto, la policía tenían a Miguel sentado en el suelo, con unas bolsas con hilo en la cabeza y en una pierna, el le decía mami no fue culpa mía fue El que no paró, por donde saliste tu del auto le dijo María porque de ver el auto como quedo, no se por donde salí, porque yo pensaba que la persona que me pegó se iba arrancar. Me baje rápido, era un muchacho más joven que Miguel. La policía arregló todo. Agarro al muchacho le pidió los documentos el niño le había sacado el auto a su padre no tenía ningún documento la policía lo llevo a su casa hablar con el padre y arreglar la cosa del auto mas adelante le devolvieron el dinero a Mabel y tuvieron que pagar el daño del auto que Miguel le avía pegado. Le salió caro al padre del niño Miguel no pudo irse porque tenia que ir a muchas preguntas que le hacían María quedó sin auto. Le iba ser mucha falta, el auto quedo inservible. Le servia a los dos. Ahora el problema que tenían era, como se lo iban a decir a Mabel, María le dijo a Javier que hablara con Ella. Mabel dijo no importa el auto yo quiero saber como quedo Miguel, el quedó bien le dijo Javier un poco asustado, pero bien, el auto se puede recuperar trabajando dijo Mabel. Pero menos mal. Que Miguel quedó Bien es lo principal, Miguel quedo mal y tuvo mucho tiempo que no podía dormir decía que veía el auto que se le venía encima despertaba llorando, lo mandaron a terapia unos días, gracias a Dios que no fue grave para El. El chico que había ido a dejar no le paso nada solo el susto.

Bueno, con el tiempo Javier conoció a otra chica. Ella es Canadiense le salió muy buena chica cariñosa con el y se llevan muy bien los dos trabajaba juntos. Un día Javier le dijo a María mami usted tenía razón que me iba a llegar una chica comprensiva muy buena Ella es así, que bueno le dijo María, lo principal que se quieran mucho. Y se respeten, María la quiere mucho con el tiempo se casaron. La familia de la chica también quiere mucho a Javier. Él es una persona muy dulce muy cariñosa y muy respetuosa y sensible. Con toda la gente. María es muy feliz con sus hijos, todos son iguales cariñosos y respetuosos. Bueno María está muy agradecida de Canadá desde el momento que entraron a Canadá le han abierto los brazos en todo. Sobre todo a María ella ha pasado muy enferma pero ahí está el gobierno ayudándola tanto a ella como a sus hijos, gracias Canadá por haberlos recibido tan bien de nada les falta gracias a Dios. Bueno María. De tanto poner aplicaciones para trabajo en aseo por las tardes limpiando oficinas le salió uno, era lo único que podía hacer por el idioma que no lo habla bien. Pero está feliz María sabia coser muy bonito.

Pero no pudo ejercer su trabajo no sabe los nombres de las cosas. con el trabajo de aseo que tiene se sentía muy bien no era tan pesado, se olvidaba de sus problemas solo era en las tardes. Y sobre todo cuando era día de pago se sentía mucho mejor más feliz. No era tanto lo que ganaba pero le gustaba.

Y salía todos los días de la casa, ahora dice ella puedo salir a comprar algo tranquila oh ir a la piscina que le gusta.

Esta feliz con su trabajo. Roberto había sabido que María estaba trabajando puso un abogado para quitarle la ayuda que le daba para ella y Miguel. No era mucho lo que daba lo demás se lo daba el gobierno, a María tenía que ir hablar con el abogado de Roberto. Primero fue hablar con su abogado él le dijo no firme ningún papel. Si hay que firmar algo que me lo mande a mí. Después fue a la cita, pero El no pudo quitarle la ayuda porque María ganaba muy poco lo hacía mas por salir de la casa. María Estaba enferma no podía hacer muchas horas, un año casi aguantó trabajando después ya no pudo seguir. Se empezó a sentirse más enferma Ella de primera.

No le hacía caso porque quería trabajar, se tomaba los remedios. Que le daba su doctora y seguía trabajando. Se sentía cansada le dolían las piernas los brazos la espalda en la mañana le amanecían las manos dormidas e hinchadas sus pies no podía pisar del dolor. Sobre todo cuando están los días malos. Ella se siente peor pero dice que no va a dejar que el dolor la domine. Ella tiene que caminar porque. Así se siente un poco mejor, no mucho ni muy rápido pero lo hace, un día se fue a ver a su doctora otra vez Ella la mandó a una especialista. Para esos dolores que se le habían puesto tan fuertes, fue con Javier por el idioma, la especialista le dijo a Javier lo que le dio a tu mami es una enfermedad incurable. Eso viene de muchos problemas divorcio accidente de auto o muerte de un ser querido, en fin de muchas cosas. Justo todo lo que le ha pasado a Ella es un agotamiento a los nervios. Y a los músculos, la mandó a terapia y con remedios esa enfermedad se llama fibromialgia pero hace mucho tiempo que se la encontraron. También tiene vértigo eso es peor, María tuvo que dejar de trabajar, Ella estaba muy contenta Porque tenía su dinerito no era mucho pero le servía. Cada quince días le pagaban ya no podía limpiar bien le dolían sus manos, la baquio se le caía de las manos esta enfermedad no tiene remedio. Solo que la mantienen con medicinas. Mucho relax le dijeron y distracción, eso fue muy triste para Ella. Siempre se sintió activa, pero no se iba a echar morir como dicen algunas persona. María es muy inteligente.

Como se habrán dado cuenta al leer el libro de todas las cosas que sabe hacer, ahora acostumbrarse a vivir con su enfermedad. Ella dice no quedarse ahí sentada. Hay que seguir adelante, nadie muere de esta enfermedad, María hace unos ejercicio muy suave que le dio su doctora, dice Ella tengo que seguir, por eso empezó a escribir su libro se ha demorado pero tengo que terminarlo, y lo que mas quiere es publicarlo. María dice para otra persona que tienen esta enfermedad. No se dejen, todo tiene solución. Hagan ejercicio salgan a caminar. Que hagan todo lo que puedan pero no esforzarse que no les duela si les duele déjenlo y descansen. Si tienen un animalito mucho mejor. Eso la relaja. María tiene gatitos ellos le han ayudado mucho, también sus plantas.

Tiene muchas les pone música porque a ellas les gusta, les limpia sus hojitas con leche porque la leche les da vitamina y les habla. Una vez le llegaron. Unas visitas llevaban guitarra y acordeón.

María también tiene su guitarra. Empezaron a tocar después de la cena estaban tan entretenidos que de repente se dieron cuenta de las plantas. Se estaban moviendo al compás de la música, la amiga le dijo mira las plantas están bailando nunca habían visto eso decían Ellas. Todos las miraron María se paró y les fue hacer un cariño y les decía yo se que a ustedes les gusta la Música, yo les voy a poner todos los días música para que me bailen, pensaran ustedes los lectores que María con su enfermedad esta enferma de la cabeza, pero no, Ella esta muy bien y de las plantas es verdad, Ella dice que ahí muchas cosas fáciles que hacer en casa para no aburrirse.

María sabe que sus dolores son pendientes. Pero no les hace mucho caso, si uno se preocupa de sus dolores se pone idiota y deprimida por eso ahí que trabajar en algo. Cuando María empezó a escribir. Le dolían mucho sus manos, se compró una maquina de escribir para ayudarse mejor.

Pero su Hijo Javier y su esposa le compraron su primera computadora, Ella nunca ha tenido un estudio de computación pero trata para que le salga bien. Sus hijos le han enseñado, su hija Mabel se ha sentado horas en su computadora enseñándole. María en la suya y le da Instrucciones por teléfono.

Su hijo viene a verla también se sienta con Ella a enseñarle. Como se trabaja con una computadora y se la programo en español, la computadora le corrige. Porque María tiene muchas falta de ortografía. Eso es lo que mas le gusta, que la computadora le corrige, también aprendió a pintar lo que escribe y lo saca, pero ponerlo en disco todavía no sabe. Pero tengo que aprender dice Ella, la primera vez que María entró a trabajar después que le encontraron la enfermedad sus hijos se alegraron mucho, no porque su madre iba a trabajar, ellos sabían que no lo podía hacer.

Fue porque así Ella iba a salir de la casa. Porque se lo pasaba encerrada. El primer día de trabajo. Cuando llegó a la casa en la noche, tenía un lindo ramo de rosas rojas en la mesa y una tarjeta que decía, felicidades en su primer día de trabajo.

Estamos muy orgullosos de usted. Sus hijos que la quieren mucho. Mabel Javier y Miguel. María se sintió feliz con su regalo. Bueno una vez María se levantó muy temprano se baño y se fue hacer su desayuno porque tenía que salir, en eso María puso todo en la mesa y se sentó a. Tomar su desayuno, de repente. Sintió un golpe muy fuerte en su cabeza, un golpe tan fuerte como si alguien le hubiera dado un palo. María se tomó de la silla porque se estaba sintiendo muy mal, se paro para llamar por teléfono. a una amiga que vive en el mismo Edificio, pero no veía los números, se callo encima de la cama al rato quiso llamar de nuevo asta que pudo marcar el numero, su amiga le dijo que le pasa Sra María, estoy muy mal venga a verme por favor, llego la amiga María estaba tirada encima de la cama, Ella le tomo la presión la tenía muy alta. La acostó bien y le saco toda la ropa. Y la envolvió en toallas mojadas, pero María seguía peor su amiga la llevo a la clínica el doctor la ensamino y no le encontró nada. María iba vomitando pero no le encontró nada Le dio unas medicinas y la mando a la casa, María en casa siguió peor le vinieron muchos vómitos y perdió el conocimiento, su amiga llamo la ambulancia. Y se la llevaron a emergencia, allá la tuvieron todo el día. Haciéndole examen y tampoco le encontraron nada, María seguía vomitando pero no tenia nada en el estómago.

No hallaban que hacer los doctores con María más tarde la mandaron a la casa, se había recuperado un poco la memoria pero estaba muy mal, a cada rato le venían los vómitos pero no vomitaba nada puras flemas. Tenían que estarla cuidando, fue algo muy terrible lo que le paso, tres veces tuvieron que llamar la ambulancia, María seguía mal, los días seguían pasando y María no se recuperaba, cerca de las dos semanas se empezó a recuperar pero muy lentamente, tenían que levantarla y llevarla al baño Cuidarla y llevarla de vuelta a la cama, porque no podía caminar. Fue algo muy raro lo que le paso Y todo le daba vuelta tenía que pasar con los ojos serrados. No podía mover las piernas no tenía fuerza para nada. Al final no supieron que fue lo que le paso, la doctora le dijo que posible mente podía ser infección de oído.

Pero para recuperarse le costó casi seis meces. Y todavía no estaba muy bien pierde el equilibrio. Así siguió cuidándose, no puede salir, para hacer sus cosas tenia que afirmarse en el mueble de la cocina, para no caerse. Porque los mareos no se le pasaban.

No se podía agachar. No mirar hacia arriba. Porque se mareaba si daba vuelta la cabeza rápido también se mareaba, al final de los ocho meces de tantos examen que le hicieron la doctora le dijo que había sido el oído medio que se le había inflamado, pero fue algo terrible para Ella. Y muy lento la recuperación, la doctora le dijo que posible mente se había resfriado y de eso le vino, fue una enfermedad muy terrible y muy rara que le dio a María. Bueno ahora sigue la última parte de esta historia, que es tan común en las personas y en los matrimonio no les importa la vida de los demás se divorcian cada uno para su lado los hijos son los que más sufren en todo esto porque mucho no entienden que está pasando con sus padres ellos no hayan a cual seguir cuando llega el día de divorcio el abogado se encarga de decirles a los niños usted se va con su madre o padres pobrecitos haya van sin entender nada.

Bueno hacían quince años que estaban divorciados. María con Roberto gracias a Dios sus hijos ya estaban grandes pero también sufre ellos, muy pocas veces se veían. Roberto tenía un lugar en un mall donde siempre se iba a sentar y a comer algo. María nunca andaba por esos lados porque sabía que Él se iba ahí.

Y no quería encontrarse con el. Un día a María la habían invitado a una comida, se fue al mall andaba buscando algo para regalar, y fue a ese mall, pero iba muy preocupada posiblemente se encontraría con Roberto empezó a caminar al llegar al lugar donde se come vio una persona sentada en una mesa muy parecido a Roberto, al llegar cerca de la persona. Lo miro de nuevo si era Roberto. Estaba tan irreconocible flaco, pálido, y su pelo blanco en cana, por eso a la primera mirada María no lo conoció. Roberto la miro al pasar pero agacho la cabeza. No le hablo, Ella no fue a comprar nada se devolvió no siguió su camino se sintió muy mal al verlo como estaba al llegar a la casa María le contó a sus hijos ellos le dijeron si así esta, dijo ella porque esta así, ha estado muy enfermo le dijeron ellos.

Pero que es lo que tiene no se mami le contesto Javier, por que Javier era el único que se comunicaba con El.

Pero Roberto no le decía exactamente que era lo que tenia, bueno pasaron unos días dos o tres semanas. Más o menos de cuando María lo vio.

Cuando el hijo de María Javier la llamo para decirle que su papá estaba en el hospital, otra vez le dijo Ella si no hace mucho que estuvo en el hospital, si pero ahora se sentía mal y se fue solo llamando un taxi la polola que tiene me llamo al trabajo para decirme que mi papá estaba en el hospital muy mal que lo fuera a ver, bueno yo fui a verlo, y también para traducirle, llegue le pregunte como estaba me contesto mas o menos, que le paso, le pregunte que sentía un dolor al corazón llame un taxi y me vine al hospital. Javier hablo con el doctor que lo estaba atendiendo le pregunte como estaba mi papá, el doctor me dijo que mi papi estaba muy mal, que tal vez ya no saldría del hospital. Tan mal esta le dijo María, se le vinieron muchas enfermedades enzima porque no se cuidó bien. Y no se tomaba los remedio que le daba el doctor incluyendo el Lupo, cuando mi papá se fue al hospital estuvo unos días medio trastornado porque hablaba cosas raras el Lupo se le había ido al celebro. Me decía que esas personas de blanco lo querían matar. Yo le decía. No papi ellos son doctores que lo están cuidando para que se

mejore luego y salga de aquí. Y se mejore y se valla
a su casa. Él me decía que no, que no eran doctores
que lo querían matar, bueno pasaron unos días se
recupero un poco, ya no hablaba tantas cosas de los
doctores. Pero como ya estaba aburrido de tantas
inyecciones y remedios y exámenes de sangre, un
día que llego la enfermera a darle los remedios el le
mordió un brazo, la enfermera se asusto mucho llamo
al doctor. la mandaron hacerse los exámenes, gracias
a Dios no le paso nada porque El no tenia nada
infeccioso, que se le pegara, en ese entonces ya se
daba cuenta que el estaba en el Hospital, gracias que
se le paso la malura que tenía a la cabeza, los doctores
le decían a Javier lo que le paso a tu papa fue por los
remedios que le daban. Muy fuerte eran para cada
enfermedad. Que se le habían declarado el Lapo. Le
ataco los riñones, la sangre, los pulmones, infección
a la orina, y muchas mas por estar mal cuidado y
mal alimentado, habría tenido un poco de alivio
si se hubiera cuidado a tiempo. El Lupo no tiene
remedio pero lo pueden mantener él no se habría
agravado tanto si de un principio se hubiera tomado
los remedios que le dio el docto pero no lo hizo.
Había días que hasta seis a ocho doctores había a la
orilla de la cama. Para diferentes enfermedades que se
le declararon. Bueno Roberto seguía en el Hospital.
María muy preocupada por El pasaba llamando a su
hijo para saber de Roberto, Ella le decía a su hijo.
Dile a tu papa si puedo ir a verlo por qué ella no iba
tenia miedo. Javier hablaba con su papá que su mamá

quería ir a verlo. Roberto le decía que no. María iba
todos los días al Hospital se quedaba en la sala de
espera. Cuando sus hijos llevaban los niños María
se los cuidaba para que Ellos estuvieran tranquilos
cuidando a su padre, pero ahí estaba Ella, Roberto
a beses se portaba mal. Con sus hijos los retaba los
trataba muy mal. Mabel llego también para estar con
él, pero salía llorando de la sala. María le decía que te
paso mi papi me reto María le decía no le agás caso
no te amargues él está enfermo, si pero yo hice un
viaje largo para venir a verlo, sacrificar a la niña ella
esta chica todavía echa mucho de menos a su papá.
Y más dejar a mi esposo solo. Y mi casa. Por dos
semanas, y para que, para esto que me rete. María le
decía tu papi siempre ha sido así, ahora él no está en
sus cabales. No le hagas caso, está enojado conmigo
decía Mabel porque quiere que le traiga la ropa se
quiere ir del Hospital. Yo le digo cuando se mejore
se la voy a traer. Para que se vaya, pero el la quiere
ahora por eso se enoja con migo y me reta igual lo
hace con Javier y Miguel los reta Javier se aguanta
de todo lo que le dice pero Miguel tiene otro genio
se va afuera, para no contestarle, así pasaban los días
para esa familia Roberto seguía cada día más grabe.
Ya paso un mes y medio y Roberto mas grabe, una
semana antes que terminara el segundo mes que
Roberto estaba en el Hospital. Le dijo a Javier que
le dijera a María que lo fuera a ver, Javier le dijo a el
esta seguro papi que quiere que mi mami lo venga
a verlo.

Si dijo quiero verla. No la va a retar no. No, bueno ese día María no había ido al Hospital sus hijos no habían llevado los niños.

Javier la llamo en la tarde, le dijo mami mi papi quiere verla. Qué, el quiere que lo valla a ver, estas seguro que te dijo eso. Si él me dijo. Que usted fuera a verlo, esta bien iré a verlo, vaya tranquila nomás dijo su hijo por que el me dijo que fuera.

Yo le pregunte si la va a retar no solo quiero verla dijo, pero las horas pasaban y María no iba el ya no hablaba bien, a las ocho de la noche llamo Javier contesto María. Javier le dijo mami todavía está ahí. Javier se había ido a su casa para cambiarse ropa volvería al otro día en la mañana, no ha ido a ver a mi papi, tengo miedo de ir, porque bueno porque tal vez Roberto cambie de idea y se enoje con migo le puede dar un ataque de rabia y morir y después yo quedaría peor, no mami no le va a pasar nada él quiere verla vaya pronto, voy a esperar a Miguel que llegue y así voy con él. Mami Miguel esta en el hospital me acaba de llamar así que váyase luego, bueno María quiso que no quiso. Salió al hospital. Pero iba muy nerviosa llego a la puerta de la sala de Roberto ahí se quedó parada Miguel ya se avía ido Roberto la miro la conoció. Le sonrió y le hizo con la cabeza que entrara. Pero ya no hablaba apena le entendía María lo que le decía, porque no venias, no quería. Que te enojaras conmigo. No porque me iba a enojar le dijo él. María le toco una mano le pregunto cómo estaba bien dijo el ya no movía nada de su cuerpo y tu yo bien le dijo María que bueno que viniste le decía El pero le costaba mucho para hablar Bueno le dijo María yo venía todos los días me quedaba en la sala de espera. Para que Javier Mabel o Miguel me dijeran algo de ti como seguías, si pero yo no quería que entraras A verme, y porque no bueno por que no estaba preparado para verte, y no quería que me vieras así, así como le decía María ahora estas enfermo, y tienes que estar así después Roberto le dijo yo te vi, si le dijo María. Yo también te vi. Por qué no me hablaste dijo él. No pensé que me ibas a escuchar, sino me hablaste como ibas a saber, en esto entro Aurelia. Se saludaron de un lado de la cama al otro eso fue todo como diez y siete años que no se veían, Aurelia salió afuera .ella era la media hermana menor de Roberto y un hijo de ella, afuera se encontró con la polola de Roberto y se fueron a tomarse un café, María quedo sola con Roberto él le decía te quiero. Mucho decía cuando me mejore vamos a salir a caminar por que tenemos mucho que hablar, si tenemos mucho que habla. Roberto le decía te voy a llevar a tomar un café pero él ya hablaba muy poco y no se le entendía para que conversemos, está bien. pero quien va a pagar ese café, le dijo María lo hacía para que Él se riera. Yo lo voy a pagar decía el que bueno. Pero tienes que poner mucho de tu parte para que te mejores luego y salgas del Hospital, María savia que Roberto estaba mal que no iba a salir de ahí, él le decía ayúdame tu ayúdame yo no quiero morir. Wau dijo María esto sí que no me lo esperaba después le dijo, quien. Te dijo que te vas a morir yo digo nomás. Tú no te vas a morir tienes que mejorarte, tenemos que ir a tomar café acuérdate.

Bueno estos viaje de María al Hospital. Eran de todos los días, y muchas veces se quedaba en la noche para que El durmiera un rato porque no dormía, y así se podía dormir. Él no quería que María se fuera. Al otro día llegaron alguna persona a verlo María les pedía por favor que se quedaran un rato con El . Ella se iba a dormir, a veces llegaba la que era su polola se quedaba con El porque ella también trabajaba, la polola por un lado de la cama y la ex esposa. Por el otro lado, a María no le importaba eso por que ella avía ido por el que la había mandado a buscar muy bonito el cuadro verdad feliz se Sentía Roberto con dos mujeres al lado de él, se estaba muriendo y con dos mujeres a su lado. Cuando mando a buscar a María El podía haberle dicho a su polola que no fuera a verlo, por que iba a estar María ahí y sus hijos pero no lo hizo. Bueno un día conversando María con Roberto ella no le entendía mucho. Él siempre le estaba diciendo que la quería, por delante de su novia. Ella le dijo no hables eso viejo loco, porque así lo trataba antes. Cuando estaban en la buena en casa, la polola le dijo a María a Él no le gusta que le digan viejo, así, le dijo María, tal vez a usted. No le acepta que le diga viejo pero a mí sí. En una de esas conversaciones la polola le dijo a María. Que

Aurelia. La media hermana de Roberto. Le había dicho que hace esa aquí por usted. que le contesto usted dijo María yo le dije Roberto la mando a buscar no vino por si sola, y también me dijo que Roberto tan grave que esta deberían de descansar. Y yo así podría irme a mi casa tengo la familia sola y mi esposo,. Ellos viven. En otra provincia muy lejos de donde María, ella trabaja estaba perdiendo mucho dinero tal vez, por estar mirando a su medio hermano, otro día estaban en la sala de Roberto la, polola, Aurelia María y otras personas más Aurelia dijo sería mejor que le saquen todas las mangueras para que descanse, otra vez lo dijo. Por qué está sufriendo mucho. Todos la miraron María le dijo a Aurelia ¿tu sabes lo que estás diciendo? Si le sacan las mangueras para que descanse es matarlo verdad, eso es lo que tu quieres que se muera tu hermano. Para poderte ir a tu casa, por que no te vas de una buena vez si estas tan apurada Y perdiendo mucho dinero verdad, si Roberto tenía muchas mangueras. Puestas asta para darle la comida se la tenia por la nariz, pero nadie tenía el derecho De decir. Que le sacaran las mangueras. Solamente sus hijos pero ellos no lo Iván hacer, además María no iba a dejar que lo hicieran. Él ya estaba mal que más daba esperar unos días más Pero María le contesto, no hasta que se valla solo si es así no. Yo no quiero eso contesto Aurelia de donde sacaste eso. Tú lo acabas de decir todos escuchamos y de que otra manera quieres que descanse solo sacándole las mangueras dijo María y la mujer se fue afuera parece que se le olvido que María estaba ahí, o si no, no habría hablado estupidez, pero ya la polola se lo había dicho a María También, menos mal que Roberto estaba durmiendo en ese momento, Roberto cada día se agravaba más. Después ya no podía hablar, habría solo los ojos pero trataba de decirle algo a María. Pero no podía Se desesperaba por que no le salía la voz.

María le decía no te desespere en hablar. Ya vas a poder, ahora no entiendo lo que me dices, él se enojaba porque no podía hablar y movía la cabeza de enojado era lo único que movía muy poco. No movía la mano ni los pies, María le decía habla fuerte para entenderte. El agarraba fuerza y decía te quiero nada más, la polola. Se enojaba cuando él le decía a María que la quería, pobre hombre decía María para sus adentro, después se le empezaron a hinchar tanto las manos que no las podía mover y también los pies. la polola se enojaba cuando El le decía a María que la quería. Mabel le dijo por favor señora no se enoje. Si mi papá se mejora que me gustaría mucho mi madre nunca mas se juntara con El, en eso este tranquila señora y no haga problemas. También iban muchos amigos de Roberto iban a verlo. Pero no aguantaban.

Salías afuera a llorar de verlo como estaba inconoscible de flaco salían a fuera de pena de verlo como estaba flaco el pelo blanco en canas Roberto se veía como un anciano. En la cama, él era muy conocido porque era entrenador se soccer de los niños y niñas, los niños crecían se casaban y se iban. . Roberto seguía entrenando A los niños que seguían. Por eso Roberto fue tan conocido de toda la gente latina. Un día un señor amigo de Roberto fue a verlo con su esposa al hospital. La señora le llevaba un Regalo. Una. Cruz de oro y un santo la puso frente de Roberto. Y le dijo don Roberto aquí le voy a poner esta cruz. Pídale a Jesús que lo ayude, se la puso al frente para que la estuviera mirando, bueno el diez y nueve de Diciembre estaba Javier María la polola de Roberto y la hermana de Ella y unos amigos. Roberto estaba muy mal ya no habría los ojos. Y respiraba con dificultad. Después María se sentó para los pies de El y, empezó a contarle los segundos para ver a cada cuanto respiraba. Por que ya estaba agonizando, llegaba a sesenta segundo y respiraba, María seguía contando en una contó sesenta y paso a los setenta segundo y Roberto no respiro. Mas. María le dijo a su hijo, Javier tu papi no respira, se pararon todos fueron a verlo le tomaron el pulso pero Roberto había fallecido en ese momento. No hizo ningún movimiento con la cara. Por qué María no dejo de mirarlo, las manos no las podía mover a los dos cuarenta y siete minutos de la tarde. Del día diez y nueve de Diciembre falleció. Había quedado con su boca abierta María le dijo a Javier tráeme una toalla larga enrollada para apretarle la boca asía arriba. Le amarro la toalla en la cabeza y le tapo la cara asta la nariz Se llamo a la enfermera ella le tomo el pulso y llamo al doctor. el doctor lo examino le dio el pésame a la familia y dio orden para que lo cambiaran de ropa y lo dejaran ahí con la familia y amistades que Iván llegando. Se fue Roberto, en eso estaba María amarrándole la toalla a Roberto cuando la hermana de la polola, saco la cruz y el santo y se lo llevo, María le dijo a Javier y la cruz donde está. El le pregunto a la polola Ella dijo no se, María dijo su hermana la saco de ahí y se la llevo yo la vi, Javier le dijo tiene . Que traerla porque era de mi papá, ay que ponerla en el cementerio . María dijo en lo que se fijan esta clase de gente por Dios. Roberto acababa de fallecer y ya le estaban robando la amiguita que tenía. Aurelia se había ido a su casa y Mabel también. Pero ya Mabel iba de vuelta al hospital. En avión no alcanzo a ver a su padre con vida. Pero había estado tres semanas con El, Ella vive lejos, pero estaba sabiendo. Todo lo que estaba pasando en el momento. Por qué María la estaba informando Por teléfono. Miguel tampoco estaba en ese momento que falleció su padre. Pero isieron todo lo que pudieron por él. María y Roberto como les dije hacían quince años que estaban divorciados. Pero le quedo la satisfacción a María de estar en su ultimo momento junto a Él y poder conversar con él era el padre de sus hijos, igual fue un golpe para ella y para sus hijos. María lo hizo por sus hijos estar ahí. Estaban divorciados si pero por cualquier cosa que pasara lo tenían a Él Cerca. Roberto se comunicaba solo con su hijo Javier, Roberto, nunca se caso ni tuvo hijos con otra mujer. María tampoco, María sola con sus tres hijos y tres lindos nietos que tiene ahora. en un país que no es el de ellos, pero hace muchos años que viven aquí En Canadá. Es como si fuera su país porque más años lleva aquí que en su país María se siente feliz aquí no piensa volver a Chile ahora tiene tres hijos, y tres lindos nietos cuando se case Miguel ira a tener más nietos así fue Miguel se casó con el tiempo y tienen un niño hermoso y ahora le llegaron dos mellicitos, con ellos tiene ahora seis hermosos nietos. Todos sabemos que tenemos que dejar este mundo, pero es algo muy difícil aceptar. De todas maneras no se podía recuperar el. Ya no tenía remedio María no podían creer que Roberto hubiera muerto, tanto a ella como a sus hijos les afecto mucho el fallecimiento de él. Como hubiera sido, él fue el padre de mis hijos y mi esposo, esto no estaba en la mente de nosotros que el fuera a morir, esto fue muy rápido porque todos sabemos. Que el ser humano en lo que menos piensa. Es en la muerte. Y parece que es lo que está más cerca verdad. El todavía era joven recién en junio se había jubilado, bueno así es La vida No. Está aquí seria la historia de María y Roberto.

María espera que su autobiografía les guste a los lectores si es que algún día se publica este libro, Su amiga de siempre.

María Torres Lagos....

Printed in the United States
by Baker & Taylor Publisher Services